U0941779

宁波大学学术文库资助出版

浙江省语言文字“十二五”科研规划重点规划课题“基础教育阶段典雅语言训练机制与实践研究”（批准文号：ZY2011A03）成果

诗意语文论

ACADEMIC LIBRARY OF NINGBO UNIVERSITY

冯铁山 著

中国社会科学出版社

图书在版编目(CIP)数据

诗意语文论/冯铁山著.—北京：中国社会科学出版社，2016.7
ISBN 978-7-5161-8553-7

Ⅰ.①诗… Ⅱ.①冯… Ⅲ.①语文课—教学研究—中小学
Ⅳ.①G633.302

中国版本图书馆 CIP 数据核字(2016)第 157843 号

出 版 人　赵剑英
责任编辑　田　文
特约编辑　丁　云
责任校对　张爱华
责任印制　王　超

出　　版　中国社会科学出版社
社　　址　北京鼓楼西大街甲 158 号
邮　　编　100720
网　　址　http://www.csspw.cn
发 行 部　010-84083685
门 市 部　010-84029450
经　　销　新华书店及其他书店

印　　刷　北京明恒达印务有限公司
装　　订　廊坊市广阳区广增装订厂
版　　次　2016 年 7 月第 1 版
印　　次　2016 年 7 月第 1 次印刷

开　　本　710×1000　1/16
印　　张　19
字　　数　312 千字
定　　价　69.00 元

凡购买中国社会科学出版社图书，如有质量问题请与本社营销中心联系调换
电话:010-84083683

序　言

美的语文

千万年以来，汉民族所运用的语文，不管是口头语言，还是书面语言，都是世界上少有的一种美的语文。它的口头语言，以现代汉语普通话为代表，音节清晰，声调精准，抑扬顿挫，如歌如叹。它的书面语言，以现代白话文为案例，通今达古，中外兼容，简洁明快，如画如诗。至于它的全体，涉及文言诗文则精美绝伦，涉及成语典故则博大深奥，涉及方言俚语则妙趣横生，涉及人机对话则关隘畅通。

美是什么？众说纷纭。我从自己有限的经验和思考来看，美是生活的升华，自由的意象。那么，汉语文作为一种美的语文，必定是运用者们生活升华与自由意象的亮丽结晶。在《诗意语文论》作者笔下，汉语文就是这一亮丽结晶的显示；其中作为主要论述对象的汉语文教学，更是这一亮丽结晶的成功显示。

作者发现了汉语文是“诗意语文”，语文是“生命成长的灵魂”，语文教学要“给生命以诗意的底片”；认为“语文教师主要的职责就是让学生受到典雅汉语的熏陶，感受汉语的魅力”；认为“语文教学的富有个性的任务其实就是不断地强化汉语的典雅性，使学生通过学习汉语的过程成为一个典雅的中国人”；要回归“慢慢走，欣赏风景”的旅程，去相遇未曾遇见的自己。类似这样的表述，不断出现在书名、目录、行文、案例中，这就足以证明，作者不乏审美的眼光和心灵。他在捕捉语文的诗意与灵性，他拥有了长期濡染在美的语文、美的语文教学、美的语文教育研究中难能可贵的审美成果。

“诗意语文”的提议并非源于作者，但是作者用自己独创的理论表述，支持了“诗意语文”的正确立场，阐发了“诗意语文”的逻辑体系，从而提出要为语文教学的个性正名。他认为，“诗意语文”的命名成就了语文的“农鞋”，揭示了语文本体，促进语文教学由“研究语言”走向“学习语言”，进入到“言语实践”的学习园地。他从《世界，我给你重新命名》的课例得到启发，梳理了语文命名的历史流变和内在逻辑，追索了“诗意语文”的基本内涵，归纳了“诗意语文”的基本策略：情、思、理、行、语。

作者注重诗意语文的情感熏陶。他基于人类精神危机的忧思，认定“诗意精神”作为“生命成长的灵魂”，具有丰富的人文内涵和社会价值。而“诗意语文教学”的基调就是要“给生命以诗意的底片”，通过语文学科培养学生的诗意精神。诗意精神脱胎于诗意情感，“诗意情感既是积极人性观的体现，也是和谐心态的表征，还是对理想的执着，对理想主义、精神价值的坚守”。这种情感，对于人的生命成长的意义在于：“赋予自然以平等的情怀”，“赋予人类社会以审美的观照”，“赋予自我生命成长以积极的动力”。他提出了诗意情感熏陶的基本策略：“营造诗意情感场，滋润学生的心田”；“设置诗意情境，复活学生的新感性”；“多元主体真诚对话，触摸字里行间的涟漪”。作者还从诗意语文的智慧启迪、理据意义、典雅语言特性等中观策略层面，以及目的、内容、过程等宏观整体层面，作文教学、诗文演绎等微观局部层面，发表了多方面的独到见解。

“言语实践是一种诗意生成性的综合活动。从言语实践的外部形态看，这是一种融听、说、读、写、思于一体的综合性活动；从内部形态看，无论是阅读，还是写作，它都是学习主体生活阅历、读写经验编码、解码，从而实现理解生活、塑造理想自我的综合性活动。由于生活是生成性、人的本质也是生成性的，言语实践不是一个静态的固化程序，而是学生与生活、与文本、与自我生命成长相遇未曾遇见的活动，是诗意生成的活动。”——作者解说“言语实践”的论述语言，本身就是富有诗意的言语实践。作者解说其他概念，阐述其他观点，类似的诗意表达比比皆是，读来美感充盈，睿思闪烁，本身就是诗意语文的现身说法！

全书还选取了不少诗意语文的教学案例，学生受到诗意语文熏陶的感受，点染在关键部位，给人以丰富启迪。限于篇幅，我们只取教学、教育案例的作者小结各一段，管中窥豹，以少代多——

> 杯子本属于日常生活的器具，一杯水也是自然的常识。叶老师始终以言语实践为本体，让学生在自主观察、真切体验的过程中认识物

象的杯子，感悟情象的杯子，进而建构意象的杯子，于是一杯物质之水自然生成“一杯光”、“一杯音乐”，然后生成情感的“一杯叹息”，以及德性的“一杯阳光”。教师变静态的语言分析教学为动态的言语实践，学生就能够从超越一般认知学习中寻觅独特感受，从共同感受中寻觅表现共同感受的具体感受，自然而然生成诗意。在这个言语实践中，学生不仅体验、感悟乃至融通言语、语言所蕴涵的内在规则、人文精神，还能够变静止的语言符号为自我的生命。（叶老师执教《诗歌的杯子》）

每新接一个班均注重召开“班级，我给你重新命名”的特别班会课。鼓励学生多角度寻找班级精神的象征物，学生在“花草虫鱼”之中筛选出“麦穗”来。于是，班级命名为“麦田”。围绕班名，顺理成章地提炼出如下班级精神：“十月培土，霜月披纱；雪月覆锦，一月成行；二月吐绿；三月苗长；四月穗成；五月露芒；六月金黄；七月盈仓。在麦田耕耘守望，收获四野麦浪，十里书香。”同学们在“麦田”这一富有生活图景的名字感召下，充分感悟“麦子”、“麦田”的内涵及其彼此关系，不仅能够带着种麦的态度去“播种理想、坚毅步伐、守望希望”，祛除急功近利之病；还能够从麦子原本平凡渺小的文化特质中，学会生生不息，团结合作，天天进步，蔚然成班级的浩然正气。学校其他班级命名，诸如青松领袖班、山石坚毅班、幸福凤凰花、春晖感恩班、春田耕耘班等，都充分体现诗意德育典雅语言的特质，这些富有“比德”意涵的象征物自然成为班级精神的图腾。（王老师拓展诗意德育）

作者铁山，系我20世纪90年代所带研究生中的高足弟子。他教过几年中学语文后才攻读硕士，虽然有了家小，但是特别珍惜学习机会，收获颇丰。他不单是每课必听；课外观摩一线教学，参加学术活动，也几乎从不缺席。三年下来，他书读了不少，文章写了不少，口头表达和书面表达水平明显提高。毕业论文答辩之际，他笔立讲台，脱稿演讲，洋洋洒洒，赢得满座赞叹！硕士论文成为那一届唯一优秀论文。他毕业后任教湖南一师、宁波大学等名校，以及考取博士研究生，跨界研究诗意德育，几乎每年都有捷报传来，很快成为最早评为教授资格的学子之一。

浏览眼前的《诗意语文论》大作，我高兴之余略有遗憾。铁山毕业以后，我陆续发表了《语文学科论》等一系列专著、论文、课件、作品、信息软件、发明专利等，却与他资源共享有所不足。例如，语文学科展开为学前话语、小学文字、中学文章、大学文学、研究生文化等特质不一的阶段学科，倘若加以诗意语文的一一锤炼，必能为我国的语文教育事业作出重要的贡献。好在铁山年富力强，皇冠明珠摘取有望！

教学相长，先读为快。是为序。

程大琥

2015 年年底记于岳麓山下

前　言

寻找语文缺失的一角

谢尔·希尔弗斯坦（Shel Silverstein）写了一本耐人寻味的人生寓言绘本故事《失落的一角》：一个小圆球，缺了一角，我们姑且不论是天生的"残疾"，还是后天的"失落"，总之，过得很不快乐。于是，它决定动身寻找失落的一角。在寻找的路上，心中决然确定的目标以及未曾尝试的旅途均让它充满信心，充满期待。它是带着快乐，甚至是唱着歌上路的。在最初的旅途中，相遇了太阳，接受了太阳的暴晒；相遇了突如其来的暴雨，感受到暴雨的冰凉。因为自身有缺陷，行走起来，自然是磕磕碰碰，自然行走不畅，但正因为这些"缺陷"，它有机会跟相遇的小虫说说悄悄话，闻闻路边的花香，即使是上山与下山，也是秉着近乎游戏的心，跋涉艰难的旅程。在寻找中，它相遇了各种花样的"一角"，要么太大，要么太小；要么太硬，要么太碎。抓得太紧，容易弄碎；握得太松，轻易抛离。它继续上路，一路上，有时也会掉进陷阱，发出生命的悲鸣；有时撞上南墙，头破血流。即使是这样，它也没有回头，继续在沙漠里寻找，在沼泽里寻找。经过千辛万苦，它终于遇到从内容到实质均十分吻合的"一角"，于是，胶合的一个圆球以近乎完美的姿态"滚"起来，速度越来越快，但不再有闲暇跟相遇的小虫说说话，也不大可能闻闻路边的花香，甚至快得连蝴蝶都不能在它身上落脚。"快速"的运转自然也促使它不能唱歌了。终于，在所谓完美而急速地奔跑后，它决定放弃吻合的"一角"。于是，又回归了"慢慢走，欣赏风景"的旅程，去相遇未曾遇见的自己……

表面看来，作者是以最简洁有味的线条和文字，阐释了一则有关"缺陷"与"满足"的人生寓言。究其实，每一个人的出生都是有缺陷的存在，正因为有缺陷，我们才在人生路上去寻找、去探究、去实践。推而广之，语文自诞生、定名之日起历经八次课改以及今天的深化课改，均存在这样或那样的问题，这么那么多的“缺陷”。这本不是问题，问题是从事语文教育教学的我们应该秉持怎样的态度对待这些不足与缺陷。

千年母语，历久弥新；百年中文，内忧外患；现代语文，悲欣交集。复旦大学汉语言文字大赛，外国留学生拿了冠军。大陆“语文之星夏令营”拔尖生的文学素养让人失望。学生能操一口流利外语，却写不出方正潇洒的汉字。读了16年中文的大学生写一份200余字的求职信，居然出现了12个错别字。2006年的广东高考，考生在古文翻译题中得0分的有一万多人，在一道采用比喻手法仿写句子的试题中，25%的考生、10万多人得了0分。① 而受网络文化、外来文化的侵蚀，小学生热衷于网络语言，导致如“斑竹、菌男、霉女、米国”等错别字代替了正常的典雅的汉语“版主、俊男、美女、美国”，更有甚者，小学生作文移用网络上的字符、拼音简写以及英语符号，例如，GG（哥哥），KPM（肯德基、必胜客、麦当劳），JJ（姐姐），BF（男朋友），PMP（拍马屁），PLMM（漂亮妹妹），BT（变态），7456（气死我了）等，把国语弄得不伦不类，导致语言表达晦涩、粗俗。有专家认为“一些年轻人的汉语水平已然开始向无知的程度倒退”。②

面对这种状况，语文理论工作者和实践工作者都从各自的立场出发，在课程历时与现时交错的各种维度另辟蹊径寻找心中缺失的“一角”。于是，诞生了本真语文、本色语文、生活语文、主题语文诸多学说。其中颇为引人注目的当属“语文味”。

“语文味”是凭借新课程改革的东风兴盛起来的，是一个对中小学语文教学实践影响广泛的流行词汇。该词最初由某地市教研员提出，后经众多中小学教师演绎、附和，成为中小学语文教学诸多流派亮眼的“代名词”，有人甚至冠之以“把古今所有优秀语文教师的教学艺术精华和语文教学改革中各家各派的长处吸收整合进来，科学建构具有中国特征的，与移植西方的体系可以对峙互补的语文美学体系”③。其功能也提升到“能够有利于准确理解、全面贯彻落实和发展《语文课程标准》，有利于引领目

① 叶才生：《母语，一根大重量的羽毛》，《广东教育》2007年第9期，第1页。

② 中国青少年网络协会：《中国青少年网瘾报告》（http：//theory. people. com. cn/GB/49157/49166/3882411. html），2005年11月23日。

③ 程少堂：《语文味研究回顾》，《语文教学通讯》（高中刊）2003年第10期，第54—55页。

前的语文教改走出历史困境”等高度[①]。推而广之，目前，中小学语文备课评课唯“语文味”是从，教育教学唯“语文味”是听。然而，语文味这个命名是否符合语文学科、语文教学本身固有的规律，它的内涵与外延如何界定等基本问题需要从学理上论证与考量。

从已有的文献资料来看，人们对它的认识大概经历了如下历程：第一阶段，语文教学心理感受说（即语言的“情、趣、味”说）。黑龙江省黑河师专程顺之老师从语文教学法的角度辩证地分析指出“情之始，趣之中，味之末。情是基础，是前提；趣是动力，是发展；味是目标，是升华。情、趣、味是一个整体，互相影响，互为渗透；教师以情激情，以趣引趣，以味导味。教师的情、趣、味和学生的情、趣、味和谐、统一起来，语文教学法的教学才能产生一个质的飞跃，取得满意的教学效果”。[②]江苏的刘德才老师撰文认为“语文教学的语言应该具有三味，即饱含情味，充满趣味，富有风味”。[③] 此阶段的研究可以看出，“味”属于与情感、兴趣并列的心理感觉范畴。语文教学要有“味”道，其实质在于将语文教学的价值引向学生，注重调动学生的感觉器官的功能，促使他们主动参与语文学习活动来。第二阶段，语文教学审美说。深圳教研室程少堂先生 2001 年 9 月在《语文教学通讯》上发表题为《语文课要教出“语文味”》的短文，认为“语文味主要包含文体美和语体美、情感美、语言文字之美”。[④]“所谓语文味，是指在语文教育（主要是教学）过程中，以共生互学的师生关系为前提，主要是通过情感激发和语言品味等手段，让人体验到的一种令人陶醉的审美快感。”[⑤]“语文味”是语文教学应该具有的一种特色，一种整体美，也是语文教学应该追求的一种境界。语文味的最高形式，主要体现在教师引导学生凭自己的经历、阅历、文化积淀，去体味、感悟作品，引导学生在充分的思维空间中，多角度、多层面去理解、鉴赏作品。产生对文本的情感美、文体美、语言美的认同和赞赏，并产生

① 百度百科：《语文味》（http：//baike. baidu. com/view/1891547. html）。

② 程顺之：《试谈中学语文教学法教学的“情・趣・味”》，《课程・教材・教法》1995 年第 1 期，第 47—49 页。

③ 刘德才：《情味・趣味・风味——语文教学语言艺术谈》，《中学语文教学参考》1999 年第 11 期，第 48—49 页。

④ 程少堂：《语文课要教出“语文味”》，《语文教学通讯》2001 年第 17 期，第 12—13 页。

⑤ 程少堂：《“语文味”的理论构想》，《语文教学与研究》2003 年第 13 期。

强烈的阅读欲、创造欲。[①] 此阶段的研究将“语言味”上升为“语文味”，不仅看到了汉语文富有审美的质数，而且明确提出将审美纳入语文教学的价值体系，但究其实，所谓的审美不过是新课程“人文价值”的凸显。第三阶段，语文素养综合训练说。“所谓的语文味指的是语文课要有字词句篇、语修逻辑的研究和学习。语文课堂少了这些，就体现不出语文学科的特点来。”[②] 即在教师的精心组织与指导下，主要通过典型的“言语作品”（各种书面的、口头的、声像的）剖析、玩味和模仿，在课内、课外的，单项、综合的，模拟、生活的“言语行为”中，不断内化各种知识的、思想的、情感的、精神的收获，并较为成功地外化为各种书面的、口头的“言语作品”，逐步形成能够独立听说读写的“言语能力”，以运用于广泛的社会生活学习与生活的“言语行为”之中。[③] 此阶段的研究剥去了虚空的“人文性”与高玄的“审美性”的神秘外衣，将语文教学指向扎扎实实的语言文字的品读、感悟与训练，既顾及了语文教学的工具性，也顾及了其人文性，回归了新课程改革倡导的精神。

诚如维柯所言，最初的诗人们给事物命名，就必须用最具体的感性意象，这种感性意象就是替换在把个别事例提升成共相，或把某些部分和形成总体的其他部分相结合在一起时，替换就发展成为隐喻（metaphor）。[④] 从以上简单的研究回顾可以看出，语文味这个概念的出现是有很多的感性成分，或者说是在对语文教学感性认识的基础上的灵光一闪的创建。该概念由名词“语文”+表类属的“味”构成，形成一个富有隐喻意义的摹状结构。所谓的语文味形同于孔子在齐闻韶乐时感觉到的三月不知“肉味”。而所谓的“味”，就是“滋味”。在中国传统文的范畴，味是与色、声等感觉平列的。比如“声一无听，物一无文，味一无果”（《国语·郑语》）、“目好之无色，耳好之无声，口好之五味。”（《荀子·非乐》）不过与声之听觉、色之视觉等具有外在性、直接性不同，“味”具有内在性、咀嚼性，不是一听即明、一视即清、一闻可知的感受。无论是从语言学的角度，还

① 王慧琴：《语文本体教学的实践与思考》，宁波出版社2010年版，第69页。

② 陈丽端：《没有“语文味”的语文课——记一节生本语文课》，《现代教育论丛》2010年第3期，第74页。

③ 吉春亚：《“语文味”即语文本色的回归》，《中国小学语文教学论坛》2005年第2期，第1—2页。

④ ［意］维柯：《新科学》，人民文学出版社1986年版，第182页。

是从哲学的角度审视，“语文”+“味”的摹状结构，意味着将语文归属于味觉的“类”，而表示限定的“语文”一词，要么能指出对象的属性或状态，要么把所指的对象从它的所属类的对象中区别开来。从这个标准看，语文味这个词既没有指出语文以及语文教学的属性，也不能把语文或语文教学从其所属的学科类属的对象区别出来。与此对照的是，孔子听闻了韶乐，借助肉味这个词来表明韶之健康道德意义给人的感受，既指出了韶乐的愉悦性，也指出了韶乐的求善性。

柏拉图认为“事物叫什么名字，就因为它该叫这个名字，而不是由人们根据风向的变化认定它该怎么叫法”。[①] 任何概念的命名都必须符合事物本身具有的属性以及发展运动的规律。语文味也应该遵循此规则，语文的属性是语文味概念命名的根据与凭借。而语文的属性有本质的，也有非本质的。海德格尔说：“本质的语言就是诗。”诗给事物的命名体现出语言与存在的密切关系，显示出事物所聚拢的天地神人的本质属性。以此类推，语文的本质属性是什么呢?《义务教育语文课程标准》明确指出：语文是最重要的交际工具，是人类文化的重要组成部分。工具性与人文性的统一，是语文课程的基本特点。这其实告诉我们，单一的工具性与人文性只能是语文的部分或某一方面的属性，而不是其本质属性。问题是，语文的工具性与人文性统一后具备什么属性，我们该如何予以命名。语文味研究者们感觉到了问题之所在，但采用同义反复的“语文”限定与“性”等同的“味”，而概念诠释又侧重高玄的审美与莫测的人文，致使语文味这个概念陷入不知所谓的境地，也促使中小学语文教学一味地追求所谓的“语文味”而忽略语文素养发展的全面性与综合性。

语文的本质是语文教育现象之间必然、普遍、内在和稳定的联系。语文的本体是本质产生、形成和发展的原因，本质是本体发展变化的结果；本体作为本质的原因是永恒不变的，本质作为本体发展的产物是不断变化的；本体有各种发展的可能性，本质是本体发展可能性转化成的现实性；本体论揭示的是本质何以可能的结果是什么，本质论揭示本体发展的结果是什么。“语文”一名，始用于1949年华北人民政府教科书编审委员会选用中小学课本之时。前此中学称“国文”，小学称“国语”，至是乃统而

① ［西班牙］卡米洛·何塞·塞拉：《为亡灵弹奏》，李德明、林一安译，漓江出版社1992年版，第411页。

一之。彼时同人之意，以为口头为“语”，书面为“文”，文本于语，不可偏指，故合言之。亦见此学科“听”、“说”、“读”、“写”宜并重，诵习课本，练习作文，固为读写之事，而苟忽于听说，不注意训练，则读写之成效亦将减损。① 这是语文最初之含义，后经几番演绎，语文就减缩为口头语言与书面语言的合体。其实，叶圣陶先生在此也明确指出了语文的本质属性：语文之所以产生、发展成一门重要的学科，其实质在于教育实践。物理、化学等自然学科是以认识与改善人与自然关系的工具实践为其本质的，政治、历史等人文学科是以认识与完善人与社会关系的精神实践为其本质的，而语文圆融互摄将这些特性均统一于运用语言符号的言语实践中。中国的语文教育首先是培养中国人的教育，必须依托中国自古以来形成的文化传统。

中国自古以来就是诗的国度，中华民族是诗的民族，“中国文化的本体是诗，其精神方式是诗学，其文化基因库是《诗经》，其精神峰顶是唐诗。一言以蔽之，中国文化是诗性文化。或者说，诗这一精神实践方式渗透、积淀在中国传统社会的政治、经济、科学、艺术各个门类中，并影响、甚至是暗暗地决定了它们的历史命运。”② 因此，言语实践是语文存在的本体，自然也决定了“语文味”所涉及的语文根本属性就是教师引领学生创造性运用语言学习中华文化，而进行言语实践从内心深处流淌诗意的生成性。欧阳修的《卖油翁》一文可以确证语文味的这一特性，卖油翁卖油的技艺之所以让人叹为观止，不是单纯的机械的卖油知识规则训练所达到的，也不是卖油情感、态度等审美快感熏陶出来了，根本的原因就在于长年累月的卖油实践，这种实践既圆融了知识论层面的工具训练，也互摄了人文层面的精神熏陶，因而产生“但手熟也”的效果。“语文味”派倘若依从语文言语实践生成性的本质，必然促使语文与语文教学步入合理的轨道。

让学生走在寻找的言语实践路上，去相遇感动、相遇未曾遇见的自己，或许这就是语文缺失的“一角”。

---

① 叶圣陶：《叶圣陶语文教育论集·语文教育书简》（下册），1964 年，第 730 页。

② 刘士林：《中国诗学精神》，海南出版社 2006 年版，第 2 页。

目　录

第一章

诗意语文的命名

第一节　是什么成就了语文的"农鞋"

一　语文的本体

凡·高有一幅世界名画《农鞋》。他画的这双鞋，没有鞋的主人，也没有鞋存在的背景，似乎四周空无所有。但是，从鞋之磨损了的、敞开着的黑洞中，我们可以看出劳动者艰辛的跋涉；在鞋之粗壮与坚实中，可以透视出生活的多元色彩：它承载了辛勤劳作后无言的喜悦，承载了人生旅途中的生命足音，承载了对未来美好生活的憧憬与希冀，也许还是大地在冬日田野之农闲的荒芜中进行神秘冬眠的象征。

"在这农鞋里，回响着大地无声的召唤"，"凭此可靠性，它把握了自己的世界。世界和大地为它而来"。海德格尔如是说。从凡·高的这幅简单而又不平凡的画里，不仅可以透视生命、人生得以存在的秘密，还可以透视语文教育本体存在的玄机。鞋子不过是布料或塑胶的构造物，但我们不能说布料或塑胶就是鞋子的本体，因为即算布料或塑胶制成了鞋子，如果没有人的实践，它不过是一件器物而已。只有农夫或农妇穿穿这双鞋，走在生活的大道上，它才发生意义。同样如此，语文教育产生发展的终极原因是人，是因为人需要语文教育，人的本质体现在人所创造的符号中，人的自主性表现在能创造和使用符号，因此，与其说人是创造并使用劳动工具的动物，不如说人是创造性使用符号创造文化的动物。

本体一词来自拉丁文 on（存在，有，是）和 ontos（存在物）。本体即本源性的实体。桑新民在《呼唤新世纪的教育哲学——人类自身生产探秘》一书中写道："本体论探究存在、现实的终极性质，表面上似乎看不出这与教育目的、课程设置和教育内容、教育方法有什么联系，但本体论却是各派认识论和价值论的立足点和出发点，并以此二者为中介，对教育的一系列基本理论和方法产生着十分深刻的影响。"① 教育本体是世界统一性的终极原因和实践的最高追求或终极关怀，是一切"在者"所以为"在者"之"在"，或一切"是者"所以为"是者"之"是"，是世界万事万物形成的终极原因或统一根源，是生成和建构本质的根本原因。② 那么，什么是语文的本体呢？与其他学科尤其是其他自然科学相比，新中国成立60多年来，尽管对语文本体的认识呈现循环往复螺旋上升的状态，诞生了语言工具本体论、公共话语本体论、人文精神本体论以及言语智慧本体论等学说，但语文本体的研究明显不尽如人意。这主要表现在学科地位不高、学科理论体系建构不够完善，我们对语文本体的描述习惯停留在学科经验式思辨研究上，而这种思辨往往又局限于语文概念的推演。作为一种存在，语文本体的规定性不是从任何人对语文概念的界定中获得的，不是来自语文教育活动的外部，而是来自语文及语文教育教学实践本身。正确认识语文本体论研究存在的问题对把握语文本体的内涵以及从本体出发建构语文教育理论体系乃至指导语文教育实践均具有重要的意义。

语文教育本体论主要研究语文教育的"存在"问题，是探究和思索作为"存在者"的语文教育何以"存在"的理论，是人的思维对语文教育现象进行还原后在此基础上构建起来的逻辑构建物。

语文教育之所以发生、发展，其原因是多方面的，既有人的潜能、需要、愿望等内在要求，也有人类社会经济、政治、文化等外部规定性的推动，而这些复杂的原因综合发生作用的根本原因在于教育实践，语文教育实践不同于其他社会实践，它是直接发展人力的实践活动，是创造性运用语言符号的活动，这种创造性运用语言符号的活动其实就是言语实践活动。语言符号是言语实践的凭借，人文精神是言语实践的主要内容，公共话语是言语实践运行的形式之一，言语智慧是言语实践的自然的结果。如果把言语实践运行的内容或方式作为事物本体，要么使语文教育走上形式主义即工具训练的道路，要么就会使人们的视线集中在形式的研究上，而忽视了语文教育本质问题的研究；同样把言语实践的结果当作语文教育的本体，也会使语文教育只注重结果而忽视过程，使语文教育成为单信道传

---

① 桑新民：《呼唤新世纪的教育哲学——人类自身生产探秘》，教育科学出版社 1993 年版，第 51 页。

② 郝文武：《教育哲学》，人民教育出版社 2006 年版，第 74 页。

输语言规则、道德规范等的活动，这正是我国语文教育难以焕发生命活力的真正原因。另外，人是一种可能的存在，语文教育将教育对象塑造成理想的自我形象，同样取决于教育者和受教育者主体间的言语实践以及受教育者自主的言语实践。只有在言语实践中，人才会体验、感悟乃至融通言语、语言所蕴涵的内在规则、人文精神以及变公共话语为自我的生命。因此，言语实践是统一诸多语文教育原因、形成语文教育活动、建构语文教育本质、实现语文教育本质的根本原因与终极原因。正确认识语文教育本体，对于当今语文教育教学实践把握语文教育本质，开发语文教育资源，促进语文教育发展，有着重要的理论与现实意义。

二　“研究语言”走向“学习语言”

为什么语文的本体是言语实践而不是语言实践？首先从语言和言语的内涵区别与联系看。所谓的语言，指的是以语音为物质外壳，由词汇和语法构成并能表达人类思想的符号系统；而所谓的言语，则是人们掌握和运用语言的活动。现代语言学之父索绪尔认为语言是一个社会系统，是在一个社会共同体中说话者都曾运用和遵守的一套规则系统。英国语言学家哈特曼（R. R. K. Hartmann）和斯托克（F. C. Stork）合著的《语言与语言学词典》中对它们的区分是：“语言可以说有两个方面：语言和言语。前者指的是从一代人传到另一代人的语言系统（System of language），包括语法、句法和词汇，而后者则是指说话者可能说或理解的全部内容。换言之，它们之间的不同在于：语言是代码（Code），而言语则是信息（Message）。”① 我国著名语言学家王希杰阐述道：“语言是语言世界中的潜在物，而言语则是语言世界中的显性的经验的事实。”② 这就意味着语言是相对稳固、静止的规则，是言语的抽象化；而言语则是语言的运用活动，是语言符号自由、随机、灵活的组合，受个人意志支配，具有主观表现性，也具有动态生成的实践性。从哲学视角看，“语言”是“言语”存在之“在”，“言语”是“语言”的“在者”。从词源的角度说，《说文解字》释义为“言：直言曰言，论难曰语”，属于指事字。甲骨文字形，下面是“舌”字，下面一横表示言从舌出。“言”是张口伸舌讲话的象形。至于

① ［英］哈特曼、斯托克：《语言与语言学词典》，上海辞书出版社 1981 年版，第 192 页。
② 王希杰：《显性语言与潜性语言》，商务印书馆 2013 年版，第 156 页。

"语",《说文解字》释义为"语,论也"。"语"的繁体字是"語",很明显是一个形声字,左边为形旁,右边为声旁,两个字从源头上看,"语"是更具思辨色彩的,而"言"则偏向实践。《现代汉语词典》对"言语"的解释是:说的话、说话。"语言"则是指话语,人类特有的用来表达意思、交流思想的工具,是一种特殊的社会现象。

长期以来,受语言本体观的影响,我国的近现代语文教学习惯从语言的固有内涵出发,课堂上无论是教学目标的制定,还是文本解读以及训练内容安排均习惯于奉"语言的逻各斯"为圭臬,语文老师习惯讲授现代汉语、古代汉语的语修逻文知识,致使语文课成为知识拼盘的课,语文教学活动成为教师单信道灌输、规训语言知识的活动。学生感受不到语言之光,更难以体会言语表达创造之乐。在王尚文、李维鼎、李海林等语文教育理论大家以及洪镇涛等特级教师的努力下,"言语教学"的概念进入到语文教学研究的范畴。语文教学的价值指向逐步由"研究语言"转向"学习语言"。所谓"学习语言",主要是指通过感受、领悟、积累语言材料(即"吸收",其途径是听、读)和运用语言(即"表达",其途径是说、写)来提高语文能力。所谓"研究语言",则是针对语言材料或语言现象,从不同方面、不同角度揭示其规律。① 洪镇涛认为这两者在目的,途径和方法等方面都有根本性的区别:"学习语言"重感受、领悟和积累,目的是提高吸收和运用语言的能力,要求大量接触语言材料并化为己有;"研究语言"重分析、比较和归纳,目的在于寻找语言规律,要求从语言材料中抽取系统的语文知识。由此可见,研究语言是一个静态的、主客体对立的、机械接受语言规则知识的活动;而学习语言则是学习者主动对言语信息不断编码,解码,进而创造语言表达的实践活动。这个实践活动就是言语实践。

三 言语实践释义

任何概念的得来,都是主体基于概念本质认识的结果。言语实践是一个什么样的概念,有着怎样的内涵。从概念分析的视角审视,目前学术界和实践界对该概念的认识主要遵从形式逻辑的规范,罗列起来,主要有如下几种学说:其一,"性质说"。所谓的性质说,就是对言语实践特有属性

① 洪镇涛:《打开"学习语言"的大门》,湖北教育出版社 2001 年版,第 29 页。

和本质属性的认识。有人认为，言语实践是一种对象化的目的活动[①]。在此观点的指引下，其对象化一般指向“名家语言的模仿”，或“揣摩作者的意图”。也有学者认为，言语实践的特有属性当属“言语主体的亲历性”[②]。其二，“功能说”。所谓功能说，指的是言语实践形成的功效。语文教学中如果没有学生的言语实践，就没有处于动态发展中的精神活动，也没有不断生成的言语。因为，言语实践具有催生新思想和新言语的双重功能。[③] 其三，“发生说”。所谓发生说，指的是以言语实践方式为种差的实质定义。“小学语文的单元教学以教材为依托，‘言语’为轴心，能力实践为经，单元主题为纬。”[④] 其四，“关系说”。所谓关系说，指的是以构成言语实践内在与外在要素关系为种差的实质定义。言语实践，价值取向，立足于语文课程的宏阔视野，指向语文课程的本体特质，指向语文素养的培育与提升，更指向诗意的言语人生；课程视角，从“儿童母语”走向“言语人生”；精神旨归，从“阅读本位”走向“表达本位”；内容甄选，从“教课文”走向“教语言”；实践路径，从品味“语言”走向习得“言语”。[⑤]

“种差+属概念”这种言语实践概念的认识方式注重的是言语实践的结构、构成要素及出生功能，不能充分反映所包含要素与要素的矛盾运动特性。构成言语实践的要素既离不开教师与学生双主体的作用，也离不开语文教学这一特殊情境，更离不开语言符号这一凭借。同时，言语实践所涉及的自然、社会、自我等因素均会产生综合而广泛的影响。因此，我们除了遵循形式逻辑的规范，还得遵循辩证逻辑的认识，考察与言语实践相近或相关概念的内涵。

从实践的内涵看，所谓的实践，在马克思看来，人类实践活动不是以观念的方式把握客体的活动，本质上是一种对象性的活动，主体以感性的形式把人的本质力量对象化为客观实在，从而创造出一个属人的世界。[⑥]

---

① 于源溟：《预成性语文课程基点批判》，社会科学文献出版社 2007 年版，第 165 页。

② 李海林：《言语教学论》（第 2 版），上海教育出版社 2006 年版，第 481 页。

③ 成尚荣主编：《为语言和精神同构共生而教：小学语文教学案例解读》，江苏教育出版社 2001 年版，第 241 页。

④ 熊生贵、朱守群：《言语实践为经，单元主题为纬》，《小学语文教学》2011 年第 7 期。

⑤ 陆华山：《言语实践——语文教学的自赎与新生》，《江苏教育研究》2010 年第 10 期，第 30 页。

⑥ 颜朝辉：《社会科学理性的当代建构》，科学出版社 2013 年版，第 182 页。

实践是人类自觉自我的一切行为。而实践的方式主要有工具实践、精神实践、符号实践。所谓工具实践，即以改变自然、促使自然满足人们物质生活需要的经济活动，其对象化成果是物质财富，凭借的实践工具是劳动器具，造就人的“工具智慧”；精神实践，即以调整和改革人与人之间社会关系为目的的活动，凭借的是精神实践工具，对象化成果是造就精神财富以及形成人的精神智慧。无论是工具实践，还是精神实践，均要借助语言符号，实现观念的、编码化地认识自然世界、人类社会世界的目的。这种依托语言符号进行的实践，就叫作言语实践。

辩证逻辑的视域还得顾及言语实践概念使用语境、内在矛盾。如果是交际的语境，内在的矛盾是交际双方基于交际目的就交际话题相互聆听、沟通、理解、会意而展开的交际活动，而双方言语表达的水平就决定了交际的效度；如果是理解的语境，言语实践泛指人们在日常生活中创造性地利用语言符号进行言意转换的活动，其内在的矛盾是言语实践主体对客体感知、认知、了解、理解以及表达的水平。在语文教学的语境，言语实践指的是学生在教师引领下创造性地利用言语符号进行人与自然、人与社会、人与自我及其自我关系言意互转的听说读写，从而塑造理想自我的活动。

第一，言语实践是一种语境性的言意多重转换活动。请看一个著名的案例。

> ……今天早晨，当她正在梳洗时，她想要知道“水”的名称。当她想要知道什么东西的名称时，她就指着它并且拍拍我的手。我拼了“W－a－t－e－r”水，直到早饭以后我才把它当回事儿。……我们走出去到了井房，我让海伦拿杯子接在水管喷口下，然后由我来压水。当凉水喷出来注满杯子时，我在海伦空着的那只手上拼写了“W－a－t－e－r”。这个词与凉水涌到她手上的感觉是如此紧密相连，看来使她大吃一惊。她失手跌落了杯子，站在那里呆若木鸡，脸上开始显出一种新的生气。她拼了好几次“Water”。然后她跌坐在地上问地板的名称，又指着问水泵和井房棚架，突然她转过脸来问我的名字，我拼了“teacher”教师一词。在回家时她一路上都处在高度的兴奋状态中，并且学着她碰到的每样东西的名称，这样在短短的时间内她的词汇量增加到三十个。第二天早晨起床后她像个快乐的小仙

> 女，轻快地一会儿走到这件东西旁，一会儿走到那件东西旁，问着每件东西的名称，并且高兴得连连吻我。……现在，每件东西都必须有一个名称。不管我们走到哪里，她都热切地问着她在家里还没学到的东西的名称。她焦急地教她的朋友们拼写，并且热心地把字母教给她所碰到的每一个人。一当她有了，语词来取代她原先使用的信号和哑语手势，她马上就丢弃了后者，而新语词的获得则给她以新生般的喜悦。我们都注意到，她的脸一天天变得越来越富于表情了。①

从海伦·凯勒学习语言的过程看，倘若没有言语实践，对于一个耳朵失聪，眼睛失明的残疾儿童，那该是多么困难的事情。她的言语实践简单概括离不开如下几个阶段：**其一，语象的言语实践**。即安妮·莎莉文老师在海伦·凯勒手上拼写水的“W－a－t－e－r”字母组合。所谓的语象，指的是语言符号的自在存在，它只是呈现自身，不表明任何与己有关的意义或事物。纯粹的语象实践只能是语言符号的机械摹写。**其二，物象的言语实践**。即安妮·莎莉文老师引导海伦·凯勒接触物质的、实体的“水”的活动。物象指的是具有表现、表达“意念”可能的一切纯自然景物、客观世界的存在物。**其三，情象的言语实践**。借助物象实践安妮·莎莉文老师再一次在海伦·凯勒手上编写“W－a－t－e－r”，物象“水”的凉与她内心感情之凉达到契合。所谓情象，指的是经过言语实践主体情感和意识加工的由一个或多个语象组成、具有某种意义的话语结构。这里说的情是情景、情节和情意的简化。**其四，意象的言语实践**。即海伦·凯勒脱离水龙头的语境，能够创造性运用水的符号表达内心水之概念。意象是“有意义的形象”和“有形象的意义”的统一，是在某个物象的基础上渗透言说主体心中之意的有机结合体。当然在语文教学的语境中，还存在文本语境、教师语境以及学生语境之区别。所谓文本语境，指的是文本作者借助语言文字符号表达信息的文本；所谓教师语境，指的是教师凭借自己的人生阅历、学术修养以及语文教学的价值观解读文本形成的教学性语境；所谓学生语境，指的是学生凭借自身的生活经验和知识背景通过与教师对话、与文本对话形成学习语文语境。

第二，言语实践是一种主体间性的对话交流活动。从语法角度来分

---

① ［德］卡希尔：《人论》，《人类文化哲学导引》，上海译文出版社1997年版，第58页。

析，“言语实践”这一概念的构成属于偏正短语。“实践”为正，“言语”为偏。“实践”顾名思义就是有实际行为的活动，起修饰、限制作用的“言语”自然表明了“实践”的外延，即言语实践是交际者言语沟通、对话、交流的实际行为。例如著名的庄子与惠子的“鱼论”。

庄子与惠子游于濠梁之上。

庄子曰：“儵鱼出游从容，是鱼之乐也。”

惠子曰：“子非鱼，安知鱼之乐？”

庄子曰：“子非我，安知我不知鱼之乐？”

惠子曰：“我非子，固不知子矣；子固非鱼也，子之不知鱼之乐全矣！”

庄子曰：“请循其本。子曰‘汝安知鱼乐’云者，既已知吾知之而问我。我知之濠上也。”

关于这一段公案，不同学科的专家从不同学科的视角予以对向度的解答。美学家朱光潜先生从人类“以己度人”、“推己及物”、“设身处地”的文化心理，探讨庄子“知鱼之乐”的原因，在于“物的形象是人的情趣的返照”、“人不但移情于物，还要吸收物的姿态于自我，还要不知不觉地模仿物的形象”。[①] 也有学者从逻辑学的视角审视，认为庄子是诡辩，关键在于二人均运用了假言推理。惠子的话是假言推理：只有鱼，才能知道鱼的快乐（大前提省略）。你不是鱼，所以，你不可能知道鱼的快乐。庄子的话也是假言推理：只有是我，才能知道我知道鱼的快乐。（大前提省略）你不是我，所以，你不可能知道我知道鱼的快乐。惠子最后的话是一个联言推理的合成式：不是自己，就不知道自己。（大前提省略）我不是你，你不是鱼，所以，我当然不知道你，你当然不知道鱼。[②] 从主体论的视角考察，这两人的论辩均属于主体间性“我与你”的言语实践活动。庄子与惠子是论辩的主体，他们的论辩其实没有孰是孰非的问题，这属于价值评价的范畴。在主体论范畴，二人的论辩之所以能够顺利展开，根本原因在

① 朱光潜：《与美对话》，世界图书出版公司 2013 年版，第 18—24 页。

② 张宗正：《理论修辞学：宏观视野下的大修辞学》，中国社会科学出版社 2004 年版，第 230 页。

于二人是朋友，有论辩的共同兴趣和习惯。之所以有分歧，就在于庄子不仅拥有论辩的主体，还拥有对话的主体——鱼儿。它不是庄子认知的对象，而是感知的主体，所以，庄子知鱼之乐，以此推之，鱼儿也知庄子之乐；另外，庄子没有把惠子当作自己论辩的对象、客体，而是将其当作论辩的主体，更当作对话、感知的主体，所以回到话题本身，他认为惠子知“庄子心中之乐”。惠子的缺陷在于眼中只有庄子论辩的主体，在他眼中，鱼仅仅是庄子的对象，既没有鱼儿对话的主体，也没有庄子感知的主体，自然就不知“鱼儿之乐”，也不知“庄子之乐”。在语文教学的语境，言语实践的主体不仅有教师、学生，还有文本对象、作者以及编者。他们的关系是对话、交流的主体间性关系。

第三，言语实践是一种诗意生成性的综合活动。从言语实践的外部形态看，这是一种融听、说、读、写、思于一体的综合性活动；从内部形态看，无论是阅读，还是写作，它都是学习主体生活阅历、读写经验编码、解码，从而实现理解生活、塑造理想自我的综合性活动。由于生活是生成性、人的本质也是生成性的，言语实践不是一个静态的固化程序，而是学生与生活、与文本、与自我生命成长相遇未曾遇见的活动，是诗意生成的活动。例如诗人教师叶才生老师执教《诗歌的杯子》一课。

师：现在转入正题，今天老师带来了一杯茶，今天就从杯子（板书）说起，杯子里装了什么？

生：杯子里装了水。

生：杯子里装了人参。

师：你是怎么看出来的？

生：杯子里的水是黄色的。

师：这是大家用肉眼看到的。现在老师做一个小小的动作（老师突然将教室里的灯关掉，然后又开灯），这个杯子有没有什么变化？

生：没有。

生：有变化，变成灰灰的。

生：开灯后变成透明的。

师：开灯后，多了点什么？

生：光。

师：什么光？

生：灯光。

师：这时候假设老师把茶倒掉，杯子里还剩下什么？

生：光。

师：倒完了茶，这个杯子就叫作一杯——

生：一杯灯光。

师：下面老师再做一个小小的动作。（欣赏音乐片段）

师：放音乐与不放音乐，杯子里装的东西有什么不同的变化？

生：杯子在震动。

师：如果我们也把这个杯子看成一个人的话，放音乐的时候，它会不会听？如果灯光来的时候，杯子会不会叫唤它？有灯光的时候，我们可以称这只杯子为一杯灯光，那么音乐响起来的时候，又叫作什么呢？

生：一杯音乐。

师：（老师装着痛苦的样子对着杯子呵了一口气）这时杯子里又装了什么呢？

生：一杯叹息。

生：一杯伤心。

生：一杯痛苦。

师：大家评一评，哪一个同学的见解最精彩，为什么？

生：我认为一杯叹息好，因为人不高兴就会叹息，就算是喝蜂蜜也会觉得是苦的。

师：其实万物是平等的，我们叹息的时候，杯子也感受到了叹息的气息。好，现在我把杯子放在窗外，假设这时外面阳光灿烂，这时杯子变成了什么？

生：一杯暖风习习。

生：一杯艳阳高照。

生：一杯旭日东升。

生：一杯阳光。①

---

① 冯铁山：《启迪诗思　涵养诗情——叶才生老师〈诗歌的杯子〉课堂实录与评析》，《小学语文教学》2005 年第 1 期。

在这个教学片断里，杯子本属于日常生活的器具，一杯水也是自然的常识。叶老师始终以言语实践为本体，让学生在自主观察、真切体验的过程中认识物象的杯子，感悟情象的杯子，进而建构意象的杯子，于是一杯物质之水自然生成“一杯光”、“一杯音乐”，然后生成情感的“一杯叹息”，以及德性的“一杯阳光”。教师变静态的语言分析教学为动态的言语实践，学生就能够从超越一般认知学习中寻觅独特感受，从共同感受中寻觅表现共同感受的具体感受，自然而然生成诗意。在这个言语实践中，学生不仅体验、感悟乃至融通言语、语言所蕴涵的内在规则、人文精神，还能够变静止的语言符号为自我的生命。

第二节　语文凭什么得以命名

一　从《世界，我给你重新命名》说起

随着教育部《全日制义务教育语文课程标准》的颁布和实施，教育界、文学界有识之士热情呼唤“诗教”的回归。我国广大中小学语文教师日益感到文学教育特别是诗歌教育有助于陶冶学生的道德情操，加强他们的诗性智慧培养，还有助于提高语言表达能力。在此背景下，2001 年 10 月，笔者深入实验学校课堂听课，极为推崇该校语文教师叶才生老师的做法，将新诗引进课堂。与叶老师合作组织草根课题“新诗进课堂的理论与实践探索研究”。每节语文课尝试将文本内容改写成新诗，让诗教给学生以诗性奠基，给课堂以诗意享受，给语文以诗境点睛，让学生从小受到诗意文化的熏陶，学会用诗意的眼光审视周围的世界，成为一个热爱生活美、汉语美、心灵美的全面而和谐发展的人。《世界，我给你重新命名》一课，就是在实验宗旨的指导下完成的一堂具有探索意义的语文课。

师：（板书教师姓名）同学们，你能猜猜我这个名字的含义或者说说我的长辈寄予了什么希望吗？

生：你的父母希望你拥有大山一样的身躯，拥有钢铁般的意志。

生：我认为老师名字的含义就是“铁打的江山”，表明你的父母希望你报效祖国，做一个保卫国家的钢铁战士。

师：同学们都有名字，你愿意把自己名字的含义和大家分享吗？

生：愿意。

生：我是爸爸、妈妈的宝贝女儿，爸爸给我起了个名字，叫张安琪，他们希望我像安琪儿一样漂亮。

生：我爸爸给我取名叫梓浩，我不太喜欢，因为总有人把我的名字叫成“辛浩”，可爸爸说“维桑与梓，必恭敬止”，“梓树”是父母种的，对它要表示敬意，“浩”是广阔无边的意思，以“梓浩”为名是爸爸妈妈希望我心胸开阔、知识渊博，孝敬父母，服务家乡，做一个对社会有益的了不起的人。

师：我们人人都有正名，父母给我们命名都寄予了深厚的感情和殷切的期望。除此以外，在不同的时候、不同的地方因为扮演不同的角色，我们也会有不同的别名。比如，老师读大学的时候，图书馆的阿姨就给我取了非常有趣的日本名字。那时，我喜欢去图书馆看书、借书，学校规定我们一次只能借三本，而我几乎天天去借，所以她们就叫我“三本一天”。大家除了正名以外，愿意介绍自己的别名吗?

生：我特别喜欢看动画片，尤其喜欢“聪明的小一休”，有时也像一休哥一样总是问一些稀奇古怪的问题，所以，妈妈就叫我“一休”。

生：小时候，妈妈叫我“小捣蛋”，我常把新买的玩具、家里的闹钟什么的，拆得七零八落。现在上学了，爸爸妈妈希望我成为一个有学问的人，所以就叫我“博士”。

师：（投影：“五柳先生”、“六一居士”、“青莲居士”）大家猜猜这些别名分别指的是谁？回答问题时请别忘了告诉大家你是怎么知道的。

生：“青莲居士”是李白的别号，他生长于四川江油青莲乡；“五柳先生”指的是晋代诗人陶渊明，因为他家房子边种了五棵柳树。这是我在背古诗的时候，看注释获得的知识。

生：“六一居士”是宋代文学家、政治家欧阳修晚年给自己取的别号，用他自己的话说就是我家藏书一万卷，集金石遗文一千卷，有琴一张，布棋一局，而常备酒一壶，以我一老翁，在这五件东西之间，岂不是“六一”吗？这个知识是我上网查的。

师：同学们学习的态度和习惯很好，遇到自己不懂的问题，一定要想办法自己解决。其实，人物也好，事物也好，他们都有自己的别名。今天，我们一起来给世界命名，给万事万物命名。

上课伊始，老师以学生最熟悉的名字作为话题，设计了“猜读师名—感悟生名—理解诗人名”三个教学环节。“猜读师名”是基础，目的在于直接将学生带进“自探自究”的学习情境，让学生在强烈的好奇心驱使下，在好胜心的感召下，产生急切的探究欲望，同时也拉近了师生的距离，摆正教师的角色。“感悟生名”是关键，教师让学生大胆地阐释正名、解读别名，有利于营造一种民主、平等、和谐的教学氛围，让学生处于轻松、和谐、愉快的学习状态中，容易对学习内容产生顿悟与激发学习灵感，学生滔滔不绝地讲述自己名字的含义，其实就包含了学生对生活、对做人的思考。“理解诗人名”是教学的拓展与升华，其目的不外乎为后面的学习“蓄势”，借名人之名给学生以榜样观照，进一步激发学生的学习兴趣，增强学生自我探究的信心。在接下来的环节，教师引领学生给班级、给寝室，乃至自己的未来命名。受此启发，该校初中部王不了老师每新接一个班均注重召开“班级，我给你重新命名”的特别班会课。鼓励学生多角度寻找班级精神的象征物，学生在“花草虫鱼”之中筛选出“麦穗”来。于是，班级命名为“麦田”。围绕班名，顺理成章地提炼出如下班级精神：“十月培土，霜月披纱；雪月覆锦，一月成行；二月吐绿，三月苗长；四月穗成，五月露芒；六月金黄，七月盈仓。在麦田耕耘守望，收获四野麦浪，十里书香。”同学们在“麦田”这一富有生活图景的名字感召下，充分感悟“麦子”、“麦田”的内涵及其彼此关系，不仅能够带着种麦的态度去“播种理想、坚毅步伐、守望希望”，祛除急功近利之病；还能够从麦子原本平凡渺小的文化特质中，学会生生不息，团结合作，天天进步，蔚然成班级的浩然正气。学校其他班级命名，诸如青松领袖班、山石坚毅班、幸福凤凰花、春晖感恩班、春田耕耘班等，都充分体现诗意德育典雅语言的特质，这些富有“比德”意涵的象征物自然成为班级精神的图腾。

二 语文命名的历史流变

“道可道，非恒道。名可名，非恒名。”尽管说出来的“道”不是永恒的道，叫出来的“名”不是永恒的名，但人们需要给世界万事万物命名，需要借助命名去把它们分门别类，去深入研究这一事物和另一事物的区别与联系。如果不给这些事物一个名字，人们就难以识别、运用。也就是说，命名是人和世界打交道的一种方式，更是人们把此事物从类的事物及其他类事物区别出来进行识别、判断、推理的方式。对语文的认识同样如此，人们对语文的认识也是一个命名的过程，这个过程不是静止的、一成不变的，而是随着时代发展，人们对语文内蕴“道”认识的不断生成与变化，其名称也处于动态的变化之中。

在古代相当长的时期里，语文是混合在经学、史学、哲学、伦理学、社会学乃至自然科学当中，其内涵可以说是无所不包，名称自然也是不断变化的。有的根据学习内容约定俗成命名为“诗”、“书”、“古文观止”等，也有人根据语文教学的功能定名为“蒙学”、“经学”，或者根据训练的方式定名为“帖经”、“墨义”、“口试”、“策问”、“诗赋”等。直至1840年鸦片战争失败，西方列强在中国陆续兴办教会学校，将西方的学科思想引了进来。魏源等有识之士力主“师夷长技以制夷”，倡导学习西方先进科学技术。国人借鉴西方经验，开办了各类学堂，实行分科教学，语文及语文教育也逐步从传统教育中分化出来。1878年（光绪四年）张焕纶邀集同窗好友沈成浩、徐葵德等人在上海创办正蒙书院。该院所开学科包括国文、舆地、经史、时务、格致、数学、诗歌等。其中国文科，是我国民间萌生现代语文教育之始。是我国民间对语文最初的称呼。1901年（光绪二十七年），清政府颁布“兴学诏书”，改革科举制度，废八股、废科举，着手兴办新式教育，将各省书院改为学堂。1901年（光绪二十七年）12月，清政府任张百熙为京师大学堂管学大臣，并命他裁定学堂章程具奏。1902年（光绪二十八年）7月12日，张百熙进呈《京师大学堂章程》、《考选入学章程》、《高等学堂、中学堂、小学堂章程》以及《蒙学章程》各一份，共六件，获清政府颁行，被称为《钦定学堂章程》。该章程规定了“修身，读经，算学，词章，中外史，中外舆地，外国文”等课目，其中“词章”科称得上是近代语文学科的正式命名。但该章程限于历史条件，并没有全国通行。1903年（光绪二十九年），清政府颁布了《奏定学堂章程》。这是我国第一个经政府正式颁布而在全国范围内推行的学制，史称“癸卯学制”。《奏定学堂章程》规定：初等小学堂、高等小学堂、中学堂均设“读经讲经”等科，此外，初等小学堂还设有“中国文字”科，高等小学堂、中学堂则设有“中国文学”科。学术界认为，这里的“中国文字”和“中国文学”便是语文学科当时的名称，这标志语文学科的正式诞生。

1912 年，中华民国临时政府颁布《普通教育暂行课程标准》，废止小学读经科，将各类学校的“中国文字”、“中国文学”课程更名为“国文”。然而，自从废止科举开办新式学堂乃至民国的学校以来，初等小学所用的图文教科书，仍沿用科举时代所用古体的文言文。受“五四”新文化运动的影响，白话文运动和国语运动不断深入，基于“文字和语言一致”以及“全国语言统一”① 两个目的，1920 年 1 月，北洋政府教育部通令全国自本年秋季起，国民学校一、二年级先行改用语体文。国语与国文成为语文的基本命名。

> “语文”一名，始用于 1949 年华北人民政府教科书编审委员会选用中小学课本之时。前此中学称“国文”，小学称“国语”，至是乃统而一之。彼时同人之意，以为口头为“语”，书面为“文”，文本于语，不可偏指，故合言之。亦见此学科“听”、“说”、“读”、“写”宜并重，诵习课本，练习作文，固为读写之事，而苟忽于听说，不注意训练，则读写之成效亦将减损。②

1950 年 8 月，中央人民政府教育部拟订了《小学语文课程暂行标准(草案)》，该课标就确定了“语文”学科的名称。随后，中央人民政府出版总署编审局出版了全国统一的《初中语文》、《高中语文》中学语文课本。再一次从课本的定名上确定了“语文”的学科名称。自此，“语文”学科名称正式提出并开始使用。

三　语文命名的内在逻辑

纵观语文学科发展简史，学科命名主要出现“词章—中国文学—国文—国语或国文—语文”五次大的变化。我们需要扪心自问的是：语文凭什么命名？语文命名的内在逻辑是什么？任何命名作为一种认知活动，它的表达均有赖于命名主体的判断，尽管这一判断要受到经验、态度、价值观等因素的影响，但决定的因素还在于对该事物本质属性的认识。这是命

---

① 黎锦熙：《新著国语教学法》，商务印书馆 1924 年版，第 408 页。

② 叶圣陶：《语文教育书简》，《叶圣陶语文教育论集》（下册），教育科学出版社 1980 年版，第 730 页。

名的终极依据，也是作出行动、进行判断和命名的源头。这就说明，要把握语文命名的内在逻辑，首先要确定语文的本质。

什么是本质？所谓的“本质”，一般是指事物的根本性质，是构成这一事物的各种必不可少要素的内在联系，是事物的外部表现形态的根据，它是由事物的内部的特殊矛盾构成的。什么是语文的本质？语文的本质是语文现象之间必然、内在和稳定的联系，是语文的根本性质。例如，我们认识一个语文特级教师，从时间的维度看，在年幼的时候，受家庭的影响，他（她）或许具有调皮捣蛋的个性，或许具有调皮但孝顺的性质；在少年时代，受学校教育的影响，他（她）又具备勤奋好学品质；在年老时期，他（她）或许具有诲人不倦的精神品质。从空间维度看，他（她）既具备所有学科特级教师“博学而专攻、乐教善诲”等特点，又与数学等特级教师比较具有“雅言润心”的个性特质。这么多特点、品质，哪一个才是该特级教师的本质呢？回答这个问题，就要回到造就该特级教师存在的本体层面去思考。本体是本质产生的根源和根本的原因以及解释的终极依据。特级教师之所以特级，既有教育行政评价措施因素的导引，也有学校因素的着力栽培，当然主要因素还在于自身的个人努力。这些内在的、外在的因素均需要依赖“教学”才得以发挥作用。如果一个教师不教学，教师就失去存在的意义。特级教师也是如此，教学能够做到合目的性与合规律性的统一，且产生超凡脱俗的影响，自然就脱颖而出成为特级教师。因此，教学是特级教师存在的本体。而因教学产生的超越性自然成为特级教师的本质。

在与数学、科学等学科比较上，我们对语文是什么的认识，其种差往往确定为语文构成的要素。于是出现语文是“语言 + 文字”、“语言 + 文章”、“语言 + 文学”、“语言 + 文化”、“语言 + 文字 + 文章 + 文学 + 文化 + N”等学说。本质属性自然也就演变为“工具性”、“文学性”、“人文性”、“思想性”、“工具性 + 人文性”等。从形式逻辑的视角审视，一个事物概念的命名离不开该事物与同范畴事物种差的认识，而种差的认识离不开本体。缺乏本体的本质之思是“镜中观花”、“水中捞月”。语文之所以发生、发展的根本原因在于语文实践。语文实践是学生在教师引领下创造性运用语言符号认识自然、社会、自我的同时实现语文素养全面而和谐发展的言语实践活动。其本质自然不是现成的而是生成的。语文工具性是形式逻辑种差静态分析的语言性质，它只能部分反映语文的特性。况且，语言尽管是构成语文这一系统的主要或重要的要素，但它不等于语文的全部，以其构成的要素性质等同于全部属性，这就犯了以偏概全的逻辑错误。比如，在实际生活中，我们不能因为某一个家族出了一个叛逆分子，就类推该家族全部成员均具有叛逆性。而人文精神本质的认识，自然也是由语文“文章、文学、文化”等构成要素推导出来的，人文性或许是语文的属性，但绝不是语文唯一的、根本的属性，比如，历史等人文学科就具有比语文更为重要的人文性。

“A + B”这种构成论的形式逻辑思维方式本身存在不足。这种思维方式对概念进行命名时，一般只从概念所包含内容的组织结构或形式方面表现其完整性和合理性。它注重的是结构，不能充分反映该概念所包含内容本身的矛盾运动特性。即使从该概念内在因素与因素关系出发，比如“工具性与人文性”是“统一”的关系，它仍属于静态的分析，把握不了语文内蕴的矛盾，也把握不了语文的本质。因为，语文是为人的。为人的教学、教育是动态生成的，人的本质不是一成不变的，在不同环境、不同时机均会发生这样或那样的变化。因此，本质而言，人的本质是生成。为人的语文自然也是生成的。

语文本质是如何生成的，生成了什么？这就要回到语文本体看，言语实践是语文的本体。语文教育自然就是教师引领学生创造性运用语言符号塑造理想自我的言语实践活动，是以汉语言、文字、文章、文学、文化以及汉族独有的文言文等为载体的中华民族文化精神传承与创造的言语实践活动。从语言文字看，文字具有图景性、象征性，词汇具有多义性、模糊性，语法具有灵活性、随意性，语音具有音乐性、韵律性。从文章文学的言说方式看，思维具有意象性、图景性，言说具有隐喻性、表象性。从文化的视角看，中华民族是诗的民族，其文化自然具有诗意性。这些要素通过言语实践综合作用于教育对象，该对象自然具有诗意生成性。人的诗意生成性本质自然决定语文具有诗意生成性本质。

总之，“正像给物命名的那种呼唤四处召唤一样，给世界命名的这种言说存在于四处召唤之中。它把世界交托于物，同时又将物保持在世界的光华之中。世界让万物在场，万物呈现世界，世界认可万物。”① 语文同样

---

① 陆扬主编：《20 世纪西方美学经典文本（第 2 卷）——回归存在之源》，复旦大学出版社 2000 年版，第 463 页。

如此，这个命名的得来，看似是叶圣陶先生偶然灵感所致，其实，也是客观的语文教学条件、教学主体、教学凭借以及教学实践综合作用的结果；或者说是命名主体凭借自己的价值观念，对语文存在的客观现象及事实进行本质化认识的结果。

第三节 诗意语文的基本内涵

一 “诗”与“诗意”的追索

近几年来，在特级教师王崧舟等老师的努力下，诗意语文在一线产生重要的影响，但也有学者及一线教师提出“诗意语文 pk 杜郎口语文课堂谁更高效”的质疑与论争，其焦点就是诗意语文之诗意过于高玄，教师素养要求过高而使语文华而不实。论争的背后当然反映了广大语文教育实践者对高效课堂的呼唤，但一味将诗意语文指斥为低效课堂也是有失公允的。

严格说来，诗意是一个诗学的概念，作为教育学，尤其是语文教学的标志性概念，它是否成立确实容易引起质疑与论争。任何概念之所以成立，是因为它们具有某种形式的结构、符合事物本身的规律以及人们认识事物的习惯，是人们在长期的实践过程中发现和体验到的，且与人的心理结构有某种对应或应和。

就“诗意”本身而言，不同的学科从不同的视角给出不同的认识。《现代汉语词典》解释为“像诗里表达的那样给人以美感的意境”。这是一种比喻的说法，它强调了诗意的审美特质，即审美主体通过艺术化的手法与手段，对审美客体、导体、审美过程进行艺术性的改造，从而引领人浸润在诗意般的情境与氛围之中，升华境界。有学者认为“诗意是从诗开始的，诗是诗意的故乡和母性出发点。”① 其意在于阐明“诗意”乃“诗的意境”的简化或缩写，诗意的获得离不开诗歌的引领。也有学者认为“诗意是感情与形象的结晶”。② 这其实是将诗意视作审美主体将自身情感对象化的结果。“诗意是通过一定的节奏、声韵、格律等外在因素和情感、意象、意境等内在因素相互配合、共同作用，经作者和读者的双向交流而

---

① 张思齐：《宋代诗学》，湖南人民出版社 2000 年版，第 6 页。

② 曾绍义：《论秦牧的散文诗意》，《四川大学学报》（哲学社会科学版）1980 年第 4 期。

建构起来的审美体验。"[①] 这个观点不仅看到了诗意产生的主客体的互动因素，而且将这种互动迁移到文本作者与读者的多元对话与建构中。还有论者从人的存在与自然和本身的关系来分析，诗意的表达离不开自然对象物的依托，因此，"诗意是指人的自由与周围环境的和谐"。[②]

单就"诗"而论，从字源上分析，"诗"是一个形声字，表形的是"舌"上加一点（指事法所造）的"言"字，而我国传统的诗评诗论诗里一向强调"言为心声"、"在心为志，发言为诗"，尽管对于这个"志"的解释是随历史与文化的进程、人们意识观念的不断深化与发展，从而表现出不同的内容的，但"言"字所代表的就是内心情志。至于表声的"寺"，古文省略为"止"。"止"作为名词有"脚趾"（足）的意思，作动词有"之"（走）的意思。用表形的"言"，与表声的"止"合的"诗"字即解为：受刺激，被感动后而随足走出的内心情志。哲学家海德格尔经常引用诗人荷尔德林的"人诗意地安居于大地之上"诗句描述人的存在，不过他在强调"诗意"于人的重要性的同时，没有忘记提醒人们"栖居地球"，追求诗意，不应该忽略生存的环境，任何诗意的理想都应该建立在坚实的"地球"上，而所谓的"地球"就是我们通常所说的生活，就是我们生活的自然生态与社会生态，人只有立足现实生活，才会有坚实的土地；在此基础上，人学会用审美的眼光审视周围的世界，从现实生活中去发现美、提炼美，同时用诗的方式表达自己的生命感动，每个人的内心充盈着诗之真善美的深刻感悟，这无疑能够激发人们去超越种种给定性的对象关系，奠定人生可持续发展的基础，从而成为一个具有诗意情怀的人。由此看来，所谓"诗意"其实就是人在生活阅历中获得生命感动后进行反思性表达的情意。它有未来指向性，表现了人对美好生活境界的追求与向往；同时它与人的心理律动保持一致，是根植现实生活大地的情感与意旨。

诗意固然与诗有密切的关系，或者说诗这种文学体裁最能充分表达诗意的意蕴。但是，就诗意所涉及的内容与凭借的载体而言，远非诗所能概括。从哲学层面讲，如果说自然美的实质是自然的人化，是在"真"的形

---

① 杨大春：《梅洛－庞蒂哲学中的诗意之思或非哲学倾向》，《文史哲》2005年第2期。

② 夏爱元：《恒河岸边的"理想天堂"——试论〈戈丹〉中的诗意农村》，《湘潭大学学报》（哲学社会科学版）2005年第S2期。

式结构中积淀了人的本质力量，其形式是“真”，其实质是“善”；社会美的实质是人的本质力量的直接呈现，其形式是“善”，其内容是“真”，是以“善”的形式显现“真”的内涵。[①] 那么，语文的诗意不但具有自然美、社会美的内涵与特质，而且追求语文的自然美与社会美就是焕发语文诗意的应有之义。

马克思认为“人类全部力量的全面发展成为目的本身”。[②] 语文教学的根本目的与终极关怀指向学生自身，使学生在与自然与社会乃至与自我多元对话过程中创造性地运用语言符号学习一切有利于自身发展的东西而自主成为理想自我的人。从我们的语文教学对象看，少年儿童天生就是诗人，作为诗人的特质主要表现为对自然、对社会充满旺盛的想象力，充满幻想，充满热情，在感受自然美、社会美的过程中感受生命内在的节奏、韵律，从而怀着艺术化的生活态度。他们看待自然与社会能够将现实与非现实、理智与情感、时间与空间都凝缩于自己的身心之中，将自己旺盛的生命力化作同情、感动、感恩，分赠给世界万物，凭着生命的本能创造性地选择生活。他们身上具有的这种文化特质，既是可贵的人性资源，又是其生命力向前发展的原动力，更是加强语文教学实效性的逻辑前提。因此，诗意语文的实质就是人的自然化和自然的本真化，人的社会化与社会的向善化以及自然与社会的审美化。即语文在自然人化的基础上回归自然的、社会的本真状态，在自然和社会呈现人的“善”目的的基础上采用审美的方式赋予自然、社会之“真”、“善”“美”。从形式上说，它接近于自然美；从内容上讲，它主要研究社会美，但从实质上说，它又是人的社会目的的“善”合于自然之“真”、“美”，以含融了人的“善”、“美”的自然之“真”为其本质。

从诗意的内涵来看，大家提出“王崧舟之诗意语文 pk 杜郎口语文课堂谁更高效的问题”，确实具有现实意义，争论的核心问题其实不是否定诗意语文，更不是颂扬杜郎口的“革命”，而是追求一种本真的语文，一种实在的语文，一种既能够在学生性灵上种花，又能够在语文教学田园结果的高效语文。我们反对“表演”、“形式”、“模式”、“标签”，这无疑是具有警醒作用的，尤其能够揭去特级教师神秘的外衣，透视中小学语文课

① 徐碧辉：《从实践美学看“生态美学”》，《哲学研究》2005 年第 9 期。

② 《马克思恩格斯全集》（第 46 卷）（上），人民出版社 1995 年版，第 486 页。

堂“师强”“生弱”的实质：至少到目前为止，新闻媒体还没有关于当今的特级“名师”们教学成绩名列前茅的报道，我们看见的只是这些名师们全国各地飞来飞去地做课，无法从事实判断的层面去校验其教学的实效性，这确实是引起争论的原因。但将矛头对准“诗意”，对准“诗意语文”，我认为有失论辩的准星。因为诗意语文既是中国本土特有的教育传统，也是当今扭转“工具化”、“功利化”、“唯理化”教育窄化人类精神生活空间的现实需要；诗意地栖居在地球上是人类最有价值的生存方式，自然也是教育的生存方式。

二　诗意语文的基本内涵

诗意固然与诗有密切的关系，或者说诗这种文学体裁最能充分表达诗意的意蕴。但是，就诗意所涉及的内容与凭借的载体而言，远非诗所能概括。在日常生活中，诗意无时不在，当你用诗意的眼光审视周围世界的时候，诗意就在路边的一朵小花、一棵小草里藏着，就在你身边匆匆而过的熟悉与不熟悉人的脸上挂着。就语文而论，王崧舟等老师的实践探索表明，诗意的表达早已不限于诗歌体裁，记叙性文本是人与事编织的情感诗意，议论性文本是观点与材料铺就的理论诗意；先秦繁星闪烁着哲理的诗意，汉宫秋月倾泻离愁的诗意，屈子泛舟吟诵求索的诗意，祖逖舞剑书写报国的诗意。在语文的世界里诗意无时不在，无处不在。那么，什么是诗意语文呢？诗意语文是教师引领学生在言语实践中感受、生成归真、求善、至美情意的语文。

（一）从语文及语文教与学的根基看，诗意语文是归真的语文

当语文教学习惯于用规训的方式灌输某种终极价值，日益丧失诗意的时候，中小学的语文课能否把学生带到纯净的精神菩提树下，让他们在学校、在语文课堂自由把玩、自由开悟、自由创造性运用语言文字符号去对接自然、对接社会、对接自我的生活？语文教学能否吸引每一个孩子，无论成绩高低，无论智慧优劣，碰撞所有人智慧，发展所有人与生俱来的潜藏可能性，让语文话语之“水”相荡乃成涟漪，让教育主体心灵之“石”相击而发灵光？当语文课程改革相遇功利化的应试，语文教学受纯粹理性制约窄化为单向度的知识传授而山重水复的时候，我们能否让每一个教师，哪怕最普通的语文老师返璞归真，做一个纯粹的教育者，将孩子引向自启其智、自奋其力、自致其知、自健其德的柳暗花明又一村的彼岸？这

一切的追问，归根到底是一个回归语文归真的问题，即追问并思索教育本质何以存在与以何存在的问题。

1903年，“癸卯学制”颁行后，正式设置了“读经讲经”和“中国文学”课程，这代表着现代学科意义上的语文课程的真正独立。但是语文学科从诞生之初起就把封建主义的“义理”和教条主义的“政治”作为根本目的与终极关怀，导致语文从整体上就摆错了方向，成为一种工具理性操作下的功利主义教育，自然丧失本真的意义。语文教学的归真在于将教学目的与终极关怀指向学生自身，使学生在创造性运用语言符号的过程中学习一切有利于自身发展的东西而自主成为理想自我的人。体现在如下几个方面：

第一，归于语文自然的生活。所谓自然的生活就是学生所存身、立身的真实的生活。生活不仅是语文的外延，而且是语文的本身。“礼者，世俗之所为也；真者，所以受于天也，自然不可易也。故圣人法天贵真，不拘于俗。”（《庄子·渔夫》）庄子之所以赞颂圣人，是因为他们能够效法自然珍视本真，不仅如此，“君子曰：‘斶知足矣，归真返璞，则终身不辱。’”（《战国·齐策四》）有德行、有修养的君子回到纯真的本来面目，就终身不受屈辱。同样的道理，学生学习语文归于真实的生活，不仅能够获得真实的心理感受，更在触摸天地万物自然生长、运动的规律性中使主体自我与宇宙大我达成内在统一、相互契合；在顺应自然中，使自己进入自由的境界。比如，教师讲解“增添”词语的含义，从词汇的概念意义去阐释，学生获得的只是与生活现象抽象、剥离的意义，这种抽象、剥离的意义受认知的局限性往往与变化的生活有一定的距离。教师倘若引入“蒙蒙的细雨”“春风吹拂着千万条柳丝”等生活情境，学生自然明白“蒙蒙的细雨，为春天增添了许多生气”、“嫩绿的柳丝，为春天增添了活力”。

第二，归于学生自然的本性。即让学生做真我，学习语文显真性。从我们的教学对象看，中小学学生天生就是诗人，作为诗人的特质主要表现在感受语言的节奏、韵律的敏感性和亲近性上，主要表现为充满旺盛的想象力，具有诚挚的情感，保持独立个性，保持对自然、对社会、对自我充满幻想，充满热情，怀着艺术化的生活态度。诗意语文回归学生自然的本性其实质就是尊重青少年儿童的自然天性，张扬他们与生俱来的文学性，让他们发现目力以内世界更隐蔽的精彩和目力以外世界更广阔的天地，进一步升华其精神境界，优化其人文质量，从而使自己的内心世界更加辽阔、清醒、充实。

第三，归于语文教学的自然状态。即让学生回到“在汉语中出生入死”的状态，在自我素读、素写的言语实践中去增长言语符号智慧。多年来，由于语文教学不是指向学习者自身，语文教师习惯于训导者的角色，再加上多媒体现代网络技术的介入，语文教学成为遮蔽“真”的存在：语文教师的说教与表演遮蔽了学生的体验与表达；语文教材的表层化、观念化解读遮蔽了学生的个性化解读；教师的成人思维、小组合作的群体思维遮蔽了学生的学习者思维以及个体思维。这一切导致语文教学成为程序化的生产流程，促使学生言不由衷地贴几张成人化的标签以迎合教师或者矫情地说些废话以应付尴尬。久之，自然形成虚假的人格，语文课堂变成造假的场所。

诗意最基本的含义就是经受生命感动的自然表达，因此，归真是诗意语文及诗意语文教与学的基础。

（二）从语文及语文教学的人性基础看，诗意语文是求善的语文

在西方哲学发展过程中，出现了三次大的研究转向，概括起来就是：自然哲学向伦理学的转变，即探索纯粹万物始基的“认识你自己”到“追求至善”转变；经院哲学向认识论的转变，即认识“上帝本质”向我思故我在的“追求理性”转变；实在哲学向语言学的转变，即追求“逻辑体系”的哲学向“追求意义”的哲学转变。从这个转变可以看出，道德之善与语文之言有着特殊的关系，是你中有我，我中有你圆融互摄的关系。哲学家罗素将善定义为“愿望的满足”①。斯宾诺莎认为，所谓善指的是一切的快乐和一切可以增加快乐的东西，特别是能够满足愿望的任何东西。②汉字表示道德的“善”，《说文》的解释就是“吉也”，从羊，从言，会意。言是讲话，羊是吉祥的象征，“吉言为善”。孟子曾经给善下了一个定义：“可欲之谓善”，即能够满足人的需要的事物都是善。③ 这一简单的语源考查表明，无论中西文化有多么大的差异，回到“善”的在最初的意义上，所谓“善”，指的是作为主体又作为客体的人出于良好愿望并以良好

---

① ［英］罗素：《罗素自述》，黄忠晶编译，天津人民出版社 2012 年版，第 203 页。

② ［荷兰］巴鲁赫·斯宾诺莎、［德］莫里茨·石里克：《伦理学问题》，中国社会出版社 1999 年版，第 126 页。

③ 余仕麟：《伦理学要义》，巴蜀书社 2010 年版，第 190 页。

的形式表达出来的利人利己的心意及行为，其中言语表达能够促使主体在自然关系和社会关系中各方面的需要得到满足的价值就是道德之“善”。因此，语文教学不能停留在认知的层面，还引导品味、体悟文本言语从动机到效果都具有道德之善的意味，更应教育、训练学生如何让自己的言语具有良善的德性。

在前语文教学和古代语文教学漫长的历史中，我们的先贤们曾很好地处理了语文教学与德性之善关系，一言以蔽之，就是“文道统一”，教学的终极关怀指向的是语言表达的“尽善尽美”“文质彬彬”。孔子闻《韶》三月不知肉味，因为它是表现虞舜时代的禅让内容，其乐律如同和煦的春风温润和谐，让人心动神摇，如醉如痴，全身心沉浸其中。语文教学如何让学生透过语言文字的外表谙习字里行间的道德之善？如何在语文学习过程中掌握语文学科知识的同时心灵得到诗意语文道德之善的灵魂滋润，进而使他们的语言表达也具有内在的道德善的力量之美呢？这需要语文教学摆正语文教学与德性培育的关系，从道德与语文的二元对立的教学走向德言同构的“求善”教学。诗意语文的“求善”，就是教师以培植学生与生俱来的善心为前提，引导学生在言语实践的言意转换中生发内外互化的善意，进而成就人己互惠的善行。

第一，培植与生俱来的善心。什么是善心？孔子认为就是“人之初，性本善”，孟子认为善心指的是“仁、义、礼、智”四个要素构成的“善端”。由此可以看出，所谓善心指的是人天生的合乎社会伦理规范的稚子之心。反映在诗意语文教学范畴，所谓的求善就在于教师将教学的旨归指向呵护、培植学生淳朴的童稚之心，能够引导学生带着诗意的眼光审视周围的世界，在自读自悟的言语实践活动中陶冶诗意的情怀。比如，讲解人教版四年级下册第24课《麦哨》里“每根麦秆都擎起了丰满的穗儿”一句里的“擎”字，从归真的角度分析，学生不难得出“举起”的概念意义，如果教师注重呵护、培植学生的善心，让学生揣摩生活当中运动员双手“擎”起奖杯等动人画面，学生不难理解“擎”字内含的一种情感，即是怀着一种郑重，庄严的心情。然后再回归课文，让同学们以己之善推测麦秆之善，以己之心发现麦秆之心，学生自然能够领会麦秆为何要擎起丰满的穗儿：那是它经历了风吹雨淋，雷击日晒之后的丰收的果实。

第二，生发内外互化的善意。诗意语文所谓的“善意”，指的是学生主体通过言语实践在与教师主体、文本作者主体、编辑主体对话过程中感知与体认语言文字符号表达的情味、韵致、情趣。即把外在的道德之善言内化为自我认同的道德之意，把内在的道德之思外化为道德之行而生发的切合社会主流价值的诗意。陶渊明在《五柳先生传》畅言："好读书，不求甚解。每有会意，便欣然忘食。"这当中的"会意"就是书中之善言所传达的善意切合自我内在的价值追求，故能够"欣然忘食"。语文教学要达到这个阶段，首先要做到的就是让静止的语言文字符号站起来，化抽象的符号为活着的形象，然后还原为有行为的、可感可触的特定的场景，再演绎成具有情节、生活画卷的图景。比如上文提到的《燕子》一课有关"增添"一词的教学，教师显示燕子让春天变得生机勃勃景象之后，逐步还原与燕子有关的柳丝、细雨、青草、绿叶和鲜花等要素构成的场景，然后依照生活之真，呈现春天变得生机勃勃的情节、动态的画面，学生自然明白构成春天这么灿烂的图景是"众人拾柴"合力作用的结果。

第三，成就人己互惠的善行。"余以兰为可恃兮，羌无实而容长。委厥美以从俗兮，苟得列乎众芳。"（屈原《离骚》）本品性高洁的兰草之所以招致屈原的厌恶，是因为它"华而不实"、"徒有其表"，更深层的原因还在于抛弃了美德"从俗"的行为。诗意语文教学的求善不仅要呵"善心"、品"善意"，还要铸"善行"。所谓的"善行"，指的是教师将文本的、学生自身的生命感动以及人生的美丽风景采用合乎生活本质以及学生学习本质的方式，逐步展示在学生面前，促使学生在自己的人生道路上自主践履诗意化的行为法则。例如，教师讲授人教版二年级上册《假如》这首儿童诗的时候，在品味主人公用神笔为小树画的是太阳送去温暖、为小鸟画的是谷粒送去温暖、为小伙伴画的是一双好腿送去健康与快乐等善意后，接着教师引入台风肆虐的城池、水泄不通的春运、艰难求学的西部学子等图片，让学生开展"为每一个你所触动的图景，找到点亮生命的小小光芒"的言语实践，学生自然学会关注自身生存的世界，爱护大自然，爱护人类共同的家园，并把心中的这份爱化作实际的善行。

（三）从语文及语文教学的境界分析，诗意语文是至美的语文

什么是"诗"？海德格尔首先把它界说为真理的"有所澄明的筹划"而所谓"有所澄明的筹划"，说的就是存在本身的"投射"，又由于唯"语言"才具有使存在者作为存在者进入敞开之中的"命名"（Nennen）

作用，让存在者无蔽地“显”出。因此，所谓的“诗”指的是有所澄明的“道说”。[①] 通俗而言，世界本身是自在的、荒芜的，诗就是给世界重新命名的活动，是赋予人与自然、与社会、与自我等世界以意义的活动。这也就是说“诗”的命名，人不仅发现了诗意，而且通过诗的言说方式表现了存在的真理与意义，还能够表达对于可能生活、理想自我塑造的不懈追求。诗意语文立足诗、凭借诗开展归真、求善德言语实践活动，还是一种立足于现实又超越给定的现实、永远向着可能性迈进的创造性活动，自然也是一种至美的活动。所谓至美，就是走在基于美、追求美、臻于美的用诗给世界命名的言语实践活动。

什么是“美”？从哲学上来说，指的是客体的某种属性能够满足审美主体的审美需要。推衍到语文，如果说语文是一个以言语实践为本体的包括言语、语言、文字、文章、文学、汉语文独有的文言文等及其文化的多元体系，那么，语文的美不仅美在汉语言文字符号的象征性的生活图景，还美在汉语言文章、文学所表现的先秦繁星、汉宫秋月、高山流水诸多意象，还美在汉文化镌刻在汉民族心灵里的图腾，更美在中华儿女创造性运用语言文字符号对历史、对现实、对未来切合心理需要的至美表达。因此，诗意语文的至美指的是语文教学基于美的语言，追求美的享受，臻于美的境界。即教师引导学生通过言语实践一方面对审美对象某种具有人的本质力量的、切合民族文化心理的普遍性、共同性的品质予以积极、正面、肯定性的“道说”；另一方面对属于自己的本质力量止于对审美对象予以价值的肯定和有创意地进行个性表达。体现在如下几个方面：

第一，美在语言的典雅。辜鸿铭指出：“汉语是一种心灵的语言、一种诗的语言，它具有诗意和韵味，这便是为什么即使是古代的中国人的一封散文体短信，读起来也像一首诗的缘故。”[②] 然而这种语言受所谓科学化和功利化教学的影响，得不到有效的训练，学生自然难以走在至美的路上，去领略汉语言文字符号的意象之美以及运用这种语言文字符号创造性表现内心感受与理想自我塑造的创造之美。诗意语文教学主张在教学过程中，以主体与客体、主体与主体之间的互动共生为基点，强调教与学是师

---

① 孙周兴：《说不可说之神秘：海德格尔后期思想研究》，生活·读书·新知三联书店 1994 年版，第 118—217 页。

② 辜鸿铭：《中国人的精神》，海南出版社 1996 年版，第 106 页。

生间主体指导性的审美化活动，即以语言典雅为根本性的维度，采取“新诗进课堂”、“汉字绎诗”、“课本绎诗”等形式，让“诗”般的言说去涵盖历史的伦理之真、现实的道德之善和未来理想之美的合理成分，使真与善、伦理与审美在更高的层面上即真、善、美的真正统一中实现其价值，因而促使语文向一切生命体开放，使语文成为生机勃发的语文。倘若每一节课的语文教学不是让学生成为课本的“别人风景”看客与所谓“义理、考据、辞章”的“评判者”，而是成为“诗人”，用诗的形式去和文本、文本作者、教材编辑、教师、自我及其关系进行“道说”，且用“诗”般典雅的语言给予自己存身的世界和未来理想的世界进行切合自我需要的“命名”，那么，学生也会从自我语言表达的进步上获得学习语文的动力。

第二，美在自我的欣赏。在传统学科本位的语文教学实践中以及教师本位的指向理解的教学实践中，中小学语文教师常常置学生为被动的、受训导的地位，即使是对话教学也处理成为教师居高临下的“师生一问一答”，这使得语文教学意义难以与学生、与学生的生命发生“切己”的联系，学生自然也不会将文本与语文教学圆融。除此以外，传统的语文教学的读写活动，也是在“言”与“意”之间直来直去，缺乏学生主体的介入，变成任务式、机械的外在于语言文字的活动。诗意语文教学以言语实践为本体的、有魅力的实践方式为施教的途径。其逻辑线索是遵循诗情激发、亲验活动、体验在先，领悟诗意、践履诗行在后的流程，让教师和学生进入到“人与自然、人与社会、人与自我”圆融互摄的诗意之境，体验三者彼此之间生态关系的结构性变动，在自我言语实践中，自读自悟，发展语文素养。在读写的言语实践中，主张在“言”与“象”之间搭建中间“象”的桥梁，注重举象、造境、生命感动、反思式表达，变课文“自在之物”为“情化的自然”，使之成为“人人心中有，个个笔下无”的言语存在。例如，《黄山奇石》是小学语文第三册中的一篇“看图学文”，由三幅图和一篇课文组成。教师抓住黄山之石的特点，让学生展开想象，进而细度文字，理解奇石之真；接着，采取导航体验的策略，让学生进行“假如你是山中的仙人，你会对游客说些什么话”的言语实践探究奇石之善，最后，为了让奇石与学生发生生命的联系，继续组织学生用自己的语言抒发切己的“黄山奇石甲天下，我愿干什么；祖国河山美世界，我愿意做什么”等感受，他们自然就变黄山奇石的欣赏者为守护者，变祖国河山的游览者为建设者。

第三，美在境界的提升。如同“见山是山，见山不是山，见山还是山”，诗意语文的至美也有三个层次，或者称之为三重境界：第一层是美在学生与世界“自在”的状态，即学生可以欣赏文本作者、教师、编辑所营造的世界，但这些世界难以与自我的生活、生命发生联系。这是诗意语文至美的基础层；第二层是美在学生与世界的“同在”状态，即学生与文本作者、编辑以及教师构成一种相遇、对话的关系，能够以己之情揣度他者之意，以他者之思反思己者之思；第三层是美在学生与世界的“圆融”状态，即学生以言语实践为本体，以自身的实然创造为起点，用诗眼去看世界，用诗心去解读生活，赋予自然、社会以及学生自我及其彼此关系以诗意观照，用雅言去创造性表达“切己”的感受且促使自己走在生生不息，新新不已的应然境界提升的路上，塑造不断超越的“理想自我”。

总之，所谓诗意语文，是指根据学生的自我觉解与建构的本能，将传统“诗教”与现代语文教育融成一体，充分尊重学生学习语文的主体地位，让学生在生生、师生多元互动的言语实践中涵养“诗情”、发展“诗思”、感悟“诗理”、践履“诗行”、积淀“诗语”的归真、求善、至美的言语实践活动。诗意语文教学是以生活之真顺学生自然之性、以教师之善养学生之德、以课堂之美怡学生之情、以科学之理明学生之心的一种符合人性基础的以善统真、以美促善的“诗”般的方式去教学的言语实践活动。

第四节　诗意语文教学的基本策略

诗意语文的探索者与践履者王崧舟老师认为：诗意的灵魂是价值引领，诗意的血脉是文化传承，诗意的旋律是精神诉求，诗意的光华是生命的唤醒，诗意的情怀是感受复活，诗意的风采是个性高扬，诗意的神韵是智慧观照，诗意的境界是心灵对话。其意在于明确诗意语文是师与生诗情的熏陶，是人本、文本与生活诗理的领悟，是人与文、情与理、直觉与认知等方面诗思的启迪，是典雅汉语与文明行为的践行，是言语实践中典雅语言训练与积淀，因此，实施诗意语文教学的重点在于：“动之以诗情、晓之以诗理、启之以诗思、导之以诗行、积之以诗语。”

一　立足诗情，复活感性，唤醒感动

所谓诗情，就是一种艺术化的审美情感。动之以情是开展语文教学的

逻辑前提。诗意语文教学也不例外。其一，教师在制定语文教学目标、选择教学内容、实施教学过程的同时，注重加强师与生、生与生审美化的情感联系，使教师的情感信息、学生的情感信息以及语文教学材料、资源等物质形态所包含的情感信息能够相互作用，形成一定的张力，从而复活学生的感性认识。其二，教师把语文知识、语文思想以及语文学习方法寓于生动活泼的情境中，使语文教学成为一种富有磁性的活动，激发学生产生强烈的学习兴趣。其三，教师神态传达诗情。教师要感动学生，自己必须受到语文、生活中情景的感染，自己处于感动状态，教学时或哀怨、或赞美、或奔放，教师就是诗情的化身。其四，教学语言透出诗情。比如学习初一人教版教材“成长单元”，老师用“同学们，像鸟儿在天空中划下痕迹，像风在海面上奏响乐曲，花开同样有声，人来到地球，她的成长如同鲜花盛开一样，也是有声音的，请仔细听听，你会听到花开的声音，你会感到成长的韵律”这样富有感染力的话语开头，必然能够感染学生。其五，教师努力建设诗意的班级文化。比如给学习小组以“蓝色精灵”、“快乐伙伴”等诗意命名，教室文化布置在典雅和个性上下功夫，让教室的每一个角落都透出浓浓的诗意，让学生一走进课堂就能体验到诗的韵味与情致。

二　立足诗思，回归图景，协同双脑

所谓诗思，就是诗性智慧的简称，它的特点是空间的自然、社会和自我的并行信息与时间的历史、现实和未来的串列信息交互融合，从而形成富有情节、富有形象的立体图景。其作用机理在于双脑的协同作用。所谓双脑协同，指的是将依靠语言为主的分析、判断和抽象概括中枢的左脑功能与依靠形象思维为主的直觉思维中枢协同起来，达到立体、全面的思维的效果。例如讲授《阿房宫赋》一文时，立足右脑，我们可以根据阿房宫华美的建筑、宫女们的日常起居等在场信息，将教材知识图景化，让学生透过在场的图景去想象、揣测秦始皇荒淫的生活、六国彼此的钩心斗角等不在场的信息；立足左脑，我们可以让学生分析秦始皇毁灭的历史原因；而左右大脑协同就能促进学生的创造性思维发展，即依托有情节、有故事的种种图景，让学生在想象的同时反思“假如你是秦始皇，你会这样建造阿房宫吗？你理想的阿房宫又是什么？”诸如此类的问题，其结果就是“阿房宫应该是民族尊严的象征，不是收藏个人私利的场所；阿房宫应该

是与民同乐的田野，不是禁锢青春与希望的牢笼”。

三　立足诗理，多元对话，感悟人生

理者，实质规律之谓也。在自然曰“真”，在社会曰“善”。所谓诗理就是用诗意的眼光审视社会、自然、自我，而体验、反思以及把握真、善、美的本质。如何让学生感悟诗理，主要的策略在于借鉴对话理论，让学生和编者、作者、文本乃至自我进行多元互动对话，在对话中学习生活知识，揣摩生活道理，领悟生命意义。叶圣陶先生认为“语文的外延就是生活”。因此，语文教学尽管面临的现实是狭义的日常生活世界，但其价值在于导引人们走向崇高、走向诗意地栖居，这样就赋予语文教学感悟诗理的任务。其一，对话文本，心与境谐。让学生想象自己身处于文本中的情境之中。比如学习《春望》一诗时，教师让学生与作者杜甫对话：“假设你现在也和杜甫一同站在颓废的城池边眺望春天，请根据你自己的生活，你会向他提什么问题?”学生自然会这样发问“杜甫”：“国破家亡了，山河还在吗?”“杜甫”叹了口气，说：“在!”学生又问：“它在哪里呢?”“它在草木的绿叶里藏着，在花的梦想里开着，在鸟的鸣叫声里亮着，在游子的心里漂着。”“杜甫”说完，淡然一笑。其二，对话生活，触类旁通。教学《故宫博物院》一文，叶才生老师让学生初读课文，用近义词解释课文重点词语的含义，画出参观故宫的路线图以把握故宫的总特点。在此基础上，聚焦故宫的“和文化”。采取“感受和—体验和—表达和”的教学程序，让学生走进故宫，走进中国传统的和文化。在老师的示范性言语实践“故宫众多命名很考究，尊敬天地，靠山向水，那是人与自然的和”引领下，学生理解了故宫蕴含和文化的神韵：故宫神兽把门，左青龙，右白虎，前朱雀，后玄武，前朝后宫，那是布局的和谐；故宫，瑞兽点缀，龙凤呈祥，铜龟、铜鹤等，象征着国家长治久安，国泰民和；故宫琉璃瓦顶，东为青蓝，应木，南为赤，应火；西方为白，应金；北为黑，应水；中为黄，应土，那是五行的和谐；故宫，外朝为阳，内廷为阴，外朝布局疏朗阔大，洋溢着恢宏之势，内廷布局紧凑，流淌着精巧之气，刚柔互补。更妙的地方，在于叶老师还让学生从课文中走出来，去体验自己生活居所的和谐、生活环境的和谐以及心灵世界的和谐。其三,对话自我，圆融互摄。比如，在处理苏教版教材第十一册《生命的林子》一课时，如果我们的教师把着力点放在自然、社会与自我的“林子”诗意的领悟与理解上，按照“设置情境，感受自然林子的物象

（What）——诵读体味，体验课文林子的情象（How）——展开想象，领悟社会林子的意象（Why）——物我互化，创造自我的形象（Way）”的思路进行教学，学生获得的大自然、人类社会以及自身的诗意就会整个渗入“我”的生命里，学生就会明白“林子是迎接机遇与挑战的竞技场；林子是考量勇气与志气的检测站。学校是我生命的林子，在这生命的林子中，我将潜心苦学，奋发向上。我要成为学校的骄傲，成为未来的栋梁”。

四　践履诗行，涵泳吟味，实践体验

所谓诗行，指的是按照主体化、生活化、审美化的原则，学生在语文的言语实践以及日常生活中去践履诗意。诗意的汉语是意象语言，意象是具体化的感觉和情思。意象语言除具有直觉性、表现性、超越性、偶然性等特点外，更主要的是它还有隐喻的意义，注重意会，讲究神韵，言外之意，侧重感受和体验。这就决定了我们的语文教学必须致力于语言的品味、意蕴的咀嚼和内在规则的体认，决定了学生语言的习得离不开实践的体验。而把课堂学到的诗意法则和学生的生活连接起来，就能够帮助学生组织人生经验、强化生活感受、梳理个人思想，成为一个诗意的栖居者。其一，让学生时常给生活以诗意的命名。例如让学生把规训式的话语“新种草地，乱踩重罚”改成“小草睡觉，请勿打扰”！其二，给课堂内外的语文作业以诗意的空间。布置作业时有意识地开展积淀诗语训练且和自我成长进行组装和整合。比如作文，阅读《十万个为什么》，任选一个问题，仿照《问银河》、《问大海》等课文，采用童话或童谣的方式回答问题。习题的设置增加情境性和实践性，变外在的、强加的作业为自愿的、主动的作业。比如“请你找一棵喜欢的树，告诉自己的朋友：‘看，这是我的树’；抱抱它；闻闻它；用手摸一摸树皮，让你脸颊轻轻地蹭一蹭；听一听它在风中的歌声；跟它比一比谁高、谁大？画一画‘我的树’，为它做张名片。然后把这个过程写成一首小诗”。其三，开展系列活动。通过活动强化诗意法则的实际运用。这些活动可以是校内与校外的诗意的擂台赛、班级诗栏、新诗教画廊，还可以是各学科融合的综合性学习和各种社会实践活动。

五　立足诗语，讲究神韵，高扬个性

所谓诗语，与日常的现代汉语不同，它是具有丰富人文内涵、个性化

的、典雅的现代汉语。汉语是诗意的语言，语文教师主要的职责就是让学生受到典雅汉语的熏陶，感受汉语的魅力，因此，语文教学的富有个性的任务其实就是不断地强化汉语的典雅性，使学生通过学习汉语的过程成为一个典雅的中国人。诗意语文从典雅汉语的角度去审视教材，建构教学程序，语文教学会变得富有神韵而且能够很好地张扬学生的个性。其策略主要体现在如下几个方面。其一，通过语境转换去典雅汉语。即把散文化的语言材料变成诗化的材料。例如，学生学习《春雨的色彩》一文时，教师对课文加以改造，写成诗，配成曲。学生很容易把自己虚拟为春雨调出生活的颜色。“春雨真的就像调色盘，/我想拿着马良的神笔，/调出活泼的绿色，/让沙漠生机勃勃；/调出高贵的蓝色，/让大海碧波荡漾。”其二，通过自读自悟，涵泳吟味去典雅。“涵泳”指的是熟读精思，潜心体味；“吟味”指的是反复推敲、咀嚼。例如教授《爸爸的花儿落了》一文，教师抓住爸爸与英子交往的几个细节，比如父亲躺在病床上听到英子恳求去参加毕业典礼时将身子转向了墙面，父亲督促英子不要逃学时左右寻找处罚的器具等，然后教师向学生提出：“爸爸的花儿落时的情景，你看到了什么？你听到什么？你想到什么？你期盼什么？爸爸的花落了之后呢？”等问题。学生的回答是：“爸爸花落的时候，/他的眼里装满坚强。/他渴望阳光，/渴望飞翔。//爸爸花落的时候，/他的眼里充满希望。/他在等待，/等待花儿的又一次绽放。”其三，在“口头的言语实践”中典雅汉语，即做好加减法，根据语言的特点把课文的短句变长，或长句变短，甚至更换部分成分。比如“我爱花，我爱洋溢着青春活力的花/我爱花，我爱在苦难中成长的花/我爱花，我爱倔强的战斗的花”。其四，在“左联右引”中诗化。即联系文本内部之间的关系，联系不同文本之间的关系，联系文本与生活的关系去比较，使学生将语言诗化，同时加深对文章内涵的理解。比如学习《和时间赛跑》一文时，毛晓婷老师首先让学生联系《窃读记》、《匆匆》等课文，把握课文所表现的时间特点，然后通过减词朗读的方法，充分体验课文的情境并感悟自己的生活，实时地提出言语实践训练主问题：“同学们，在你的生命中，有没有什么被时间带走，永远不会回来了呢？”学生在自我的言语实践中触类旁通：燕子去了，有再来的时候，但已不是昨日的那只；桃花谢了，有再开的时候，但已不是去年的那朵；小时候最喜欢的裙子，怎么也穿不进去了；所有时间里的事物，都永远不会回来了；你的昨天过去了，就永远变成昨天，你再也不能回到昨天。最后提出“如果历史能够重写，故事可以重来，事情可能会怎样？如果你是时间的主人，如果你能够跑在时间的前面，你会怎么样”等问题，让学生通过想象的方式去诗化语言，学生自然发出“和时间的骏马赛跑，我就赢得了自己的草场；和时间的流水赛跑，我将驶向成功的彼岸；和时间的闪电赛跑，我将闪耀东方、闪耀世界”等誓言。其五，通过教师的示范去诗化。教师是典雅汉语的代言人，因此，教师的一言一行均应成为学生学习的典范。再如，讲解《拿来主义》这篇课文时，中山市坦洲理工学校王彩阁老师的导语是这样设计的：“一百多年的中国近代史，留给我们的全都是沉重而又暗淡的记忆。从鸦片战争、中法战争到日本全面侵华战争；从旅顺大屠杀到南京大屠杀；从走私鸦片、贩卖华工到火烧圆明园；从猪仔、东亚病夫到华人与狗不得入内。无数中国人用生命写下的，除了屈辱，还是屈辱。翻开历史的画面，就如同翻开一座座沉重的大山。今天，就让我们一同走进那个中国失去话语权的年代，一同走进鲁迅的《拿来主义》。”这个导入，目的不仅仅是想渲染悲凉的气氛，调动学生的学习兴趣，更重要的是，它与文章的时代背景、与学生接下来对课文的理解，有非常紧密的联系。因为学生只有了解那段屈辱的历史，才能明白为什么鲁迅在那样的年代要倡导“拿来”。教师典雅的言说，伴随着低沉的音乐、沉重的画面，学生自然容易融通课文的社会语境、话语语境，更容易使自我的言说变得典雅而富有个性，这样就焕发汉语的诗意魅力、语文教学的诗意魅力。

第二章

诗意语文情感熏陶论

第一节　语文教学的诗意本质

一　语文教学的诗意本质

语文课程标准颁布以来，工具性与人文性的统一称之为语文的本质属性，这一属性何以存在？教育是在教育者指导下受教育者与自然、社会、学校环境等相互作用的自我建构过程或实践和自为过程，是教育主体通过教学增进知识、能力和形成良好品德的过程，教育之所以为教育就是因为它能通过教育实践形成人。① 因此，教育实践是教育存在的本体，自然也是教育本质存在的本体。语文教学的本体自然是言语实践，言语实践的本质是诗意的生成性，工具性与人文性统一的实质是语文教学目的与言语实践生成性的自然结果。

从语文教学目的看，其根本宗旨与终极关怀指向的就是人的发展，是人心灵的成长与生命样态的丰润，即语文是“为人”的。“为人”的教学均具有一种理想的诉求，其中润泽人的心灵，培养学生创造性运用语言文字符号的智慧，从而过上有意义的生活是普遍的价值取向。教育活动是直接表征人类生存方式的一种活动。② 诗意地栖居是人类最有价值的生存方式，这是一种可能的生存方式，只有教育活动的参与才会使得这种有价值的、可能的生存方式变为现实。因此，语文教学不仅为人诗意地栖居提供知识论前提，更从价值论层面奠定人的动力基础，促使每个受教育者都能够主动地、最大限度地发挥自己天赋的潜力，使其“内部灵性与可能性”得到充分的发展。这就意味着语文教学有诗意生成性的本质。

---

① 郝文武：《教育哲学》，人民教育出版社2006年版，第77—89页。

② 李小鲁：《教育作为人的生存方式》，广东教育出版社2007年版，第13—14页。

从语文教学实践看，任何母语教学都必须遵循特定民族的教育传统，依托一定现实的教学条件乃至判断指向未来的教学价值。教学本质是具有一定历史传承意义的教学实践本质，也是现实教学实践的本质以及未来教学实践的本质。历史的教学实践是现实教学实践与未来教学实践的基础，或者说是生根的土壤。因此，认识中国语境的母语教学本质除了运用“我思”的方式进行概念、判断、推理，获得一个精确的、抽象的、形而上学的“认识”，以及运用“我看”、“我做”[①] 的方式进行现象学的考察，获得一个生动的、形象的、形而下学的“诠释”外，必须遵循历史逻辑的法则，从一个民族母语教学发展的文化土壤去进行事实与价值的判断。从我国语文教学实践的历史传统看，中国传统母语教学的诗意一直是弦歌不绝。比如“天命之谓性，率性之谓道，修道之谓教”，母语教学是一种“修道”的过程，是天命与人性圆融互摄的过程，这自然赋予语文以诗意的质数；再比如“兴于《诗》，成于礼，形于乐”（《论语·泰伯》）的理念以及“诗，可以兴，可以观，可以群，可以怨”（《论语·阳货》）的教育功能，均肯定了诗意文化是母语教学得以存身且发挥功能的关键因素；“君子知在位者之不能以恶服人也，是故简六艺以赡养之。《诗》、《书》序其志，《礼》、《乐》纯其养，《易》、《春秋》明其知。六学皆大，而各有所长”（《春秋繁露·玉杯》），诗礼乐互化的教育是最能维系社会与“赡养”人心的诗意教学。

另外，回到人的教学这一原点上。人的存在既是一个先验的历史性存在，也是一个经验的现实性存在，还是一个超验的理想性存在。人作为物质与精神的结合体，他就是在先验、经验与超验的张力中生成理想的自我。“自然把尚未完成的人放在世界中，它没有对人作出最后的限定，在一定程度上给他留下了未确定性。”[②] 人以自身的不确定性和“自然、社会与自我”这三个世界进行碰撞、融合、发展，自然会生成许多新的不确定性，正是这些新的不确定性因素才使人成为生活世界的斗士，时时充满生命的张力去处理“人与自然、社会、自我”的关系，去适应社会对他的期待和要求，同时又对社会规则进行创造性的解读，追求更新的不确定性，期待到达相对理想的境界，成为理想的自我存在。因此，人本质上就是一

① 李润洲、李伟：《教育本质：一种现象学的拓展》，《教育学术月刊》2009 年第 11 期，第 6—8 页。

② ［德］米切尔·兰德曼：《哲学人类学》，张乐天译，贵州人民出版社 1988 年版，第 228 页。

个诗意的存在者，富有诗意生成的本质。

人的诗意生成性本质不仅决定了语文教学的存在，而且决定其本质。语文教学的诗意生成性本质是教学目的及其教学实践的结果。对它的认识既来自于教育思维、教育理论对教育实践的抽象，也形成和实现于活生生的丰富的教育实践。这一诗意本质是语文教学合目的性与规律性统一的教学实践的现实结果。这一本质自然也是人带着积极、平和、公正的心态寻求心灵世界与外部世界平衡、和谐而生发的情思、意旨，是人性与物性的统一，是生活世界与生存境界的归一。语文教学的诗意是尊重受教育者作为主体人的生成性本质，采取合乎人本质的教学方式，让受教育者在自主"确认自我价值和选择教育规律"①教育实践中丰盈心灵、丰润生命而获得富有积极意义的情思与意旨。这种教学，简言之，它是"人的灵魂的教育，而非理智知识和认识的堆集"。②

二　语文教学诗意本质的失落

语文教学的根本目的是"为人"的，"为人"的教学必须立足民族的文化土壤并以传承民族文化为己任，从而形成与此目的相适应的教学内容、形式、手段与方法，其本质是诗意的。然而我国的语文教学实践无可避免地受到"科学理性"、"实用主义"、"师夷长技以制夷"等"人为"的价值观的影响，导致教学目标的确定、内容的选择，乃至课程安排、管理评价等方面奉"理性教育"为圭臬，促使语文教学朝向"逻各斯中心"发展，成为"非诗意"的存在，其诗意本质自然就遮蔽，乃至失落，是从教学目的到教学内容、教学过程、教学评价、言说方式全面的失落。

第一，从语文教学目的的"唯理性"看"诗意本质"的失落。自柏拉图将诗人逐出理想国，理念世界与现实生活、感性与理性、现象与本质逐步分离开来，人的精神逐步发展为"我思故我在"纯粹理性的单一存在。现代工业文明将人的纯粹理性又迁移到物质享受上，人成为物欲的对象。后现代社会伴随"数字化"进程，人的行为逐步程式化与技术化。受此影响，当语文教学实践遭遇教育技术，遭遇教育管理乃至课程改革，人固执

---

① 郝文武：《教育哲学》，人民教育出版社 2006 年版，第 160—161 页。

② ［德］雅斯贝尔斯：《什么是教育》，邹进译，生活·读书·新知三联书店 1991 年版，第 2—4 页。

的纯粹理性、教育的功利性以及教育的技术性功能日益彰显其效应，语文教学成为教学资讯、PPT、多媒体的技术对象化的存在，成为外在于人心灵成长的存在，成为辅助社会延续、发展而机械传递政治、文化观念的手段，成为个体为获取丰厚物质生活或社会地位的工具。再加上我国近现代向西方学习的过程中，受“知识就是力量”、“人为自然立法”等观念的影响，长期以来将语文教学目的窄化为语文学科知识的应试化或者思想政治教育的主题思想化，语文教学一方面直接为中考、高考服务；另一方面为思想政治教育服务，习惯于纯粹理性精神的主导，把“物种的尺度”看作是动物的尺度，“内在的尺度”等同于人的理性或主体性。这样就导致语文教学诗意生成性本质的理性化、受教育者精神生命的“物质对象化”、精神发展的“单一化”，语文教学本质成为纯粹理性的工具性存在或者纯粹的人文精神性存在。

第二，从语文教学内容的“实用性”看“诗意本质”的失落。我国近现代母语教学是在“内忧外患”的背景诞生起来的，在“师夷长技以制夷”的精神指引下，始终把学习西方“实用技术”作为主要内容，重视自然科学知识的掌握。无论是学制，还是课程设置均具有浓厚的工具性、实用性色彩。在相当一段时期内，“知识—能力”、“理解—分析”成为语文教学主要内容。语文教学注重“学以致用”，一堂课讲什么、不讲什么，不是依据民族文化传承的内容与学生的需要而定，而是考什么学什么，不考的再好也置若罔闻。比如全国的语文大小考试一律将诗歌排除在考试之外，传统的策对、诗韵乃至人文修养等内容一律排除在学校课程之外。学生干渴的心灵缺乏诗意文化的润泽，自然不会“博学穷理”，更不会诗意地栖居在地球上。

第三，从语文教学过程的“程序性”看“诗意本质”的失落。新中国成立后，受凯洛夫教育过程理论、巴班斯基“教学过程最优化”理论等影响，将语文教学过程视为“特殊认识过程”，强调知识的客观性，把世界当成一种实在的、有结构的存在。语文教学长期是在“作者—时代背景—段落结构—中心思想—写作特色”的行为主义价值取向的程序中运转，尽管在新基础课程改革的推动下，加上了所谓“自主合作探究”的时代内容，但刻板的学科知识本位教学观及教学行为并没有得到真正的改造。这是因为语文教师对语文教学本质的认识自然取决于传统的、习惯的认知结构，由于过去有关语文工具性和人文性的认知结构是相对不变的，因此无论如何切入新的学习方式，语文教师仍然习惯按照固有的本质观去认识、判别、建构语文教学过程。这样就形成了单信道传输语文知识的、固定的、刻板的程式。语文教师长期刻板地在“封闭—模仿”与“结果—验证”程式化上课，尽管一定程度可以培育和发展学生科学世界观和理性思维方式，但忽视了学生心灵自我觉解、人性境界提升的内在生长过程。当我们的语文教学日复一日在概念、判断、推理的“程序化”过程中迷失自我，或者说窄化自我生存空间的时候，其过程只能是先验学科知识的传授与预设规则的训诫。

第四，从语文教学评价的“功利性”看“诗意本质”的失落。语文教学的理性主义、科学主义至上的价值追求反映在教学评价上就是“功利主义”。由于把语文教学视为传授语文学科知识最有效的手段，更是促进民族团结、国家政治、经济、文化发展的必要手段，语文教学演变为一种外在于人生命成长的工具，而衡量其质量的标杆就在于“有效地培养竞争性的人力资源”，即高升学率。受此标杆的指挥，语文教学评价越来越朝向技术化、功利化方向发展：教师的备课、上课、作业、考试、评比等一系列教学行为都根据“升学率”的指标配备相应的评价“要求”、“标准”、“规范”，教师按部就班，不能越雷池半步。由于技术含量如此之高的评价功利化，语文教学的诗意情怀陶冶自然无从顾及。学生自然也就不会用诗意的情怀去审视周围的世界，赋予自然、社会、自我及其关系以审美的观照，更不会用语言文字诗意地表达自己的内心感到。

第五，从言说方式的“规范性”看“诗意本质”的失落。人本质上是运用符号创造文化的动物。全部文化或文明都依赖于符号。正是使用符号的能力使文化得以产生，也正是对符号的运用使文化延续成为可能，音节清晰的语言是符号表达之最重要的形式。任何语文教学理念的传达只有依托语言且借助语言的力量，才得以实现。但受语文教学目的“唯理性”、语文教学内容“实用性”、语文教学过程“程序性”与语文教学评价“功利性”的影响，其言说方式出现“千百个老师一个腔”的局面，语文教师们不注重用“诗”的言说方式去造就一个诗意氤氲的精神空间，开辟学生的情感世界和思维空间，敲击学生的心扉，塑造学生的心灵；而是采取唯有共性，消解个性的、统一规格的、公共话语的言说方式去塑造学生社会人的形象，将个体抽空为“无我性”的“他在”。贫瘠的言说只能面对一个贫瘠的世界，贫瘠的言说只能塑造一个苍白的灵魂。

三　语文教学诗意本质的回归

如前所述，诗意的种子是天生就蕴藏在孩子身上的，如果我们不去用“恰当的教育”唤醒，不去对他们进行心灵的润泽与护佑，这种子就失去了存在的意义，停滞在永恒的默默无闻之中。在纯粹理性昌隆的时代，在人的精神阙如的时代，语文教学回归诗意，彰显诗意的本质，这既是语文教学发展人自然禀赋的本真目的，更是语文教学剥去重重遮蔽的必然选择。

美学家朱光潜说：人因为持守而美丽。这“持守”表面上是指一个人的行事与为人的不变准则，实质上是心灵的丰盈而引发的信念：对自己、对未来、对社会以诗意的观照并切实不移地践履。相当于马克思所倡导的“内在的尺度”。马克思指出：“动物只是按照它所属的那个物种的尺度和需要来进行塑造，而人则懂得按照任何物种的尺度来进行生产，并且随时随地都能用内在固有的尺度来衡量物件。”① 所谓“物种的尺度”就是指自然万物的客观存在及其固有的属性、本质、规律；“内在的尺度”指作为主体的人的需要、目的、情感、理想、意志等。人的发展与成长首先是心灵“内在尺度”的成长，然后才是在内在尺度的指引下生成、把握、圆融的“外在尺度”。人的发展尽管摆脱不了先于自身而存在的自然、社会条件等对象物的限制，但心中永存的“持守”会促使自己立足给定的现实，打破现有的生存方式，追求自我发展和自我实现，赋予自己生命以积极的活力，赋予事业前瞻的光彩。因此，语文教学回归诗意本质首要法则就是将其旨归指向学生自身，指向学生心灵的成长。

人心灵的成长是自然生命与精神生命相统一的活动，而精神生命又是人恪守规律、秩序的理性与直觉、迷狂、冲动本能对立统一，诗性与理性的和谐及类特性、群体性和个体性的统一的精神。从这个意义上而言，人是完整的人。人的完整性从时间的维度看表现为“历史人”、“现实人”与“未来人”的递增与塑造；从空间维度看表现为“物质人”、“精神人”与“灵魂人”的嬗变与提升；从发展质量的维度看表现为“自然性”、“社会性”与“自主性”的熔铸与创生。这一特性体现在青少年学生身上，就是他们既具有凭借概念、判断、推理等理性智慧审视世界的能力，

① 马克思：《1844 年经济学哲学手稿》，刘丕坤译，人民出版社 1995 年版，第 50—51 页。

又凭借情感、意志、想象等诗性智慧赋予生命积极意义的能力。语文教学尊重学生生命的完整性，就可以促使学生凭借这本性，发现目力以内世界更隐蔽的精彩和目力以外世界更广阔的天地，进一步升华其精神境界，优化其人文品质，从而使自己的内心世界更加辽阔、清醒、充实。这是教育回归诗意本质的逻辑前提。

尊重学生完整性的特性还要回放到其得以存身的文化语境。尽管母语教学面向世界是全人类共同的梦想与追求，但语文教学是世界的同时也是民族的。中国的语文教学首先是培养中国人的教学，是离不开固有的文化传统。中华民族是“诗”的民族。中国文化是诗意文化，或者说，诗这一精神方式渗透、积淀在中国传统社会的政治、经济、科学、艺术各个门类中，并影响、甚至是暗暗地决定了它们的历史命运。[①] 这自然包括了母语教学。中国传统母语教学由于诗意文化的熏陶，形成了“性善好德”的积极人性观、“效法圣贤”以及“致中和”境界的教育目的观、“以善统真”与“以美促善”的实践观、“以诗言志”与“以德喻志”的言说观。它召唤受教育者与自然、与社会的形成“民胞物与”的诗意情怀，“天人合一”的诗意智慧，促使受教育者“气之动物，物之感人，故摇荡性情，行诸舞咏”（钟嵘《诗品序》）。因此，承继并创新民族文化，让母语教学与“诗”的文化相濡以沫，语文教学就可以使客观之事、深层之理与主体之情实现完美的融合，从而焕发出诗意的魅力。这是语文教学回归诗意本质的依托。

人尽管是完整的存在，也具有诗意生成的本质。但这种存在与本质需要良好的教学方式去唤醒、去导引。语言是存在的家，语言是引领孩子进入教育大门的通行证，而典雅的语言则是开启心灵之门的钥匙。语言典雅，则心灵优雅；语言粗俗，则心灵粗鄙。粗鄙的心灵难以承继汉语的典雅，但典雅的汉语却能诗化日渐粗鄙的心。中国的语言从文字上而言是一种脱胎于图画的文字，是中华民族先祖基于客观世界的直感的、形象的、整体的把握，语言也就颇具诗的意味和审美的意味。从语法上而言，与西洋语言强调句法、重视“知”积累的法治系统完全不同，它属于表意语言系统，注重意会，讲究神韵，强调以神统形，侧重感受、体验和践行。可以说，每一个字符都是立体的图画与活着的生命，汉语是智慧的语言，也

---

① 刘士林：《中国诗学精神》，海南出版社 2006 年版，第 6 页。

是典雅的语言。语文教学言说方式发挥汉语典雅心灵、高雅气质的教育功能，受教育者就会从象形的文字符号里感受生活图景与生存境况，从语音平平仄仄、抑扬顿挫的音符里体验生命的律动，造就一个诗意氤氲的精神空间，进入一个物我相融的诗意境域，从而将可能的生活不断转化为现实的生活，在实现了的现实生活的基础上去追求理想的生活。这是语文教学回归诗意本质的凭借。

第二节　诗意语文教学的基调

一　给生命以诗意的底片

如同弹钢琴要定调，语文的基调在哪儿，如何定调？这是开展语文教学的第一步。受“功利主义”教育价值观的影响，我们的阅读教学基调往往确定为“指向理解”，指向阅读技法、技能的训练，作文教学也是指向主题思想、结构、技法，导致学生出现如下现象。

每次听到写习作，我的脑子里就会想起老师指导的那些结构啊、技法啊、主题啊……想起这些我就头昏脑涨。所以每次面对习作题目，我都不知如何下笔……

——一小学生的日记

广大中小学教师也是一筹莫展。

现在的学生习作内容千篇一律，甚至编造情节。前几天过教师节，学生交上来的习作全说老师像妈妈。写“妈妈的爱”时，全班52名学生竟有38名都提道：“有一天我生病了，发高烧，妈妈带我看病，所以我很爱妈妈。”很多习作中描写发高烧的度数达到了39摄氏度以上，还有学生竟写出四五十摄氏度的体温，仿佛高烧度数与母爱成正比。

一位中学语文老师感叹写道：

所有的父亲都夜晚不归，
所有的孩子都高烧不退，
所有的天空都倾泻大雨，

所有的车辆都骤然消失，
所有的母亲都背儿狂奔。
很庆幸，所有的母亲摔跤后都能爬起，
很庆幸，所有的孩子高烧后都能清醒，
很庆幸，所有的母爱付出后都有感恩，
——只是，所有的母爱都太雷人。

毋庸置疑，学生的作文自是语文教学结果的反映。俗话说："种瓜得瓜，种豆得豆。"语文教学以逻辑理性为基调，最后学生的为人与为文自然是理性的存在；给他们的生命以功利的底片，自然是机械运用知识的存在。著名作家林清玄曾经向一位著名的化妆师请教化妆的学问。化妆师认为"三流的化妆是脸上的化妆，二流的化妆是精神的化妆，一流的化妆是生命的化妆"。化妆师接着类推写文章同样如此：三流的文章是文字的化妆，二流的文章是精神的化妆，一流的文章是生命的化妆。①

一个内心充满诗意的人，他会带着诗意的眼睛审视周围的世界，赋予他相遇的世界以诗意的激情、温度，甚至命名。语文教学不仅仅是给语言文字化妆，还要给学生的精神，乃至给生命以诗意的底片。

二 诗意精神培养的基调

学生的生命成长同样是理性精神与诗意精神圆融、协同、和谐发展的过程。"圆融"意味二者彼此相关，你中有我，我中有你；"协同"意味着二者各有各的主体价值与功能：在彰显人的主体地位的时候，学生需要凭借自己的理性精神去认识、思考、批判自己的生存样态，唤醒自己走出自定的牢笼，去对接自然、对接社会；在人与自然、社会乃至自我对立陷入困顿时候，需要将诗意精神渗透进日常的生活之中，用乐观的心态去审视周围的世界，即使满目疮痍；"和谐"意味二者相互促进，促使学生既向往理想的乌托邦，又迷恋现实的坚实的土地；既虚怀若谷，不偏执己见，又善于学习，勇于创新。从生命成长的高度审视，诗意精神是可贵的精神资源，更是学生生命力向前发展的原动力。

---

① 林清玄：《生命的化妆》，张守贵编著：《中国当代名家哲理散文集萃》，内蒙古文化出版社 2011 年版，第 181 页。

语文的本体是言语实践，价值取向是为人和人为的，人既是语文的出发点也是归宿。它以人的精神生命完整存在作为逻辑前提，也以人的精神生命成长的完善为终极目标。从这个意义上来说，诗意精神的培育本源地与“语文”联系在一起，成为语文育目标、内容、价值追求不可分割的一部分。然而，综观现实，我们遗憾地发现，中小学语文教学往往无视学生精神生命完整发育、成长的需要，忽视诗意精神的尊重与培育，习惯于凭借纯理性的态势审视和规范具有诗意化、审美化的语文及语文教学问题，单信道、机械地传递、灌输所谓的“理性认知”，不仅销蚀了语文的形象性、情感性、亲缘性，更剥夺了学生语文学习的主体性、主动性、创造性。更深层的错漏还在于中小学语文教学工作常常基于人的“所属的那个种的尺度”而存在，即人只能按照他所属的那个种的尺度来建构并践履语言实践活动，而不能按照任何一个种的尺度赋予人与自然、人与社会、人与自我及其关系以审美观照。要转变这种消极状态，中小学语文是否可以考虑把诗意精神的培育作为着力点而让师生“诗意地栖居”在语文中呢?

首先，中国的语文是培养中国人语文素养的语文，培养中国人的语文素养必须依托中华民族文化传统，造就与这种文化传统血脉相连的精神。一个民族之所以能够独立于世界民族之林，必定有一种与这个民族相应的独特精神方式。中国自古以来就是诗的国度，中华民族是诗的民族，“中国文化的本体是诗，其精神方式是诗学，其文化基因库是《诗经》，其精神峰顶是唐诗。一言以蔽之，中国文化是诗意文化。或者说，诗这一精神方式渗透、积淀在中国传统社会的政治、经济、科学、艺术各个门类中，并影响、甚至是暗暗地决定了它们的历史命运”。[①] 因此，诗意精神就成为中华民族、中华文化赖以生存、发展、壮大的源泉。“中国人最美妙的特质就是：作为一个有着悠久历史的成熟的民族，一个有着成年人理性智慧的民族，他们至今仍然能够过着孩子般的生活。”[②] 中国人之所以累遭外族的凌辱而一直保持文明之火绵延不绝，就在于诗意文化所造就的精神，这种精神是心灵和理智的完美结合。

其次，和谐社会建设需要诗意精神。和谐社会建设是一个巨大的系统工程，它要求构成这个系统的各个部分、各种要素在运动过程中能达到相

---

① 刘士林：《中国诗学精神》，海南出版社 2006 年版，第 2 页。

② 辜鸿铭：《中国人的精神》，海南出版社 2007 年版，第 39 页。

互协调、其功能得到最大优化的状态。建设和谐社会，主要解决人与自然、人与社会、人与自我这几对关系中的矛盾对立问题，使之成为相互促进的关系。而这些矛盾中间最活跃、最能动的要素就是人。人是建设和谐社会的主体，同时又是和谐社会发展的最终受益者。人越全面发展，就越能为社会创造更多的物质财富和精神产品以及促进政治文明程度的提升，人们的生活就越能得到有效的改善，就越能促进社会的和谐；反过来，物质、精神、政治文明水平越高，就越能促进人的全面发展。如果说物质文明为和谐社会建设奠定坚实的物质基础，政治文明为和谐社会建设营造良好的社会环境，那么，精神文明就为和谐社会建设创建动力系统。因此，建设和谐社会关键的因素在于人，而人发展的关键又在于精神品格的培育。而培育诗意精神能够促使人超越对象物和各种对象关系的羁绊，创造出理想的对象物和对象关系，从而使人与自然、人与社会、人与自我及其关系达到“和睦相处，谐平共生”的高度。

再次，从实践的角度看，语文教学是教师创造性运用语言符号内在地发展学生符号智慧的言语实践活动，在此过程中，不仅圆融语文知识，更圆融知识能力背后的情感态度与价值观，从而对学生个体和全体的精神产生影响，从而引领学生塑造理想的自我。语文教与学的主体都是“精神—实践”的文化主体性存在，语文教学实践的本质是由教育主体自身的活动来中介、调整和控制的一种精神活动，因此，精神—实践活动就成为了教育主体作为有效劳动的自然必然性。在诗意精神的灼照下，教师与学生分别变成导引者和体验者，同时导引者也是体验者，带着包容、超越与和合的诗意精神去体验生活、体验人生，去容纳、包涵成功与失败，去对接自然、对接社会、对接自我，以自身的诗意创造为起点，或理解、或同化、或顿悟社会的话语语境、人文语境乃至物质语境，不断地把诗意向着自己存身其间的天地自然和社会人生诸方面拓展。同时，极力让诗意充塞天地，让诗意洒满人间，达到动机、情感、态度、价值观与社会、自然等对象物的融通与发展。既直接面向实然的“生活世界”，也指向应然的“理想世界”，既注重编码化明示性信息的言语表达，也注重非编码化隐含经验类缄默信息的内在体悟。这使得语文更多地富于弹性，充满张力，富于跳跃性、亲缘性、亲和力，获得的是“春风化雨，润物无声”的理想实效。这样也就摆脱了狭隘、无聊、恐惧等理性精神的种种羁绊，进入一种即使“居陋巷，一箪物，一瓢饮”也不改心中之乐的诗意境界。

第三节　诗意情感的内涵

如何培养学生的诗意精神？一定的生产力发展水平条件下的人的生命成长方式决定着相应母语的存在形式；同样如此，不同的母语存在方式也导致不同的思想境界、人生的态度和存在的方式。陆机“诗缘情而绮靡”口号的提出，为文学发展之路撑开一面鲜艳旗帜，同时给语文及语文教学培养诗意精神以有益的启示：缘情者，情灵摇荡者；绮靡者，绮纷披者。质文相生，文情并茂，动人的内容与优美的形式和谐统一，这就意味着诗意精神的培养需要在诗意情感熏陶方面做文章。

一　情感的内涵

什么是情感？从心理学的角度看，情感（affect）是一个人对刺激的即刻的生理反应[①]。这个生理反应由于受个体生活经验、生存的环境，尤其是接受教育等因素的制约，往往包含一定的价值观和态度的成分，因而它是“人对客观事物是否满足自己的需要而产生的态度体验”。[②] 从马斯洛的心理需要理论出发，人类在满足了生存、安全的需求之后，就存在尊重、人格与自身价值被承认等需要。其情感需要大体分为如下几个层面：其一，温饱类情感：酸、甜、苦、辣、热、冷、饿、渴、疼、痒、闷等，这些情感类似于人的本能的心理反应；其二，安全与健康类情感：舒适感、安逸感、快活感、恐惧感、担心感、不安感等，比第一层次的情感有了态度区分；其三，人尊与自尊类情感：自信感、自爱感、自豪感、尊佩感、友善感、思念感、自责感、孤独感、受骗感和受辱感等，动态度更加鲜明，同时夹杂一定的价值判断；其四，自我实现类情感：抱负感、使命感、成就感、超越感、失落感、受挫感、沉沦感等，具有鲜明的价值取向，产生强烈的共鸣感。

二　诗意情感的内涵

什么是诗意情感？传统心理学和道德教育里，我们总是过多地关注教

---

① ［美］斯奈德、洛佩斯：《积极心理学——探索人类优势的科学与实践》，王彦、席居哲、王艳梅译，人民邮电出版社 2013 年版，第 116 页。

② 蔡笑岳：《心理学》，高等教育出版社 2000 年版，第 71 页。

育对象的消极情感或思想品德存在的“问题”，致使教育教学成为规训的代名词。积极心理学的兴起将我们的教育目光引入情感的另一面——积极情感。理解并帮助人们获得幸福感是积极心理学的核心目标（Seligman，2002）。在这里，幸福和幸福感包括积极的情绪（如喜悦和安详），也包括积极的状态（如沉浸或欣慰）。Seligman（2002）在他的《真实的幸福》（*Authentic Happiness*）一书中将积极情感划分为三类：与过去有关的积极情绪——包括满意、满足、骄傲等；与现在有关的幸福——即时的快感和长久的欣慰；与未来有关的幸福——包括乐观、希望、自信。另外，人的生命发展之所以不同于动物的生命发展，就在于人的发展是自然生命与精神生命和谐统一的活动。人是情感动物，他的自然生命成长的过程其实就是情感体验的过程，人与自然、社会、自我的关系也是情感体验关系。拥有积极情感的人体验的积极的人生；反之，带着消极情感与周围世界打交道的人，其精神生命，乃至自然生命自然是悲观、灰暗的。

从积极心理学的视角出发，结合我国诗意文化的教育传统审视，所谓的诗意情感，不是指知觉、感应、体验一类普通情感，而是能够将自我感情移植到客观事物上，通过客观事物反观自己，即中国传统文化里倡导的“民胞物与”情怀，是一种艺术化审美情感的运用。主要包括“真诚质朴、乐观开朗、热情悦纳、体谅同情”等内容。这种情感在孔子看来就是“人能弘道，非道弘人”。正因为这样，屈原放逐，忧心愁悴，但他仍将自己的情感托付宇宙，以一百七十多个问题的《天问》，将开天辟地的自然奥妙和上古各民族的兴亡原因对接起来，得以与宇宙感应、交流与融通，而且超越个人私利将他那颗光明高洁而忧愤深广的心付与真理的追求“路漫漫其修远兮，吾将上下而求索”；庄子不甘心像一般命定论者那样安然顺命，而是在安命的基础上渴望“乘云气，骑日月，而游四海之外”，追求摆脱了一切烦恼的逍遥游；李白超越物质将独立清高而决不向浊世低头的人格付与精神的圣殿“安能摧眉折腰事权贵，使我不得开心颜”。

诗意情感既是积极人性观的体现，也是和谐心态的表征，还是对理想的执着，对理想主义、精神价值的坚守。即使在诸神早已退隐，佛陀也已圆寂的时代，人凭借爱的凝聚与情的真挚，将诗意情感渗透进日常的生活之中，用乐观的情去审视周围的世界，即使满目疮痍；用包含真、善、美圆融的爱去建构人生，即使步履艰难。它造就了中华民族既向往理想的乌托邦，又迷恋现实的坚实的土地；造就中国人虚怀若谷，不偏执己见，接纳巨川大海；善于学习，勇于吸纳，敢于创新，心地善良，胸襟豁达。从生命成长的高度审视，诗意情感是可贵的精神资源，更是学生生命力向前发展的原动力。

三　诗意情感熏陶的意义

这种情感之于人生命成长的意义在于如下几个方面。

第一，赋予自然以平等的情怀。人本是自然的生命，人的主体性是在人类认识、利用、改造和适应自然的过程中不断演进凸显的。在最初的农耕文明时代，人和自然是水乳交融的天人合一关系。从远古时起，中华民族的祖先就对“自然”有着虔心的敬奉。“道法自然”，我们的祖先从自然不仅获得生存法则，更获得精神法则。作为中华文化源头的《周易》是由《易经》和《易传》所组成，无论是伏羲画卦、文王演卦、孔子述传，还是象形的汉字均取法自然的图景。但是，到了近代工业文明阶段，人成为自然的主宰，自然成为人类征服、利用的对象，成为臣服人类的客体。人与自然的关系日渐走向天人疏离。在后现代文化社会，人们重新认识到人类本身与自然是一个有机统一的整体。因此，在最基础的语文学科开展诗意情感的熏陶教学，有利于学生形成诗意精神，在审视人与自然关系的时候，赋予一草一木以人类的情怀，只有这样，人与自然才会做到真正的和谐，保持自然的张力。

第二，赋予人类社会以审美的观照。从结构主义的视角看，人类社会就是一个系统，支撑这个系统良性运转的决定因素主要有两个：其一，不断优化工程系统因子，即个体及集体人的素质；其二，优化系统因子彼此的关系。“君子喻于义，小人喻于利。”（《论语·里仁》）在“小人喻于利”的时代，人与人的关系是金钱、是利益，是利用和被利用、控制与被控制的关系；人的素质也就对象化为物质的利益。为了各自的利益，国与国、民族与民族、本土与外来文化陷于长期的争持、纠葛以及战争。倘若加强诗意情感的熏陶，让受教育者带着诗意审视周围的世界，赋予人与人、人与社会以审美的观照，那么，人与人、人与社会的关系就变成了审美的关系，作为系统结构因子的人类自然也就成为讲究和谐、遵守秩序的“君子”。“中国人最美妙的特质就是：作为一个有着悠久历史的成熟的民族，一个有着成年人理性智慧的民族，他们至今仍然能够过着孩子般的生活。”①

---

①　辜鸿铭：《中国人的精神》，海南出版社2007年版，第39页。

中国人之所以累遭外族的凌辱而一直保持文明之火绵延不绝，就在于诗意文化所造就的诗意的情感。这种情感一方面作用自己的生命；另一方面反过来作用于社会。人类的文明史表面看来是征伐与反征伐的杀戮史，但从文明的结果看，那些崇尚战争、喜好武力的彪悍的民族大都湮灭于历史的烟云里；相反，像我们中华民族凭借性善好德的民族品格，能够对自然、社会倾注诗意情感，文明源远流长，生生不息。

第三，赋予自我生命成长以积极的动力。诗意是内心生命感动自然而发的情意，那么诗意情感自然也是内心自然流露的情感。在中华民族文化基因里，先贤们主张“内圣外王”。“是故内圣外王之道，暗而不明，郁而不发，天下之人，各为其所欲焉，以自为方。”（《庄子·天下》）简而言之，就是内以为圣，外以称王。“内圣”就是内在的品德修养，“外王”就是成绩事业。“内圣”是“外王”的逻辑前提和先决条件，“外王”是“内圣”的自然功用。人何以内圣，决定因素在于自我生命。“自我”这个主体兼具主动和被动两种本质，它既可成为决定客体，也可能被客体所决定。倘若自我成为物质对象化决定的对象，那么，这个自我就难以“内圣”。如果在自我的内心熏陶诗意情感，让这个自我主体内心满溢诗意的情怀，他或她不仅能悦纳自我的优点，还会悦纳自我的缺点，更主要的是凭借主我（I）化不完美的客体我（me）成为相对理想的自我，当出现新的客体我（me）的时候，内圣的自我又会把客体（me）主体化。这样人的自我生命发展就处于一个新新不已的状态，这种能力就是传统所谓“反躬自省”的能力。

第四节　诗意情感熏陶的基本策略

鲁迅先生说过，从喷泉里流出来的是水，从血管里淌出来的是血。诗意，是人的文化修养的最高表现形式，也是语文教学的灵魂。缺乏诗意的语文教学，是干旱的季节里生长出来的苦涩之果。学生的心灵亟须诗意情感之水的浇灌，语文教师亟须诗意情感之水的滋养。当我们的课堂变得绿意葱茏、鲜花盛开之际，也就是语文教学走进一个崭新的诗意的课堂之时。诗意情感如何熏陶？自然需要从教师与学生双主体入手。熏陶要素概述如下：

第一，根植诗意文化土壤，复活学生生命的新感性，尊重学生语文学习的自主性；

第二，以良好的教育环境为依托，注意用良善的诗意文化凸显语文教学的生态性；

第三，开展教师与学生、学生与学生、师生与文本多向度的对话，触摸字里行间的温情；

第四，以民主、和谐的师生关系为保障，突出语文教学过程的主体间交互性；

第五，建构以学生为中心的、以言语实践为本体的语文教学程序，促使语文教学目标、内容、方法、途径等因素及其关系具有谐和性。

一 营造诗意情感场，滋润学生的心田

一朵花、一棵草之所以吐露芬芳，就在于好土好地、阳光雨露等因素所形成的自然生态的综合作用。学生的诗意情感熏陶同样离不开教育生态。“一粒沙里看世界，一瓣花上说人情”，一字一世界，一语一天堂，物与我之间之所以产生感情的圆融，表面看来，似乎是审美主体有一双慧眼，能够“从最破最旧最平凡的处所，走进极乐世界”；其实，关键在于他或她用有情之眼去审视平凡、细小、微不足道的事物，更主要的是这一朵花、一棵草以及审美的人均置身于无形却又无所不在的情感场，磁铁一样吸引人。所谓“场”，本是物理学术语，是一个以时空为变量的物理量，即物体在空间中的分布情况。格式塔心理学家认为，像电场、磁场、引力场一样，人类的心理活动也有一个场。这个场是由个体需要和他的心理环境相互作用的关系所构成。所谓诗意情感场，指的是在语文教学，尤其是课堂教学的环境里，语文教师基于诱发学生生命感动的目的，有步骤地整合文本情感信息、学生情感信息，采取诗般的言说方式以及打造诗意教学文化，从而综合形成一种具有一定张力作用的诗意语文教学时空。语文教师如果能够营造诗意情感场，学生的诗意情感自然而然潜心读文，用心体会，诗意之情感油然而生。

人教版三年级上册第六组课文，其单元导读有这么一段话：

我们的祖国，有奔腾的江河，澎湃的大海；有辽阔的草原，茂密

的森林；有宁静的山村，繁华的都市……祖国的东西南北，处处都有迷人的景色。让我们随着课文的学习，去感受祖国的美丽和富饶。

这段话里的江河、大海，草原、森林，山村、都市等要素就构成了祖国大好河山的物质场，教师引导学生有感情朗读这一段文字，那富有画面感的文字以及排比句句式所形成的清新、自然、活泼的气韵，无一不触人心扉，学生自然而然进入到文本营造的情感场里，感受大好河山一草一木的呼吸。在此基础上，教师顺势引出《美丽的小兴安岭》第二段的一句话——春天，树木抽出新的枝条，长出嫩绿的叶子。采取如下步骤展开导入教学：其一，体会生活情境之“抽出”。教师先是问学生生活中碰到烫手的东西，第一反应是什么？学生自然的反应是“抽出手”。在此基础上，教师继续追问学生为什么用“抽”这个词，学生一下子明白“抽”是“突然的、一下子的”的含义。其二，品读课文树木之“抽出”。在这个环节教师一边引导学生品读一边感悟树木如何“抽出”枝条，因为有前面的生活体验，学生自然不难体会到——文本中小兴安岭中的“抽”也是在人们不注意的时候突然发生的，它不仅是一个突然的过程，更是很跳跃的活动。其三，品味树木“抽出”之情感。学生对“抽出”的确切含义有了由浅入深的感受与理解，老师的语文教学没有局限在“抽出”释义的层面，而是布置这样的言语实践“经过严冬的漫长等待，树木抽出新的枝条；经过春风温柔的吹拂，树木抽出新的枝条；＿＿＿＿＿＿＿＿，树木抽出新的枝条。”目的在于让学生在诗意的情感场里感受到大兴安岭一棵树春生秋落、回环往复、新旧交替的过程，也体会到自然之树不断茁壮成长的精神，还感悟到秋落不是一种失去，而是孕育新生。这是一种语言表达的锻炼，更是一种心灵上的历练。

总之，学生的情感与周围环境密切相关，良好的语文教学生态环境是促进学生诗意情感发展的土壤。语文教师营造诗意的教学情感场，首先，注意在教室物质文化建设方面力求教室内的任何一件物品都隐含情感的元素，教室布置均散发诗意的馨香。其次，着力创设民主、平等的精神生态环境，包括课堂人际环境、信息环境、组织环境、情感环境和舆论环境，充分发挥教师与学生、学生与学生多元互动的作用，使各主体、各要素的情感元素相互协调、相互渗透。最后，努力打造诗意的教学文化，让文化滋润学生情感。比如，每一节课开课均吟诵古典诗词，或者感恩词：感恩国家培养护佑，感恩父母精心养育，感恩学校悉心栽培，感恩教师辛勤教导，感恩同学关心帮助，感恩所有帮助我的人。这些感恩词如同化雨之春风，自然能够吹开学生内心的花朵。

二 设置诗意情境，复活学生的新感性

新感性①是美国哲学家马尔库塞提出的概念。马尔库塞认为人本是感性的存在，成为理性的动物后必然受到理性的控制，尤其是资本主义社会，现代科学技术的发展为发达工业社会繁荣提供了基本推动力，同时也建构出技术理性。势必造成人的“真实需求”被消费社会制造的物质“虚假需求”所替换，人的感性欲求、快乐原则自然受到技术理性的遮蔽。因而人的解放也就是人的感性需要、本能结构的解放，自由是人感受到的幸福。解救的唯一途径就在于通过艺术和审美重塑人的“新感性”，从而“超越抑制性理性的界限（和力量），形成和谐的感性和理性的新关系”。② 在语文教学领域，由于学科知识本位导致教学的价值取向窄化为“唯智是举”，注重开发学生的左脑，相对忽视开发右脑，语文教学，尤其是阅读教学成为老师喋喋不休讲解义理考据的理性认知活动，学生成为所谓“对话理解”的观众。倘若语文教学以复活生命为逻辑前提，尊重学生与生俱来的感性，采取设置诗意情境等有效措施，促使学生，尤其是中小学学生，保持对周围的世界充满旺盛的想象力，对现实保持一种新鲜活泼的感情体验；保持对自然、对社会、对自我生态充满热情；保持独立个性，怀着诗意般的生活态度，从而陶冶他们的诗意情感。

请看《捕捉动人的诗意》③ 教学片断。教师首先在课前谈话先给学生讲著名诗人拜伦为盲人乞丐改乞讨词的故事。然后让学生比较盲人自叙“自幼残疾，双目失明”与拜伦改写的“春天来了，而我却什么都看不见”之不同。学生不难明白：春天的画面加上哀伤的感情一下子抓住路人

---

① 马尔库塞根据资本主义重规训、压抑的特质，分析论证人类的救赎之路在于通过审美道德去提升感性生命的质量，他把富有审美特质的感性命名为新感性。“新感性，表现着生命本能对攻击性和罪恶的超升，它将在社会范围内，孕育出充满生命的需求，以消除不公正和苦难；它将构织‘生活标准’向更高水平的进化。”请参阅［美］赫伯特·马尔库塞《审美之维》，李小兵译，广西师范大学出版社 2001 年版，第 98—119 页。

② 朱立元、张德兴等：《二十世纪美学》（上），北京师范大学出版社 2013 年版，第 702 页。

③ 该案例为浙江省慈溪市第二实验小学孙建波老师设计，冯铁山指导修改。

的心，也让我们的心灵更纯洁、更善良、更美丽！在此基础上，教师接连引出四幅画，采用PPT的形式呈现，每引出一幅图，先让学生观察，然后用一个字或词语形容画面的内容，进而在老师的示范下，用诗意的句子进行表达。比如欣赏“春天的阳光”图片，学生自然说出“诗在春天的阳光里，那么春天的阳光是一种酒，蝴蝶、蜜蜂都醉在花香里”这样的句子。再比如欣赏“树枝上的麻雀”图片，学生纷纷表达出这样感受：“诗在老树的枝头上”、“诗在麻雀的喳喳叫声里”、“诗在麻雀的站姿里，它给寂寞的老树，添上一片，会飞的叶子”。每当学生有独到的感悟，教师就进行引读，以点及面，让所有学生内在的新感性能够自然生发。接下来，教师出示各种各样的苹果图片，鼓励学生按照老师罗列“苹果是挂在树枝上的灯笼，苹果是什么”、“苹果是挂在树枝上的灯笼，它会怎么样；苹果是爱红脸的小胖子，它还会怎么样?”的句式解读苹果。在学生汇报自己感悟的基础上，教师提炼学生的表达，自然形成一首关于“苹果”的小诗：“苹果是太阳的孩子，他是一个爱脸红的小胖子。苹果是小火炉，把美好燃烧。苹果是树枝上的一只鸟，它把一句话藏在心里，那就是——甜蜜。”

在这个教学片段里，教师没有像其他老师拼命叫学生带着快乐或高兴的感情去发现、去朗读、去表达；也没有对春天，对春天里的麻雀、阳光等事物进行理性的解读；而是唤醒学生的新感性，让他们在春天的情境里自读自悟，自然流露内心的情意。在这里，新感性的完全恢复，实际上就意味着一个正常的、非压抑的人的重新出现，意味着自我内心感动的自然流露。这种教学注重发展学生个体和群体的学习力，同时让个体以独有的“我的”方式去言说与实践，按自己的目的、从自己对文本、对情境的理解、把握出发，对现实永远保持一种新鲜活泼的感情体验，对未知世界怀有一种无限的向往探索与创造的精神。这样的语文学习活动自然成为充满探究、经验、经历、体验、实践、感悟的精神昂扬和升华的过程，他们的诗意情感不仅得到熏陶，更得到表达。

三　多元主体真诚对话，触摸字里行间的涟漪

在语文教学改革的历程中审视，语文教学的主体出现过教师主体、学生主体的“单一主体”论，也出现过教师学生互为主体的“双主体论”，这些学说由于缺乏语文本体论的思考，往往注意各自的主体地位，但主体

性，尤其是学生的主体性并没有得到真正的凸显，一个毋庸置疑的事实是在语文教学过程中，学生难以触摸字里行间蕴含的情感、态度、价值观，这些与学生生命成长密切相关的内容往往依赖教师贴标签的串讲和点拨。倘若语文教学过程以言语实践作为本体，让学生走在真诚的多元互动的对话路上，学生与学生、学生与文本、学生与老师就会形成一种主体间的交互性，语文教学过程就会成为视域融合的解构—建构—融合螺旋式的循环往返的过程，不仅生成人的诗意本质，还会生成教育者、教育对象自我与他人、个体与社会的和谐关系，教师与学生、文本不是原子式的个体，而是与其他主体的共在。

在新基础教育课程改革的推动下，学生的主体性得到了尊重，以生为本的语文价值得到广大中小学语文教师的重视。但在实际操作中也出现了"教师跟着学生转"的极端，个性化阅读变成了散漫化阅读。比如有位老师教授柳宗元的《江雪》一诗的时候，自然抛出"同学们还有什么不懂的吗"问题，鼓励学生自我质疑。学生提出了这样的问题："老师，这位老翁为什么那么冷的天还要去江中钓鱼?"面对学生的问题，教师没有发挥自己的主体性，主动为学生解疑，而是采取"谁能帮帮他"的策略，将学生的问题还给其他学生。于是，学生给出了"我认为是老翁家里穷，没什么吃的了"、"我想，那老翁钓鱼是要去卖的"诸如此类让人啼笑皆非的答案。学生自然也是一脸茫然。在这种情形下，有一位学生突然站起来再次提问："老师，现在江面结着冰，不可能钓到鱼。"面对学生破空而来的问题，教师也有点慌张，但强作镇定地再次把问题转交给学生。学生于是开动小脑筋，纷纷为老渔翁出谋划策：将冰凿破来捕鱼。在这一节课中，教师鼓励学生大胆提问，这是值得肯定的，但当学生突发奇想地提出一个又一个富有"个性"的见解时，教师不能敏锐地把握教学契机，跟着学生的思维走，不知从哪儿引导学生和作者、文本进行真诚的对话，准确地把握作品的人文内涵，进行高效阅读，这是我们当前阅读教学时常常出现的问题，其原因在于我们没有很好地把握个性化阅读的真正内涵和教师主体、学生主体、文本作者主体的关系。

请看另一位教师执教的《江雪》：其一，引导学生和文本对话。当学生问出"这么冷的天，那个老翁为什么还在江上钓鱼"这样的问题时，教师先认可学生提出的问题是一个好问题，然后请同学们大胆设想一下，假如你是这位老翁，你为什么要在天寒地冻的时候出来钓鱼？学生们自然将自己虚拟为老渔翁，从老渔翁的视角审视自己的处境与问题："家里缺衣少食，靠捕鱼养家"、"瑞雪兆丰年，想欣赏江雪的美丽"、"白雪茫茫，只有借钓鱼来排遣内心的忧伤"。其二，引导学生和作者对话。在上一环节，同学们根据自己的生活经验，提出许多独到的见解，究竟哪一种比较符合作者的意思呢？教师利用课件介绍柳宗元生平简介及作品的写作背景，同时请同学们反思：刚才的理解是否正确？还有没有其他理解？能不能换个角度想一想？学生通过与作者柳宗元对话，自然明白了：柳宗元被贬永州，所处的环境很险恶；诗人是在借这个"蓑笠翁"表达自己的忧愁、苦闷以及不屈服的决心。其三，引导学生和自己的生活对话。教师让同学们闭上眼睛，一边欣赏《命运交响曲》乐曲，一边播放画外音：此时，座座山峰，皑皑白雪，看不见飞鸟的踪影，也没有人们的足迹。整个大地茫茫无际，一个穿着蓑衣、戴着笠帽的老渔翁，好像也成了白雪世界里的一座雕塑，乘着一叶孤舟，在寒冷的江上独自垂钓。当学生沉浸在江雪的意境中遐思翩翩的时候，教师让学生慢慢睁开眼睛，提出"透过诗句，你看见了什么？你听见了什么？你闻到了什么？你觉得他真的是在钓鱼吗？"系列问题，学生不仅读懂了老渔翁、也读懂了作者，更读懂了生活。于是学生通过老渔翁钓鱼的这一行为，似乎看到了一个孤傲的柳宗元，他在享受孤独的宁静；仿佛听到柳宗元在告诫自己"坚持就是胜利"，他在磨砺坚强的意志；仿佛闻到了春天的气息，老渔翁在引钓明亮的春天。

在这个案例中，我们看到了与前一个案例截然不同的教学效果，它在陶冶学生的诗意情感时给了我们有益的启示：其一，教师善于创设陶冶诗意情感的情境，培养学生的反思意识。首先注意营造一种融视、听、触多种感觉于一体的学习情境，让学生进入作者设置的语境，巧妙地引发了学生的兴趣和好奇心，学生自然也就容易进入特定的审美情境，去融情于境、因境生情，形成反思意识，从而奠定了个性化阅读的基础。其二，整个过程既遵循了"欣赏—感悟—反思—创造"的语文教学规律，也符合从具体到抽象，从感性到理性的儿童认知规律。改变了学生在语文教学过程中处于接受者、被塑者的地位，引导学生通过对话文本中老渔翁、对话文本作者，进而在学生与学生之间开展系统的言语实践活动。在这个对话的言语实践中，学生不仅认识了人物的行为，理解行为背后的精神意蕴，更主要的还在于涵养学生的主体情意，让他们情感之河流自然激荡心灵的浪花。其三，巧妙运用评价机制，强化学生的反思习惯。教师用充满灵性、富有诗意的语言叩击学生的心扉，使学生产生愉悦的感受，以饱满的热情进入学习情境。

第三章

诗意语文智慧启迪论

第一节　语文是何种思维

一　语文教学为什么走入"死胡同"

中小学语文课程先后进行了八次课改，但学生的语文素养并没有根本的改变，各界对语文教学质量颇有非议，其中瞩目的焦点就在于"高耗低效"。倘若从哲学的角度分析，大概可以分析出如下的原因：其一，从本质论的视域看，由于缺乏本体论的基础，语文的本质论一会儿指向语文的"工具性"，一会儿指向泛人文学科的思想性、人文性。受"工具性"本质观影响，语文教学实践工作者视语文为铁锤、镰刀一样的生产工具，追求语文知识体系的系统性、完整性，限于语文基础知识的烦琐讲述，使语文教学沦为一种高度工具化、技术化的接受知识、认识知识的训练；而受"人文性"本质观的影响，语文教师又崇拜语文文本内容的"细读"，语文教学行为成为对话、理解人文精神的活动，学生的语文基本能力难以得到切实的训练。其二，从主体论的视域看，教师主体与学生主体异化，过分强调教师主体，必然导致课堂上语文教师讲欲过旺，知识性讲解代替了学生的思考，外在的语文知识灌输和功利的语文基础知识及基本训练代替学生的言语实践；过于突出学生的主体，部分优秀学生主宰课堂，以部分学生的主体性代替大部分学生学习的自觉性与主动性，除了造成新的不平等之外，还导致语文教师角色削弱，语文教师示范功能的弱化。其三，从价值论的视域看，中小学语文教学的责任和信念一直指向功利的考试，没有回归到语文文字本身，没有落实让学生"热爱祖国语言文字"的根本目的，更没有让学生体会到创造性运用语文文字符号创造文化、塑造理想自我的欢乐。其四，从方法论的视域看，中小学语文教师也误解了语文实践和训练，将语文实践等同于"活动"，于是，课堂上上演"小老师"主导的“自主合作探究”以及花样繁多的表演、绘画、演唱、多媒体展示等“新鲜”的花样；而训练误解成做题，这些题大多都是识记性、理解性题目，导致学生自进入教室就被各式各样的作业包围，节假日也不放过。

不论从哪一种视角看，有一个本质的问题不难发现：中小学语文教学走入死胡同的根本原因，除了上文论述的缺乏诗意情怀熏陶，学生不能从内心深处“欣欣然心向往之”，还在于语文教学一直是外在于学生思维的存在，外在于切合民族文化心理的思维存在。我们要么过于重视左脑理性智慧训练，要么走向反面重视右脑非理性的情感、意识形象思维训练。前些日子，国人都在反思“钱学森三问”，语文教育界也在反思，结果是相当多的学者和一些教师认为，语文教学缺乏创造性智慧的培养，开出的药方要么指向“树立大逻辑观，全面吸纳逻辑思维的各种理论和方法的原则下，特别注重对于形式逻辑的引入”①，要么指向“语文中的观察、分析、判断、概括、理解、表达”②。

二　语文教学应该培养何种思维

语文应该是何种思维？我们通常把握世界的思维方式主要有两种：一是概念思维；二是诗意智慧。③ 概念思维是指用语言文字乃至数学方式精确地认识并表述事物内涵的思维方式，大致包括感觉、知觉、表象、概念、判断、推理等理性的或知识性的精神现象。也就是说它是凭借以感觉、知觉、表象、概念、判断、推理对事物的客观信息进行符号化处理，从而获得抽象化的认识。概念思维按照思维纵深的方向，把抽象的永恒的概念作为终极目标，依靠符号、逻辑等方式进行判断、分析、推理，从而获得事物的同一性与普遍意义。其思维过程如下：第一，认识主体凭借通过感觉、知觉、表象、概念、判断、推理等认识工具，在感觉器官的综合作用下，把客体实物形态的物理、化学等形式表现出来的信息转化为能被人的感官接受的关于客体特征的信息即信号；第二，认识主体的中枢神经对这些信号进行初步的选择与加工，借助语言符号系统对其进行编码，使认识对象的客观信息主观化；第三，认识主体对主观化的信息进行识别、

---

① 王晶：《语文思维学浅论》，《文学教育》2013 年第 2 期，第 34 页。

② 陶珊珊：《论“语文思维能力”及其培养》，上海师范大学，2010 年，第 19 页。

③ 刘士林：《中国诗学精神》，海南出版社 2006 年版，第 35 页。

判断，抽象，从而使主观化的信息符号化、抽象化。经过了符号化、抽象化的主观改造，认识对象的信息就得以顺畅地“移入”认识的主观形式之中并构成其客观内容。

在概念思维的作用之下，人类的中心地位得以建立，人成为自然万物的主宰，客观世界成为人认识的对象，尽管它帮助人类从自然世界获得物质保障，但由于符号、逻辑的作用遮蔽了人与自然圆融的诗意情怀，使人自身也成为了逻辑、抽象存在人，人的精神，乃至物质活动空间与时间也就愈来愈窄化为物质的对象。从本体论上来说，世界是一个无穷无尽的相互关联之网，联系是一切事物、现象和过程共有的、客观的、普遍的本性，联系概括了事物或现象之间、事物内部要素之间一切相互联系、相互依赖、相互渗透、相互作用、相互转化等方面的总特征。从认识论上来讲，任何人凭借理性智慧，在线性思维的发展轨道上，无法同时知觉到无穷无尽的万事万物，无法让万事万物都同时出场。概念思维这种世界抽象化、现象本质化的认识方式促使许多人生美丽的风景、人世的脉脉温情均被阻挡在人们应有的思维之外。“在素朴状态中，起初明证性似乎是一种纯粹直观，是精神的无本质的观察，到处都是一个、同一、并无自身区别的存在；直观所直观的就是事物，事物简单地存在于此并且存在于意识的真正明证的直观中；而直观就是简单地直观它们”[①]。这其实在昭示人们：概念思维之外，还有诗性智慧帮助人们抵达精神的彼岸。

从民族文化的起源来看，不像西方文明起源于自然环境恶劣的古希腊半岛，中国古代先民赖以生存的是以大河为中心的大陆地理环境，蓝蓝的天空、宽广的大地、肥沃的土地，为古代先民从事农业生产提供便利条件的同时，也造就了他们的诗意情怀：在处理人与自然关系方面，做到了“人法地，地法天，天法道，道法自然”；在处理人与社会的关系上，赋予人性以“性善好德”的积极力量；在处理人与自我的关系，主张“内圣外王”，强调自我与自然、社会的浸润、圆融。这种天人合一的诗意情怀自然也造就了不同于西方逻辑智慧的思维方式。

三　汉语言与思维方式

按照卡西尔的观点，所谓的文化不过是符号运用的结果。汉字是一种

---

① ［德］埃德蒙德·胡塞尔：《现象学的观念》，倪梁康译，上海译文出版社 1986 年版，第 16 页。

什么符号？从汉字起源看，汉字起源于汉民族原始记事方式，归纳起来大概分为实物记事、符号记事和图画记事三种。[①] 所谓实物记事，指的是利用原物，或借用他物，取物之形状、颜色、含义或声音等要素表示事情的意义；所谓符号记事，指的是利用简单的结绳等实物性符号或刻画印痕表示事物、事情的意义；所谓图画记事，指的是通过描摹自然、社会生活的图形表示事物、事情的意义。无论哪一种记事，这些符号均体现浓厚的生活场景意味。因此，汉字的形成是“画成其物，随体诘诎”（许慎《说文解字·叙》）。其形成过程大概分为“记事图画—象形图画—文字”三个阶段。这个过程离不开客观存在的物象，也离不开文字主体的想象、情感及意义的判断。因此，汉字符号的形成是符号主体依托客观的物象，借助联想、想象等形象化手段把自己形象感受获得情感、意旨加以融合进行抽象化意义概括的结果。这一思维过程事实上是“物象感受—情象融合—意象创造—形象描述”综合性的言语表达获得，实际上是从外在的客观物象内化为主观意象过程。所谓的物象，指的是客观事物表露于外的形象、现象；所谓的情象，指的是文字符号主体内在的生活感受；所谓的意象，指的是内外的情意与客观物象的结合，是人化的自然图景或自然图景的人化；所谓的形象，指的是客观事物的外在形式与内在情意结合所形成的形态，主要由实物的空间形式、色彩、气味、声音等客观属性与人的情感、态度、价值观等主观情意属性组合而成。

汉字符号这种思维方式显然不是西方的逻辑概念思维方式。汉字思维尽管也有认识对象主观化与符号化的过程，但每一思维环节均离不开“象”。所谓的象，本义为动物象之象形，“长鼻牙，南越大兽，三年一乳象，耳牙四足之形”（《说文》）。后来假借或转注为与“像”字同义，如“象也者，像也”（《系辞下》）。因此，所谓的象，其实就是生活图景的模拟或象征性符号的概括。既包含眼见外在之物象，也包含心中所思内在之情象、意象。这种离不开“象”的思维方式，学界称之为诗性智慧。

“诗性智慧”的研究肇始于18世纪意大利哲学家维柯。“人类本性，就其和动物本性相似来说就具有这样一种诗性：各种感官是他认识事物的唯一渠道。因此，诗性智慧，这种异教世界的最初智慧，一开始就要用的玄学就不是现在学者们所用的那种理性的抽象的玄学，而是这些原始人所

---

① 万业馨：《汉字与汉字教学研究论文集》，北京语言大学出版社2012年版，第2页。

用的想象的玄学。这些原始人本没有推理的能力，却浑身是强旺的感觉力和生动的想象力。这种玄学就是他们的诗，诗歌就是他们生而就有的一种功能。"① 在维柯看来，人类凭借旺盛的感觉力和生动的想象力能够促使人和自然建构出一种平等、圆融的两情相悦的诗意关系，人与人之间也会变得真诚友善。因为，诗性智慧可以促使人们从任何一个当前在场的有限之物出发，唤醒沉睡的心灵，把无穷无尽的未在场的信息从遮蔽状态拯救出来，让它们和在场的有限物综合为一体，使有限的生命获得无限的意义；它还可以编织历时与共时的网络，赋予万事万物以人的尊严，使各种不相同的东西相互融合成一个整体，即达到天地万物之间的相通、相融。

关于诗性智慧的内涵，学界的概念分析主要有如下几种方式：其一，性质定义，即把握诗性智慧的本质。在与形象思维等相关概念比较中，有人看到了这种智慧的诗性特质，或将诗性智慧定义为"创造性的想象力"，或定义为所谓"原始人类整体的思维认知方式的统称"，或定义为"精神与实践合一的智慧"②；其二，功能定义，即论述诗性智慧产生的价值、影响、意义。"诗性智慧中的感性智慧倾向于使无形之物变成可感的，倾向于具象化或物化"③；其三，发生学定义，即从历时的角度审视诗意性智慧形成的过程。所谓诗意智慧指的是"以感觉、想象及形象直观地把握世界的一种智慧，它的特点是用具体的形象代替抽象的概念"④。另外，还有学者从诗意智慧的运思方式分析，诗性智慧的本体是体验，而所谓的体验是"一种图景思维"，而"图景"是一种跨越时空的整体性存在，它同时包含着个体人过去的生活阅历、当下生活场景和未来人希冀的蓝图。⑤ 无论是何种定义，构成诗性智慧的核心要素均离不开"象"，离不开人的情感、体验、知觉等的综合作用。

综上所述，所谓的诗意智慧是建立在客观物象基础之上的，以象为媒介，在情感、体验、知觉等综合作用下，对自然、社会、自我进行直觉式、超越式、创造性地取象、表象和抽象的图景性思维活动。这是一种非

---

① ［意］维柯：《新科学》，朱光潜译，人民文学出版社1986年版，第158页。

② 马建高、郑建华主编：《通识美学教程》，南京大学出版社2012年版，第59页。

③ 桑大鹏：《解读诗性智慧》，《三峡大学学报》（社会科学版）2001年第5期，第44—47页。

④ 邢建昌主编：《美学》，河北人民出版社2012年版，第164页。

⑤ 刘惊铎：《道德体验论》，人民教育出版社2003年版，第5页。

对象化的、非逻辑化的“即物以物”的思维方式，它促使人的情感与理性、人与自然、有限与无限、时间与空间得以合而为一，生生不已，以至永恒。它依存人类的劳动实践，又超越劳动实践，其形式是想象，其结果是创造。这种思维方式，在易晓明博士看来，并非维柯所认为的是原始人特有的精神结构，而是伴随着全人类的发展，并且每个人都应具有的根本的智慧形态。①

无论是从语文赖以存在的文化土壤来看，还是从构成语文主要的要素语言文字看，语文以及语文教学应该拥有的思维是诗性智慧。

第二节 诗意智慧内涵的诠释

“诗者，为天地之心。”“诗乃天地之合。”（刘熙载《艺概·诗概》）作为一种“精神—实践”活动，诗意语文视语文思维为图景思维。这种特质恰与中国古人尚“上观天文以察时变，下观人文以化成天下”的农业文明（《周易·系辞》），究“天人合一、人化自然”的思维惯性一脉相承。深入探究并厘析其特质，对于我们传承民族文化，搞好语文教学，尤其促使学生诗意发展具有非同寻常的意义。

一 图景性的思维方式

语文思维活动不管怎样复杂、多样，不管按哪种方式进行，它都必须按照一定的程序，有一个活动的过程。语文思维活动的过程，表现为分析、综合、比较、归类、抽象、概括和具体化。② 这句话说清了语文思维训练应该遵循一般思维训练的规律，但并没有说清楚语文思维本质的规律。诚如上节所述，语文思维凭借的是具有图景性的汉语言文字，那么诗意语文自然就具有诗意的图景性，依托且借助图景的“象”进行思维活动。“独照之匠，窥意象而运斤。此盖驭文之首术，谋篇之大端。”（刘勰《文心雕龙·神思》）他借用了《庄子·天道》中的一个典故，轮斧断轮时，头脑中应先有车轮的具体形状，然后依照意中的这个形象运斧。在中国诗学的视阈里这种图景性常和意向联系在一起，诗人进行诗歌创作时，

① 易晓明：《寻找失落的艺术精神》，南京师范大学2004年博士学位论文。

② 黄亮生：《中学语文思维培育导引》，厦门大学出版社2011年版，第140页。

头脑中也应有鲜明的图景，然后根据自己对生活的感悟提炼途径凝练成包含个人情趣、志向的意向。图景之“象”是诗人精神实践赖以运转的必要条件，也是诗性智慧的基本特征。

比如，词语教学方面，中小学语文教师普遍依从概念思维的逻辑，注重词语概念意义的讲解以及造字构词法技法的演练。这种外在于学生“眼中之象”、也外在于学生“心中之象”的教法，词语学习成为机械的词义识别、记忆的活动。好比渔夫捕鱼，把词语从文本的河流打捞上来，不去赋予鱼儿生动的图景，让他们回到学生生活的河流，仅仅对词语进行分析、综合、比较、归类，乃至抽象、概括概念的意义，等同于渔夫暴晒死鱼。倘若根据语文图景思维的原理，词语教学自然焕发别样的生机。请看《让我们荡起思维的双桨，漾出词语别样的精彩》①。

只有苇秆还在摇晃，水波还在荡漾。——《翠鸟》

1. 情境导入

师：同学们，翠鸟的动作可真快呀！它只是轻轻地一蹬脚，就像箭一样飞了出去，只留下苇秆还在河边轻轻摇晃，似乎它也在惊叹翠鸟的机灵和敏捷。那么你们觉得，这个时候，水波是什么样的呀？

生：水波还在荡漾。

师：是的，我们今天学习的就是荡漾这个词语。我们先来看一看水波荡漾是怎样的一幅场景。（出示 PPT 图片。）

上课伊始，教师就给学生创设了一个画面感鲜明的情境，有利于学生借此画面展开想象。同时，这个情境是与课文相符合的，隐含水波荡漾的原因。翠鸟轻轻蹬了一下苇秆，苇秆的动带动水波的荡漾。

2. 词语体验

师：老师想知道作者为什么用“荡漾”这个词呢？

生 1：水面本来非常平静，像镜子一样，但是翠鸟蹬了一下苇秆，带动苇秆轻轻摇晃，所以水面也会有轻轻的起伏波动。

生 2：因为水波是慢慢变化的，涟漪是慢慢往外浮动荡漾的。

师：说得真好。课文里的“荡漾”就是在这样原本平静安稳的水面上突然有了一丝波动而产生的。在我们还沉醉在水面的宁静柔和

① 该案例系冯铁山指导的学生设计。

时，水波就开始荡漾出了一圈圈涟漪，如同盛开在湖面的花朵。

3. 品读感悟

师：我们刚刚感受到荡漾是水波缓缓地、慢慢地往外晕开，往外波动。大家想一想我们应该怎样读这句话啊？谁有勇气试读你的感受？

（学生举手朗读。）

师：读得真不错！老师听出来了，你的语速很慢，那老师要问问了，你为什么朗读得这么慢啊？

生：因为荡漾是水波在缓慢地向外浮动，是一圈圈涟漪逐渐出现的感觉。

师：你说得真好！我们在品读一句话的时候啊，首先就得找到一个关键词，还要想想这个词的动作，神态，想想这句话带给我们的画面。今天我们学习的荡漾就是这样一个动词，有没有哪个同学愿意来模仿一下荡漾这个动作啊？

（学生表演动作。）

师：刚才大家模仿得都很不错，都把水波荡漾，涟漪层层的感觉表现出来了。老师觉得啊，荡漾应该是这样的。（教师用手掌模仿水波荡漾的动作，舒缓，缓慢。）

在这一节的教学里，教师在学生尝试着朗读的基础下，从学生的已有认知程度出发，指引学生，从而总结品读一句话的时候：首先就得找到一个关键词，还要想想这个词的动作，神态，想想这句话带给我们的画面，才能把一句话读好；进而引导学生用肢体语言来表现词语“荡漾”动作，图景的转换自然，不仅增添了趣味，符合学生好动的心理，也能使学生用这种方式更好地理解。

4. 诗意实践

师：我们刚刚看到的，是翠鸟轻轻地一蹬引起的水波轻轻荡漾。接下来，我们换个画面。来试着补充一下这些句子吧。

我是小小写作家

翠鸟像箭一样地飞向那一片蓝天，只留水波还在荡漾。

小船依依不舍地告别这一池清水，只留水波还在荡漾。

________________________，只留水波还在荡漾。

（学生进行言语实践，抓自己熟悉的画面进行个性化表达。）

这一个阶段的教学，超越了俗常的词义讲解，恰到好处地安排言语实践。在言语实践中，学生自会运用联想和想象，链接日常生活熟悉的画面。既陶冶学生诗意的情怀，又进一步让词语活起来，把课堂交给学生。

5. 词语辨析

师：同学们，刚刚我们一直在品读“荡漾”这个词的韵味。荡漾是来形容水波的，我们再来想一想，还有什么词也能来形容水波呀？

生1：水波浮动。

生2：水波流动。

师：嗯，老师听到了很多的答案，老师把呼声最高的词语写下来好不好？（板书“浮动”和“流动”）水波也可以用这两个词来形容：浮动和流动。那么，我们用这两个词把荡漾替换掉，再来读一读，看看有没有什么不同的感受？

（学生朗读。）

师：谁来说一说词语替换后的感受？这三个词哪个词更适合这个情境呢？

生1：我觉得荡漾更适合这个情境。因为浮动和流动就是水从一个方向往另一个方向流动，而荡漾是波纹一圈圈地向外渗透，荡漾更加生动形象。

生2：我也觉得荡漾更好。因为“荡漾”可以让我们想象出水波像一朵晶莹的花在湖面上盛开的美丽画面，但是浮动和流动只能让我们感受到水是在动。

……

在此教学环节，该教师同样运用了比较、分析等思维方式，但与一般概念思维的比较与分析不同。该片段教师让学生用另外的词语来形容水波，提高学生的想象能力，情境描述能力和词语运用能力；再将具有鲜明特点的“浮动”“流动”两个词语与“荡漾”进行对比，通过让学生朗读，让学生自己形容出“流动”、“浮动”等状态，拓展学生想象力，使学生感受到“荡漾”一词更加适合这一语境，加深对这个词语的理解。

师：同学们分析得真好。看来朗读真的很有效，可以帮助我们想象出最真实的画面，这样我们就可以更加清楚感受到哪个词语更适合了。那么我们就来看看现实中这三个词代表的不同画面吧。

（出示 PPT 三个词的动图。）

师：我们之所以觉得荡漾更适合，还有一个原因是我们可以从这个词感受到水波是从原本平静无纹到渐渐往外生出涟漪的，是一种从静到动的变化，是一种带有诗意的温婉的美，是一种更带有动感和生命的美，所以才更适合这个情境。

语文学习是一个见微知著的过程，一篇文章中，一个句子，甚至一个词，都是很好的教学内容，其间均包罗万象。从理性思维的角度去进行概念思维，教师只能为翠鸟、翠鸟生存的环境贴标签。本案例中，教师视词语为活着的生命，意识到“荡漾”这个词与作者、与文本人物有着精神上的相通，有着丰富的人文内涵。因此，借助翠鸟、苇秆、湖面，以及这些要素所构成的图景，让学生在图景中吟味、体验、感思词语传达出的独特意蕴。由此可以看出，图景不仅是语文诗性智慧的依托，还是其思维运转的根据。所谓图景，即符号、文字、语言等“串行信息”和行为、图像、情境等“并行信息”综合作用而形成的有情节、有图画的场景。

二　以己度物的思维方式

所谓的“以己度物”，指的是思维主体凭借自身的感觉、情意以及社会生活经验去揣度万事万物，以为这些事物也和人一样具有同样的感觉、情意等经验。在维柯看来，这种思维方式的产生是由于先民理性智慧匮乏，难以解释自然现象原因时的一种本能、直觉式的把自己的本性转到事物身上去的思维方式。“人在无知中就把他自己当作权衡世间一切事物的标准……人在不理解时却凭自己来造出事物，而且通过把自己变形成事物，也就变成了那些事物。”[①] 事实上，即使文明社会发展到近现代乃至后现代，我们仍然离不开诗性智慧的思维方式。比如，在经验论的视阈，以笛卡儿为代表的旧形而上学肯定“我思”是“我在”的前提，其实质就是把自我看作是实体性的存在，表面上张扬了人的主体性，但寻根究底，人的自我总是受到所“思”对象物的限制，成为万物乃至他人互相对立的实

① ［意］维柯：《新科学》，朱光潜译，人民文学出版社 1986 年版，第 181 页。

体。不仅使物理的自我物质对象化，也让精神的自我物质对象化。康德看到了自我的自由本质，断言“实体是认识的对象，而进行认识的‘我’根本不能作为被认识的对象，如进行认识就是把‘我’当作了实体。只有把自我看作是非实体性的存在，自我才是自由的”①。康德赋予自我空灵性的特征，实质上肯定了诗性智慧的价值——自我与万事万物具有同在性与圆融性。当然，他所主张的自我是超验的不可知的“物自体”，他和作为客体的另一个不可知的“物自体”发生交互作用而产生经验与知识。这其实并没有真正超越主客二元思维的局限。尼采不承认物质客体的实体性，也否定主客二元性，但他的“世界，我的意志”——强力意志说脱离不了主客二元以及自我主体的窠臼。反观中国儒家先贤的学说，北宋名儒张载主张“民吾同胞，物吾与也”（张载《正蒙》）。意思是说天下百姓是我的同胞兄弟姐妹，世间万物是我的朋友。在张载看来，自我只有大其心，才能体认天下万物，人的心应扩大到与天同大的境界，才能合天道之心。人和人，人和社会，人和自然万物，应该是和谐的关系。

显然，张载的思维具有诗意智慧的特质。诗意智慧这种“以己度物”的思维方式，概括起来具有如下特点：其一，“为我性”。思维主体从自我出发，以自己的身体感受为基准，来体验外物、比附外物，从而认识和把握外物。其二，“反观性”。思维主体在以自己为中心去揣度万物时，又力图从外物中反观自己的心灵，从外物中发现和认识自己。其三，“比德性”。思维主体借助万事万物的特性比拟人及人类社会的道德性。

语文教学限于逻辑判断思维的藩篱，中小学教师在进行阅读教学的时候，学生往往成为思维的客体，成为不能发生切己联系的观众、看客或第三方“评论家”的门外汉。倘若发挥诗意智慧的为我性、反观性与比德性，语文教学不仅能够登其门，还可以入其室。请看徐瑛老师设计的《听听那冷雨》。该作品是著名诗人余光中的散文作品。抒写的是诗人深深的乡愁。大家知道，乡愁是一种抽象的概念，作者没有抽象地表达概念而是借助司空见惯的“雨”这一物象，自然流淌内心的情感，借冷雨抒情，将自己身处台湾，不能回大陆团聚的思乡情绪娓娓倾诉。作者原本运用的就是诗意智慧，徐瑛老师深得其妙，于是，整堂课也在举象、取象、塑象中让每一个学生以己度物，以物悟情，推进每一环节的教学。

① 张世英：《哲学导论》，北京大学出版社 2006 年版，第 78—79 页。

在导入环节，教师发挥学生的主体性，采取“我”的方式“看雨”、“嗅雨”、“听雨”，并调动各种感官“写雨”。首先，让学生揣摩自己眼中的雨是什么样的？有的同学说像牛毛，有的说像花针，还有的说像细丝，密密地斜织着，人家屋顶上全笼着一层薄烟。接下来，揣摩自己鼻尖的雨又是什么样的？让学生用自己的鼻子闻一闻，于是学生闻见“雨中传来泥土的清香”。最后，自然是用耳朵听一听雨，听雨打枇杷的沙沙声，听雨落平湖的滴答滴答声，自然过渡到课文的学习。由于采取的是“我”的视角，学生似乎一下子具备了“精骛八极，心游万仞”[①]“思接千载”、“视通万里”[②] 的“神思”，能够回归自然的本真状态，在我看雨、嗅雨和听雨的过程中与雨对话、交流，自然而然进入余光中表现的乡愁之“雨”境中。

三　左右大脑协同的创造性思维方式

美国西北理工大学校长谢佐齐博士在 1995 年 11 月 21 日来中国访问接受记者采访时认为，中国目前的教学方法培养出来的学生，逻辑思维能力很强，但解决具体问题的能力较弱，特别明显的是缺乏创新性思维与能力。[③] 根据经典医学理论，大脑分为左右两个半球。左半球负责逻辑、分析、计算、推理和语言表达，俗称“学术性”抽象思维大脑。右半球负责可视的、综合的、几何的、绘画的思考认识和行为，具有类别认识、图形认识、空间认识、绘画认识、形象认识能力，俗称“艺术性”形象大脑。左右大脑通过胼胝体巧妙连接起来，使它们具有一种合作精神，换言之，抽象思维与形象思维总是相辅相成、相互渗透。左右脑的这种协同关系是创造力的真正基础，古今中外出类拔萃的人才无一不是左右脑功能协同并运用俱佳的人。

在文学创作领域，任何诗人创作文学作品均离不开左右大脑协同的作用。比如“君自故乡来，应知故乡事。来日倚窗前，寒梅著窗未”一诗，作者王维从故乡人到推知故乡事，以及思念的倚窗人和窗外的寒梅，里面既有左脑理性的概念、判断、推理；也有故乡人、故乡事、寒梅右脑生活

---

① 陆机：《文赋》。

② 刘勰：《文心雕龙·神思》。

③ 朱佴治编著：《最拓展思维的数学之旅》，南京大学出版社 2013 年版，第 158 页。

图景的展现。需要指出的是：王维创作这首诗不单纯是主要依靠左脑的抽象思维，或右脑的形象思维功能，而是左右脑多种功能模块交互作用状态下的融通式思维，是图景信息在大脑中的瞬间的转换和创生。大脑两半球对人体运动和感觉的管理是交叉的，左半球管理右侧半身的运动和感觉，右半球管理左侧全身的运动和感觉。“而且大脑左半球的功能侧重于抽象思维，它是线性方式处理输入信息的，大脑右半球侧重于‘直觉’形象思维，它是以视觉空间的非线性方式处理输入信息的”。[①]

中小学语文教学将价值取向定位为文本的理解，从概念到概念再到机械的字词句训练，显然，这注重的是左脑理性智慧的开发，相对忽视右脑的开发和利用。倘若语文教学遵循诗意智慧的原理，重视左右脑协同，教学会发生什么样的变化呢？请看叶才生老师执教的《在山的那边》[②]。这篇课文是诗人王家新创作的一首哲理诗，文本里的山与海具有丰富的内涵，如何让学生品味这些内涵，叶老师深得诗性智慧的神韵，注重学生左右大脑协同作用。

首先，诗歌教学是一个透过语言符号触摸物象、感悟意象，进入意境的活动，这是一个“明象”、“尽象”的过程。“夫象者，出意者也，言者，明象者也。尽意莫若象，尽象莫若言。”这需要右脑发挥作用，叶老师深谙其道，上课伊始，就引导学生观看北京奥运开幕式片段，在观看张艺谋导演的美妙绝伦画面的基础上，让学生探寻画面与画面组合内在的神韵，并用一两句话描述出来，说说喜欢的理由。有的学生喜欢奥运火炬被点燃的镜头，因为这个镜头隐含着中华民族夸父追日的意象与精神；有的学生感兴趣的镜头是“画卷”意象，因为它代表中国五千年历史贯穿起来一幅波澜壮阔的历史长画卷。这其实就是让学生发挥左脑理性判断、分析的能力去透过物象去揣摩张艺谋导演的开幕式的情意。在此基础上，教师告诉学生：张艺谋导演的每一个镜头不仅有生活的图景，还赋予图景以积极的情意。这种手法就是诗学里的“物象 + 情意”生成“意象”，蕴含着张艺谋的诗意智慧。自然引出“景物 + 情意”的学习思路并以此为依托来学习诗歌《在山的那边》，为后面的教学做了很好的铺垫。

---

① 董奇等：《脑与行为——21 世纪的科学前沿》，北京师范大学出版社 2000 年版，第 23 页。

② 叶才生、冯铁山：《诗在山的那边雀跃——〈在山的那边〉教学实录及点评》，《中学语文教学参考》2012 年第 7 期，第 38—39 页。

意象是作者的情志物质对象化，把握意象的关键在于让学生运转右脑去品味作者写诗的情感与运用左脑分析作者传达的意旨。在初步把握物象的基础上，如何让学生走进文本，走进作者呢？接下来，叶老师引导学生反复熟读课文、疏通字词、概括课文基本内容，提出两个讨论的问题：其一，同学们喜欢小时候的作者还是长大了的作者？其二，思考小时候的作者与长大的作者对山、对海的认识有什么区别？并且要求学生将文章中的“我”换为自己姓名，大声地投入朗读，采取以己度物的方式去场面文字的温度，体验文本的诗情。这是发挥右脑的人文智慧功能，不仅使文中的“我”变得鲜活起来，更促使学生以“我”的眼光去审视文本的物象，乃至周围的世界，对文本获得真切而自然的感受。然后，遵循语文学科实践性本质特点，设计“我喜欢小时候或长大后的作者，是因为……”、“海代表……”、“山代表……”等言语实践活动，学生在自主品味、反思、表达的言语实践中对文本的山与海的意象获得立体圆融式的理解与切己性的顿悟，处处闪耀智慧的火花。

在传统的语文教学中，教师常常在第一个环节就介绍作者，致使学生因人论世，不能很好地走近作者，更不能走进文本，走进作者营造的意境。叶老师给学生展示作者小时候的有关资料，以及生活的环境，让学生想象一下像小时候就怀揣着梦想的作者，长大后会有什么成就？一下子拉近了学生和作者的距离，同学们自然形成各种各样的“合理”的想象和猜测。由于在前面的环节学生对文本已经有了一定的了解和认识，此环节的对话显得自然而贴切：一方面能让学生把作者的意旨融入物象当中，为下一个环节深入感悟“山”和“海”的意象作有效的铺垫；另一方面让学生在对话作者的同时也学会“怀揣梦想”、“坚持理想”。

诗意语文重视发挥诗性智慧的左右大脑功能，其主要的作用体现在如下几个方面：其一，培养学生的创造性智慧。如果说理性智慧所达不到的地方是属于诗性智慧的空间，那么左右大脑协同就能够激发人的无穷的创造性。叶老师这堂课从张艺谋导演的北京奥运会直观的图景入手，让学生左右大脑协同体会张艺谋心中倡导中华民族传统“和”文化的意象。进而让学生通过品味作家王家新笔下的山和海，创造属于自己的“山”与“海”，倘若只是分析文本的山与海，学生接受的只是王家新的为了理想之海不断跋涉山的精神，达不到他人之山、海化为自我之山、海的效果。其二，激发学生探究的兴趣。在理性思维的左右下，学生的思维线性化，容易丧失探究知识的兴趣，而让学生保持对自然、社会等现象与自我理想、情意左右大脑协同的习惯，能够促使他们超越线性思维的局限，使之具有五彩斑斓的色彩，思维也就立体化起来。其三，能够使外显的课程转化为内在意识。诗性智慧的左右大脑协同是一种诗性的旅程，在这个旅程过程中，促使学生将“我”的意识自然化、社会对象化，因而塑造了个人内省的精神或促使精神的自由解放。

第三节　诗意智慧启迪的基本价值

自古以来，语文教学在促进学生身心的和谐发展、良好品德的养成、人格的积极建构方面，发挥着基础性的、主导性的作用。同时，它还是进行传统文化教育、培养民族自豪感、文化认同感以及爱国主义精神的必由之路。语文不是一种客观意义上的，有待我们去认识、去把握的外在存在物，而是人之所以为人的语文生活世界。有一位加拿大学者说得很深刻，也很简洁：“关注语言，同时也意味着对那些寓于此语言里的人的生活状态的关注。作为语言教师，大家在努力寻找更好的向学生讲话的方式时，其实也是在为他们讲解更好的生活方式。从相对的和物质的意义上讲，拙于辞令的人过的是贫困的生活。”在这个意义上来说，学生学习语文就是为了更好地生活，而支撑生活的关键要素还在于思维方式，概念思维引领学生过的是理性生活，那么，诗意思维自然引领学生过一种诗意栖居的生活。诗意智慧启迪与学生的发展关系甚为密切。

一　有助于学生诗意地认识、理解和把握世界

人类掌握世界的方式主要有三种形式：第一种是人类通过劳动实践对物质世界掌握，需要借助劳动工具作为中介，在劳动实践中，人作为自然的主体得以彰显；第二种是人类通过精神实践对精神世界的掌握，需要借助概念这一中介，在概念推演中实现对人类社会、人的精神世界本质的认识、理解和把握；第三种是介于二者之间的人类对世界的实践—精神世界的掌握，需要借助符号，尤其是语言符号，从而实现对人与自然、人与社会、人与自我及其彼此关系的认识、理解、把握。在马克思的有关论述中，劳动实践当然属于第一种，精神实践则属于第二种，而艺术、宗教则属于第三种。人类这三种掌握世界的方式都以语文为历史的和逻辑的前

提，并在语文学习的过程中得到隐喻和实现。这是因为语文学习是凭借符号进行的言语实践活动。语文学习的核心因素是言语，而言语是语言文字符号的运用。汉语言文字符号是图景性符号，是中华民族祖先诗性智慧运用的结果，它反过来又作用于中华民族子孙的思维发展。一句话，诗意思维是中华民族文化源远流长的原因，更是中华民族子孙繁衍壮大的工具，更是学生掌握世界的基本的方式。

中小学生，尤其是少年儿童有别于成年人学习者，但令人惊讶的是各年龄阶段的学习者有着诸多的共性，其中，颇引人注目的是任何学习者都能够从自己的生活图景出发，赋予学习以积极的力量，都能够根据理想的生活图景确定学习目标、制订计划并不断予以更新或修正。学前儿童也是收集和组织材料的学习者。[①] 皮亚杰的"建构主义"（发生认识论）认为，一切知识起源于认识主体的实践活动，认识的形式主要是一种活动的内化作用，即主体对客体的行动。皮亚杰通过对婴儿进行近距离的观察和对儿童进行细心的盘问，他认为可以用复杂的认知结构来对婴幼儿的心理进行恰如其分的描述，婴幼儿的世界是一个以自我为中心内外兼容的世界，对物质现实准确表征的能力发展取决于观察、聆听和触摸图式的逐步协调。儿童生来其实就是凭借图景来了解世界的。研究表明，4 个月的婴儿清楚地显示偏爱词语而非其他声音；到 6 个月，婴儿能够区分反映直接环境的语言特性；10 个月的婴儿不再把口语看作单纯的语言特性，并开始表征与语言有关的语音对立，学前期是儿童学习语音最佳时期，对于字母、韵母的发音随着年龄的增长逐步提高；1 ~3 岁的幼儿开始留意周围人所讲的言语，他们容易被讲话人的面容、表情所吸引，尤其是说话人的嘴唇，他们似乎在设法解读口型与声音的协调性，理解说话人所讲言语的意义，在这类日常情境里，幼儿有大量的言语学习机会，因而能够应用情境去判断某人用不同的句子结构和词语表达的意思，在这个阶段，他们的词汇数量不断增加，词汇的内容不断丰富，3 ~4 岁、4 ~5 岁是词汇量飞跃发展的时期，学前儿童在言语实践中逐步掌握语法结构并且开始从外部言语（有声言语）向内部言语（无声言语）过渡，有可能掌握书面语言。

从以上的分析可以看出，儿童的语文学习，哪怕是学习一个陌生的词

---

① ［美］约翰·D. 布兰思福特、安·L. 布朗、罗德尼·R. 科金：《人是如何学习的——大脑、心理、经验及学校》，华东师范大学出版社 2002 年版，第 70 页。

语或抽象的概念，均离不开这一词语或某一概念赖以生存的语境。构成语境的言语主体、言语行为以及言语主体的言语态度、表情等要素均是彼此联系的图景性存在。中小学生就是依托且凭借图景性语境获得词语或概念的意义。因此，纯粹的概念思维之外还有诗意智慧帮助人认识、理解和把握世界。

二 有助于学生符号本质对象化

诗性智慧不仅是人掌握世界的基本方式，而且是人发展的本身。动物的进化是以动物自身的实体来表现的，也就是说，动物进化表现在动物自身有机体的进化上，动物进化的成果就是动物自身有机体的进化。于是，动物有机体的消亡，也就意味着动物进化的中止。马克思在《1844 年经济学哲学手稿》中关于“自然人化”（或称“人化的自然”）的思想表明，所谓的“自然的人化”，其实质就是人的“社会化”的过程，包含有二重化：一是外在自然的人化，即人的本质力量的外化；二是内在即人自身自然（人之本性）的人化。人的进化一方面表现在有机体内，这与动物是一样的；另一方面表现在精神方面的社会化。这与动物有机体的进化是不一样的。人之所以能够社会化，就因为它拥有了语言，“只有语言才能使人成为人的生灵。”① 离开了语言，就根本谈不上人的发展。爱因斯坦说：“要是没有语言，我们的智力就会同高等动物不相上下，头脑中保留的原始性和兽性就会达到难以想象的程度。”② 语言和思维是人区别于动物的重要标志。具备且能够娴熟运用图景性语言符号的思维自然有助于促进动物向人的转变，促进人精神的社会的对象化。

语言符号是人的对象化的本质力量。一般来说，工具实践改造了人的有机体，包括四肢和大脑，于是人类个体在他的生命过程中从小长大，从低级水平向高级水平发展，工具性学科（如物理化学等自然学科）的学习目的是通过操作性工具的训练使学习者形成工具性智能，实现认识自然、改造自然的主题。精神实践改造了人的精神生命，于是个体生命由自然的生物人实现向集体的社会人发展变化，人文性学科（如历史、政治）是通过精神实践让学生形成精神智能实现认识社会、改造社会的价值取向。在

---

① 海德格尔：《诗·语言·思维》，黄河文艺出版社 1989 年版，第 56 页。

② 王尚文：《语文教育学导论》，湖北教育出版社 1994 年版，第 12 页。

这两个实践的基础上，人的发展还有符号的对象化。比如，每一个学生都有自己的姓名，这一姓名既是学生个体的识别标志，也是学生作为历史人、现实人向理想自我的未来人发展的动力。学生的发展事实上基于对现实的图景不满，然后设想理想的生活图景，于是，每一阶段，学生都会对自己的名字予以定期不定期的解读，学生的发展也就符号对象化为自己的名字。语文教学也是这样，凭借语言符号，学生和文本人物对话，认识、理解和把握文本的生活图景，进而和自己的生活图景进行说别、比较、融通，于是也就对象化文本中的人。

语文，尤其是构成语文学科重要的汉语言文字作为一种物质本体和社会本体，表面看来，它既不存在于人的有机体内，也不存在于人的精神本体内，然而，它又潜滋暗长地作用于人的有机体与精神体。学习语文的人凭借诗意智慧不仅获取对自然的人性智能，也获取对社会的自由关系，同时也获取对自我的生活体验。因为语文把人在物质实践和精神实践中对事物的实践成果都浓缩在一个符号里，符号是物质实践和精神实践的历史结果和逻辑结构的积淀性聚集性存在，它省略了或者说是隐藏或者说是包含了人们为达于这一结果而进行的漫长实践过程，使人在短时间内发展语言、发展思维，传承文化，培养人格，提高人的审美能力和文化品位，掌握民族的行为方式，促使“生物人”社会化。人的有机体的消亡，不会带来人的进化成果的消亡，人的有机体消失了，但人的进化成果却因为它外在于人的有机体而仍然存在。面对一个个语言符号，只要人们还原符号概括、隐藏的生活图景，符号背后的精神实践、工具实践情感态度价值观就会如同喷涌的泉水汩汩流出来。学生在接受语文隐藏的文化熏陶的同时，又凭借诗意智慧进行人与自然、人与社会、人与自我及其关系的认识、理解与把握，语文学习的活动就是生命的活动。因此，语文学习就是诗性智慧达到获得符号智能的目的，实现教育的人学主题。诗性智慧是人对象化的真正动力。

三　有助于发展学生的创造性智慧

思维是人类的特性，是一种以民族语言为表现形式的心理活动，是产生思想和理解思想的唯一途径，也是选择完美的表达方式、理解完美表达形式的唯一通道。日本著名教育家小原国芳说：“国语教学不只是简单的文字或字母用法和段落句读的问题，除此之外，更重要的是内容问题。国语不是训诂之学，而是活思想问题，是川流不息的生命。”川流不息的生命其实是思维作用的结果。汉语言文字脱胎于生活的图景，注重意会，讲究神韵，侧重感受和体验。这就决定了我们的语文教学必须致力于诗性智慧培育，在诗性智慧的作用下，每一个静止的符号就会站起来，每一个死去的文字就会活过来。不仅如此，受过诗性智慧培育的人，他或她还会造就非凡的创造智慧。根据加纳德的三元智力理论，人的创造性智慧就诞生在“实用—人文”性智慧和“逻辑—批判”性智慧的巧妙协同的基础上，其实质就是双脑的协同。而诗性智慧发挥作用的过程中，每一个步骤均向“全脑”开放：在重视左脑的言语逻辑思维的基础上，特别加强右脑空间思维、形象思维的训练，重视形象与抽象、直觉与分析，想象与思考的结合。诗性智慧在建构人的知识结构的同时，深刻地影响着人的思维和意识，也帮助人更好地认识和了解自己，从而总是让人感觉到“人是无限的可能”。它让人在每一阶段，每一定点，每一个领域都可以整装待发，开拓一片属于自己的新的天地。

海德格尔说，人类诗意地生活在地球上。诗性智慧就是获得诗意，是人的立体化、完整化必不可少的途径。近代的教育对人类社会的进步作出了前所未有的巨大贡献。但是也不可否认近代教育将教育引向重科学轻人文、重理性轻感性的误区。科学主义教育培养出来的人，是“工具人”、“职业人”，因而是片面的、缺腿的人，是只知道征服自然而不懂得如何与自然和谐的、由物欲驱使获取物质财富的工具，是忽视人之根本、缺乏人文精神、感性失落的“理性机器”。马克思指出：“人以一种全面的方式，也就是说，作为一个完整的人，占有自己的全面的本质。人同世界的任何一种人的关系——视觉、听觉、嗅觉、味觉、触觉、思维、直观、感觉、愿望、活动、爱——总而言之，他的个体的一切器官，正像在形式上直接是社会的器官的那些器官一样，通过自己的对象性关系，即通过自己同对象的关系而占有对象。对人的现实性占有，它同对象的关系，是人的现实性的实现，是人的能动和人的受动，因为按人的含义来理解的受动，是人的一种自我享受。”

语文学科属于人文学科，诗性智慧在塑造学生成为“诗意人”方面有着得天独厚的优势。其一，语文的文本构成就是作家诗意智慧运思的结果，作家把生活的图景借助一个个语言文字符号表达出来，学习这些符号也就是学习作家诗性智慧；其二，学生是天然的诗意存在者，他们带着诗意审视周围的世界，世界皆浸润诗意的色彩；其三，诗意的学生凭借诗性智慧与作家及作家撰写的文本对话，那一篇篇凝聚着作家灵感、激情和思想的文字，潜移默化地影响着学生的情感、情趣和情操，影响着他们对世界的感受、思维及表达方式，并最终积淀成为他们的精神世界中最深层、最基本的东西——人生观和价值观。这一过程就是人的认知与情感共同发展的活动，是接受优秀言语作品的浸润，移人性情，提升人格，建构文化的过程。其最高境界在于塑造人健全和完善的人格，提高人的品位和修养。它培养出来的人，不仅仅是一个劳动者，而且是一个有诗意生活目标、高尚的审美情趣，能够赋予自己现在乃至未来生活图景以诗意的认知、创造，学生自然也就成为能创造，又懂得享受的“精神人”、“文化人”。

第四节　诗意语文的智慧启迪

通过前文的分析，我们已经对诗性智慧的内涵、品质及价值等有了一定了解。诗性智慧源是图景的、左右大脑融通的、创造性智慧，尽管随着文明社会的到来，人类的诗意本性逐渐被理性所遮掩，成为不在场的东西，但它所具有的无限的潜力就会像春风吹拂的野草一样，焕发无限的生机。在具体的语文，尤其是诗意语文教学实践中，该如何进行诗意智慧启迪呢？

一　培养学生全纳世界的“心境”

潜藏的诗性智慧是否得到诱发或唤醒，在于受教育者是否具有全纳世界的“心境”。所谓全纳世界的心境指的是学生要拥有一种对自然、对社会、对自我的开放、虚静、全身心沉浸的心态。这是诗性智慧发挥作用的最佳准备状态，是学生能否捕捉生活中诗意，从而美感云涌的关键环节。世间的知识，甚至科学，往往凭借理性智慧从外界现象上去了解的，而诗意，则是从内心本体上去证悟的。中小学语文教学过多地将精力放在字词句语修逻文的知识教学，太多地关注教学技艺和教学形式，太多地把精力放在理性智慧的打磨上，对生活图景及图景里的学生关注不足，容易忽视从“心”、从“内心”的根本上立根，容易忽略教学内容、教学意义乃至归旨的透彻领悟与诠释，导致语文教学只能得到文本的形，而不能悟神，此可谓登其门而不能入其室也。

如何在一节语文课上，能够让学生登语言文字之门，还能入语文生活图景之室？关键之处就在于教师无论在课前，还是课中，乃至课后设计图景性的学习情境。有一位老师在展开《爱莲说》教学时，导入环节是这样设计的：首先，出示自然荷花的图片，让学生分别给图片命名。学生给荷花纷纷命上诗意的名：生花妙笔、含苞欲放、青春将逝、一枝独秀、小荷才露尖尖角……接下来，教师用一段包含生活图景的文字叩击学生的心扉，让学生走进花的世界：在我们的历史上，文人们喜欢描写自然事物，尤其是喜欢描写花，于是每一朵花都有了自己的故事。丁香变得忧愁："芭蕉不展丁香结，同向春风各自愁。"竹子代表着气节："千磨万击还坚韧，任尔东西南北风。"梅花变得冰清玉洁，魅力十足："墙角数枝梅，凌寒独自开。遥知不是雪，为有暗香来。"在此基础上，教师顺势让学生谈自己喜欢的花并谈出喜欢的理由。整个导入的过程，教师均注意发挥自然荷花图景与古今诗人描绘荷花图景的作用，促使学生打开心扉，全纳自然之荷花、文人骚客之花卉，从而自然描绘心中理想之花卉。

古今中外的教育家、思想家们早已注意到图景性情境之于教育的重要性，大凡书院均设立在名山大川，目的就在于让求学的学子时时观自然的风物，听自然万籁的声音。只有在图景中，人的诗性智慧才会自然生长，更主要的意义还在于形成全纳世界的"心境"。在中国传统文化的视域，儒家称之为"虚静之心"，《管子》讲"静因之道"，荀子讲"虚一而静"，佛教称之为"清净心"、"妄断"、"情空"，老子称之为"虚心"，庄子称为"心斋"、"坐忘"，诸如此类。在西方哲学的视阈，胡塞尔称之为"悬置"、"终止判断"。① 英国当代心悟训练专家大卫·冯塔纳认为："心悟是庄重的实践，能够产生最佳效果，但需要全身心投入"，需要"凝神静气，全神贯注"。② 朱小蔓教授在《情感教育论纲》一书中指出："教育过程应该是逻辑—认知与情感—体验共同构成完整的教育过程。"③ 推而广之，从诗意智慧的角度审视语文教学，它应该是"理性—非理性"与"诗性—非诗性"圆融的活动。因此，设计图景性的语文学习情境，注意培养学生拥有一个虚静、开放、平和、包容的心境，拥有一种向自然，向社会、向他

---

① 刘惊铎：《道德体验论》，人民教育出版社2003年版，第183页。

② ［英］大卫·冯塔纳：《心悟：宁静、内省和顿悟的艺术》，王晓秦译，吉林摄影出版社1999年版，第9页。

③ 朱小蔓：《情感教育论纲》，南京出版社1993年版，第25—225页。

人，向一切原来外在于自己的生命体开放的情怀，那么，学生就会发现诗意就在平常的日常生活、学习和工作之中，就在你—我—他的平常交往之中，他可以随时随地全纳到自然、社会、自我三重诗意的和谐存在与圆融互摄，心性宁静，观听自在，美感云涌，在有限与无限合一的无穷极处不断拓展生命的时空，涌现生命的奥妙。

二　掌握诗意的观世法

直觉一词源于拉丁文“Intuition”，不同流派的哲学家、心理学家分别从唯心主义和唯物主义的角度予以解读。在逻辑学盛行的西方，康德、柏格森、克罗齐、卡莱曾创造了用逻辑的形式表达关于直觉的理论。普拉特、彭加勒、哈达马、坎农、华勒斯等都曾对直觉现象作过描述。谢林、叔本华、尼采、弗洛伊德、克罗齐等从反理性的角度进行诠释。在理性主义的视角，直觉就是大脑在理性智慧的作用下透过现象对事物内在本质的直接把握、迅速理解和瞬间判断。而在非理性主义的视角，直觉是直接用心来理解现实的所是，而不是通过知觉或者概念，也不是通过观念或者理性的对象来把握现实。相比之下，苏珊·朗格的直觉理论则显示了西方直觉理论的进一步发展与完善。它主要表现为如下三点：(1)直觉是对事物的直接制察力。它不同于推理，不借助概念，却又包含着情感、想象和理解。它是基本的理性活动。(2)直觉是逻辑的开端，是语言和艺术产生的根源。(3)直觉不能离开经验，“它以全部人类精神为基础”。这其实包含了诗性智慧的基本内涵。在中国诗性文化里，从先秦诸子的寓言、《诗经》的比兴开始，直觉就如影随形，它伴随诗性智慧相继完成宗教世界之理性化（秦汉）、经验世界之心灵化（晋、唐）、对象世界之人文化（宋）、人文世界之自然化（中、晚明）的嬗变。诗意语文的任务就是要引导人们掌握这种“财富”，将直觉纳入日常的教育教学活动中，使学生养成直觉的习惯。

例如，我的本科生汪丹青写的汉字诗《海》。

一层层的白浪，一阵阵的安详，我看到前所未有的广阔天堂。

海，那么近，那么静，那么净。我一闭眼就听到了它的呼吸，一伸手就触到了它温存的臂膀。

我深吸一口气，清新而甜润，如饮甘霖，那是爱的味道，就像母亲的味道。

我轻轻地拥住大海，那温暖宽厚的胸膛，就像母亲的怀抱。

与海洋不同，母亲没有湛蓝的美丽，没有无法言说的神秘，生活的重担在她的心头，岁月伛偻了她的脊梁，也为眼角刷上几道皱纹。

但她似海，她有似海的魂灵。如海的浩瀚是她广博的爱，无边无际的淼水是她广阔的胸怀。

她似海，她自有她的伟岸。鱼儿伤心，大海隐去了它的眼泪；我伤心，母亲为我挡去心中的风雨。

于是，天晴了，心里的花儿都开了。

就像——面朝大海，春暖花开。

以理性智慧审视“海”字，中小学教师往往指向理性的造字法——形声。拆字往往会拆成左边三点水和右边一个每字。学生获得的往往是与学生情感、与他们生活图景无关的、冷冰冰的字典意义。而在这首散文诗中，汪同学另辟蹊径，直觉地将“海”字右边的部件拆成短撇一横和“母”字上下两个部分。开头着力描写海之广阔，海之纯净，海之温暖，然后通过海的这些品质，引申出“海”的右半部分——“母”，海的品质就是母亲的品质，海的怀抱就像是母亲的怀抱，而遮蔽在“母”字上的一撇一点则引申为母亲在生活上的重担，重担落在母亲的身上，压弯了母亲的脊梁，但这丝毫不影响母亲的伟大，她有海的魂灵，她有她的伟岸，通过这一层对比，突显出母亲与海内在的联系，散文的结尾重新回到“海”这个字上，面向大海，春暖花开，而此时的“海”，已经赋予了新的内涵，变成了一个有温度的字。

这首诗除了直觉的思维习惯发挥作用，还体现了汪同学运用了一种诗意的观世法。所谓的诗意的观世法，即采取一种物化与人化的手法使自然拟人化或人物自然化。使自然因人的情思投射而具有人的特质，自然万物一花一鸟、一树一石、一山一水都负载着人的深意、深情；使人具有自然一般的特质与本性，人的一举一动、一言一行与自然之物比德。缺乏这种诗意的观世法，学生眼中的梅兰竹菊不过是花草树木，人也不过是直立行走的动物。这无助于促使学生赋予自然“民胞物与”的诗意情怀，也无助于人与自然对接并且发展出一种人与物的和谐关系。在这首散文诗里，海洋的平静，安宁，就如同温柔的母亲在耳边低语，一闭眼就能听到的呼吸，一伸手就能触到的温存好像大海就在身边，好像母亲就在眼前。

三　变平面思维为立体思维

诗意语文教学除了培养学生直觉的思维习惯、诗意的观世法之外，还强意培养学生的左右大脑协同的能力，而左右大脑协同的关键在于语文教师课堂提问。目前，中小学语文教师的提问主要局限在理解层面的理性思维，依据认知的逻辑而不是诗意的图景，致使课堂的提问出现满堂问、零乱问、琐碎问的现象，达不到培养学生创造性智慧的目的。语文教学尤其是阅读教学，除了引导学生认知作者谋篇布局、遣词造句等“语言”因素外，更应该激发学生的情感，触发学生的遐思，让学生与作者的“言语”感同身受，达到提纯人性、涵养人文精神的目的。

如何进行创造性提问？创造性提问衡量的标准是：所有提问应做到部分和整体的和谐，教师的提问应该促进学生知识、能力和素养的整体融合，左右大脑协调发展，做到系统性、层次性、恰当性，帮助学生在语文学习的过程中达到科学精神与人文精神的“双重建构”，授之以“鱼”，又授之以“渔”。从语文教学内容和目标看，我们的母语教学不外乎就隐含的经验类信息转化为外显的编码化的信息，以及将外显的编码化的信息转化为新的隐含类信息。这两个过程均离不开学生自主性的“悟”，要促使学生能对言语活动的内容“言”与“意”之间产生顿悟，教师提问必须问得巧，问得曲，教师不能把问题的答案直接呈现在学生面前，而是让学生“跳一跳”能“摘桃”。变平面化思维为立体化的图景思维。立体思维方式表现在：整体把握，宏观调控，双脑协同，使脑能形成一种“突破性思维之场”，达到培养学生创造力的目的。

“立体化思维”的建立，一方面是图景展开、推进的结果；另一方面也是图景与情感、态度、价值观相结合的产物。它要求我们始终聚焦于问题的主要矛盾上面，而不是枝节问题；要求集中注意力关注“脑能应有状态”，追求更好的目标，在语文教学过程中，我们不仅关注学生作为“历史人”、“现实人”的状态，更应着眼于学生“未来人”的状态，想象学生未来“生活图景应有状态”，以及如何实现这些“应有状态”。

在设计问题时，教师必须立足于左右大脑功能的协同，从分析判断思维智慧培养、实用智慧、创造智慧培养三个维度设计立体型问题。例如：有位老师在教《狐狸和乌鸦》这一课时提了这样一组问题：①乌鸦前两次听了狐狸的话后是怎么想的？②为什么乌鸦前两次不答话，第三次听了却唱起歌来？③你认为乌鸦上当的原因是什么？④假如你是那只乌鸦，你有什么办法避免上当？⑤假如乌鸦和狐狸第二次相遇，乌鸦还会上当吗？狐狸又会说什么呢？乌鸦会怎么做呢？显而易见，前三个问题，教师是从左脑的角度设计的，其用意在于开发学生的“批判—分析性智慧”；第三个问题是从开发右脑潜能的角度出发，培养学生“实用—情境性智慧”；而最后一类问题是建立在左右大脑协同的基础上，突破了教材和学生现有“大脑应有状态”的局限，培养学生“综合—创造性智慧”。再比如，有位老师设计《小石潭记》的问题：其一，题目“小石潭记”的“小”体现在什么地方？写“石”有哪些句子？“潭”有什么特点？其二，假如要你给小石潭重新命名，你会命什么名呢？其三，小与大往往是相对的，同时也是相生的，请和作者比一比，你是如何处理大理想与小世界的？这些问题的设计，均有助于变平面思维为立体的图景思维，自然有助于学生诗意智慧的启迪。

第四章

诗意语文教学意义论

第一节　语文教学凸显谁的意义

自20世纪50年代以来，中小学语文教育领域先后进行了八次课改，课改的内容基本上是围绕“教什么”和“怎么教”进行的。20世纪60年代，老一代的语文教育研究大家吕叔湘先生从当时特定语境出发，站在语言学家的立场上，针对“教什么”给出了教“语言+文字”的答案；针对“怎么教”，他认为语文学习的过程如同游泳、乒乓球技能训练一样要注重“讲解、练习、示范”[①]，并在《语法修辞讲话》等著作试图为中小学语文教师构建了一个有用、有序的语文知识体系。这开启了“工具论”的语文教学意义探寻之路的钥匙。但难以意料的是，语文教学“工具论”意义逐渐窄化为字词句段篇章语修逻文的应试价值，语文教学“怎么教”也就演变为“知识拼盘”、“应试训练”，语文教学缺乏应有的人文情怀与个性表达。20世纪90年代，以《北京文学》、《羊城晚报》为代表的媒体开启了世纪末的“语文教学大批判”，批判的靶子均指向语文教学意义的工具性。在此背景下，抑制语文的工具意义，弘扬人文精神、宣讲人文意义成为时代的价值追求。进入新的世纪，基础教育课程改革采取中庸的做法，将语文学科的本质定位为“工具性与人文性”的统一，语文教学的意义自然也就是在二者的统一中寻找。无论是工具论，还是人文论以及统一论，研究的视角显然注重的是语文本身，甚少考虑语文教学主体的需要、主体的语文教学意义及生成。语文教学凸显谁的意义及如何生成语文教学意义是语文课程深度改革不应忽视的课题。

新课程改革之前，颇受人诟病的是语文教师占住了课堂，教师彰显了

---

① 吕叔湘：《关于语文教学的两点基本认识》，《文字改革》1963年第9期，第42—45页。

知识的霸权；而新课程改革后，受“尊重学生的学习地位，不以教师的讲解代替学生的理解”等精神的影响，学生的主体性得到发挥，“小老师”占住了课堂。有人戏言“课改前，学生跟着教师跑；课改后，教师围着学生跑”。无论哪种“跑”，中小学语文教学质量难以尽如人意，这是不争的事实。语文教学应该突出什么样的主体，凸显谁的意义呢？从主体论视角审视，语文教学的主体是多元的：汕头大学的王富仁教授早在2003年就在《语文学习》第1期撰文说“在语文教学活动中，必须同时坚持三个主体性——文本作者的创作主体性、授课教师的教学主体性、学生的学习主体性”[①]；而倪文锦、欧阳芬、余立新在主编《语文教育学概论》教材的时候补充了“教材编者的编辑主体性”，扩展为“四个主体性的统一”。语文教学领域的每一个主体均有主体性，均有存在的价值，但这些主体及主体性如何统一到语文教学中来，凭什么统一呢？

一　文本作者的主体性及语文教学意义

文本作者的主体，依照王富仁先生的观点，他或她有自由表达自己的思想感情的权利，对于自己的作品是有主体性的。[②] 尽管文本作者不一定是为了语文教师的“教”和学生的“学”而创作的，但他或她撰写文本是有其意义考量的。文本的意义实际上掌握在“作者”手中，语文教师“不能脱离开文本本身仅仅向学生灌输自己的思想和感情和自己希望学生具有的思想和感情”，“必须在作者与其实际的或假想的读者对象之间的关系中、在作者及其所处的具体的语言环境中充分理解并体验作者通过文本所表达的思想感情以及文本语言作为这种思想感情的载体的作用”[③]，这就导致语文教学意义局限在文本及文本作者意义的解读、复述与灌输上，教“教材”而不是“用教材教”。也就是说教师首要的任务就是准确地理解作者蕴含在文本中的意义，然后语文教学程序自然围绕“学会理解课文中蕴含的作者所要表达的意义”而展开。

以蔡亚老师执教《珍珠鸟》为例[④]，作者主体意义探寻的教学方式大体如下：第一环节，教师引导学生整体阅读，从作者的称呼、珍珠鸟的形

① 王富仁：《语文教学与文学》，广东教育出版社2006年版，第34页。

② 同上。

③ 同上书，第35页。

④ 蔡亚：《〈珍珠鸟〉教学设计》，《教学与管理》2014年第12期，第52—53页。

态等方面体会作者对珍珠鸟的“喜爱之情”；第二环节，教师引导学生认识作者与珍珠鸟相处的过程，体会并交流作者与珍珠鸟之间“美好的境界”；第三环节，研读表现珍珠鸟感情的词语，让学生感受字里行间珍珠鸟对作者的“信赖之情”；第四环节，教师引导学生看人与动物和谐相处的图片，激发学生“爱鸟护鸟，与动物和谐相处”的情感。从这个教学设计可以看出，蔡老师并没有严格遵循“作者简介—写作背景—段落大意—中心思想—写作特色”的传统教学程序，但总体而言是属于“作者主体的实证主义文本意义探寻”范式的。其语文教学意义的探寻是以追求对教材文本作出可靠诠释作为根本目的与价值追求。语文教学意义探寻的方法与步骤也就体现在如下几个方面：其一，阐释作品的社会历史背景；其二，把握字里行间作者的情意；其三，理解作者借助文本刻画的形象所展现的人生境遇及价值追求。

这种意义探寻法主张文本的社会现象与自然现象本质而言都是一种既不以教师的意志也不以学生的意志为转移，完全由作者支配。因而，文本的解读建立在客观事实的基础上，对作者表现的给定性意义进行客观的呈现、表现、再现，其目的在于探究文本背后的社会真实性、作家倾向性以及文本影响的社会功用性。对于授课教师而言就是要求教师尊重文本作者的创作主体性，对于学生而言就是要把自己首先设定在“倾听者”的地位上而不是“评判者”的地位上，努力感受和理解文本作者所要表达的思想感情并在这种感受和理解的基础上发现文本本身的美，进而从美感感受中感到趣味。① 不利因素在于使得师生这一创造性的读者成为被动、消极、无所作为的消费者，使得语文教学活动难以成为创造性运用语言文字符号创造文化的智慧活动，作者的意义只能沦落为“贩读”。

二　语文教师的主体性及语文教学意义

什么是语文教师的教学主体性？那就是语文任课教师有根据自己对文本独立的感受、体验和理解解读文本和独立地组织语文教学的权利。尊重语文教师的教学的主体性，首先要尊重语文教师在课堂上以自己真实的独立的感受和体验分析和讲解文本的权利。其次就是要尊重任课教师的主体性，愿意感受和了解语文教师对这个文本的感受和理解，并以此为基础深

① 王富仁：《语文教学与文学》，广东教育出版社 2006 年版，第 36 页。

化自己对文本的感受和理解。语文教师的教学主体性还表现在语文教师组织教学的主动性和自由性上。①

以《珍珠鸟》为例，对于此文的意义，中小学语文教师仁者见仁智者见智，搜罗起来，大概有如下几种学说：其一，和谐说。认为文本作者通过人和鸟的互动，凸显人与自然的和谐。其二，信赖说。认为本文的作者为鸟儿营造了一个自由、宽松的、值得信赖“家”一般的环境，消除鸟儿对人的戒备，人与怕人的鸟儿达到亲如一家的境界。窦桂梅老师在教学本篇课文的时候，发挥教师解读文本的主体性，她认为每一个读者在阅读文章的时候，都会读到自己心中的“主题”。就《珍珠鸟》来说，有老师读到了“境界”，读到了“真好”，读到了“亲近”……而她在阅读、解读教材的过程中，开始时考虑以“家园”为主题——围绕“笼”与“巢”展开教学。最后把教学主题确定为“信赖”，是因为课文结尾的话：“信赖，往往创造出美好的境界。”其三，欣赏囚禁说。郭初阳老师认为，“小鸟”就是因为历史涂改、教育掩饰而丧失苦难记忆的中国文人，而相对自由的“大鸟”则是有着苦难记忆的老一辈自由主义知识分子，文中的“我”当属于权力拥有者，本文的意义在于隐喻现时中国文人的境遇：视囚禁事实不见，反而美化这种生存状态，以为有了吊兰与透着些许阳光的笼子，就不再是笼子；主体性自由与依附性安全，不假思索地选择后者——“决不飞出去”；听不见有着苦难记忆的大鸟生气的叫声，而要栖止于权力者的身边肩头，做小鸟依人的阴柔憨态，与屈原式“众女嫉余之蛾眉兮，谣诼谓余以善淫”一脉相承。②

正如“一千个读者就有一千个哈姆雷特”，那么“一千个教师自然就有一千个莎士比亚”，因教师秉持的语文教学观念以及教学价值取向不同，获取文本的意义以及语文教学的意义自然也就大相径庭。无论哪一种意义解读，教师语文教学意义凸显的实质是语文教学知识霸权、教学霸权的体现。从语文教学意义的价值取向看，这种意义探寻是在追求对教材文本作出可靠诠释的基础上凸显教师作为主体的个性化存在与价值追求。具有如下几个方面的特点：其一，独特性，教师对文本意义的探寻以及语文教学

① 王富仁：《语文教学与文学》，广东教育出版社 2006 年版，第 38—39 页。

② 郭初阳：《笼外之笼——我是如何解读〈珍珠鸟〉的》，《人民教育》2005 年第 5 期，第 35 页。

意义建构凭借的是自己独特的人生体验、文本独特的感受以及个性化的语文教学价值追求；其二，为我性，语文教学的意义忠实教师主体的价值追求和思想观点；其三，权威性，无论是文本意义探寻的方式，还是语文教学组织、引导，教师均发挥知识权威的作用。从语文教学意义探寻方法看，主要是结合教师主体的人生体验、阅读经验考察作家与所处时代、环境的关系；结合教师主体的语文教学价值追求选取并建构语文教学内容；根据学生的具体情况开展语文教育教学活动并对学生语文学习的结果进行有个人观念的价值评价。

教师主体语文教学意义探寻及建构的本质是实证与主观的统一：第一，文本分析、语文教学意义建构遵循的逻辑就是必须立足作者个人主观意识背后的纯粹给定的“客观事实”——社会背景、文化基础等，对这一客观事实及其背后支配文本人物存在、发展和变化的规则进行求真式的描述和分析，力图对人物在特定语境中所反映的行为、思想等种种“事实”作出合乎社会规律、甚至命运规律的“科学”界定，进而对这些“事实”涉及的人与人、人与事及其关系进行界定分析并推断相关人与人、人与事等因素必然存在的因果关系。第二，在对作者给定的客观“事实”进行考据式分析的基础上，发挥教师主体独立解读文本的主动性与自由性，尤其是人生体验与阅读经验的个人作用。第三，发挥教师主体教学目标建构、内容确定以及教学程序安排的主体性。教师主体语文教学意义的探寻和建构有利于凸显教师主人翁地位和发挥教师的主观能动作用；不利的因素在于过分彰显教师主体的作用，自然忽略学生主体的作用，更深的原因在于语文教学意义是教师基于自我人生经验及阅读经验建构起来的，语文教学自然成为教师个人意义传达、诠释的活动。

三　教材编辑的主体性及语文教学意义

除了文本作者主体、教师主体，还存在教材编者的编辑主体。作为教材编辑主体，他们是具有一定语文教学专业知识、教材编辑专业技能以及语文教学意义意识的人。编辑所面对的客体主要有如下几个方面的因素：其一，直接进入教材编辑活动接受编辑主体作用的各种文本；其二，国家颁布的教学大纲、课程标准等语文教学指导性文件以及社会主流的语文教学观念；其三，语文教的主体和学的主体；其四，各类文本的作者。其主体性自然就是根据一定的语文教学观念，客观审视编辑客体各要素关系，从而编写出既有利于教师“教”语文，也有利于学生“学”语文所呈现出来的本质属性。概括起来，主要有文本理解表达的主观能动性、教学内容安排的专业性以及教材体例编排的创造性。

仍以《珍珠鸟》为例。从文本理解与表达的主观能动性看，教材编辑主体拥有对教材作品的选择、增删、改编的权利。比如，冯骥才先生撰写原文，开头第一段是这样表述的：“真好！朋友送我一对珍珠鸟。放在一个简易的竹条编成的笼子里，笼内还有一卷干草，那是小鸟舒适又温暖的巢。”[①] 这句话尽管讲清楚了朋友送我珍珠鸟的事实，但笼子以及笼子内的干草是谁设置的，指代不明，给人无限解读的可能。人教版编辑将“朋友送我一对珍珠鸟”这句话后的句号改成逗号，借此表明：朋友也是爱鸟之人，送我鸟儿的时候就体贴地在鸟笼内放置一些干草，精心地为鸟儿营造了一个舒适的家。而苏教版的教材编辑改写比较大，将原文改写成：“真好！朋友送我一对珍珠鸟。我把这对鸟儿放在一个用竹条编成的笼子里。笼子里还有一卷干草，那是小鸟舒适又温暖的巢。”这就突出了文本“我”的作用，笼子和干草都是“我”爱鸟行为所施对象，侧面凸显“我”的爱鸟之情。再从结尾段落看，原文的结尾是这样的：“我笔尖一动，流泻下一时的感受：信赖，往往创造出美好的境界。”这表明作者的感受是信手拈来之作，不是有意拔高文本的思想境界。人教版编辑忠实原文，没有修改；而苏教版的编辑改为：“看着这可爱的小家伙，我不由自主地发出了一声呼唤：信赖，不就能创造出美好的境界吗?”陈述句改成反问句，感情自然增强不少，但也给人刻意为之之感。

从教学内容安排的专业性看，任何文本作者主体不都是刻意为中小学语文教师的教和学生学语文而撰写的，编辑主体的专业性首先表现在对国家颁布的语文课程标准等文件精神理解的透彻性与符合社会主流的语文教学价值观念的把握上；其次，还体现在对作者主体、教师主体和学生主体语文教学意义的把握和处理上。人教版小学教材编辑为了凸显“生活中的启示”的单元主题及叙事写物的散文的体裁要求等语文意义，在编排《钓鱼的启示》、《通往广场的不止一条路》、《落花生》等文本后，把《珍珠鸟》当成课外略读课文处理。《教师用书》也强调教学的要点在于：其一，

---

① 冯骥才：《珍珠鸟》，《人民日报》1984 年 2 月 14 日。转引自傅德岷、卢晋主编《教你欣赏中国散文名篇》，黑龙江科学技术出版社 2013 年版，第 121 页。

正确认识13个生字，能有感情地朗读课文；其二，读懂课文内容，理解课文最后一句的含义，体会作者的思想感情；其三，领悟信赖是人与动物和睦相处的基础，激发学生爱护动物、善待生命的感情；其四，继续练习用比较快的速度默读课文，提高默读能力。培养略读、快速阅读能力的意图十分明显。苏教版编辑将该文的价值意义定位在“讲求诚信”单元主题范畴，与《诚实与信任》、《九色鹿》一起构成讲读课文。教学要点确定为：其一，说说在“我”的努力下，人和珍珠鸟之间的信赖关系是怎样逐步建立起来的；其二，联系生活体验，对“信赖，往往创造出美好的境界”的广泛意义发表自己的见解；在你看来，为了在人与自然、人与人之间创造这种境界，我们应该做些什么？其三，朗读课文，画出交代“我”举动的词句；其四，作者对小鸟神态、动作的描写之中融入了自己的喜爱之情。请你从文章中选择一两个例子加以分析。编辑一方面落实字词句语文工具性教学意义；另一方面强调语文教学应培养学生的道德品质，尤其是从动物保护的主体衍生出与自然、社会和谐相处的诗意情怀。

从教材体例编排的创造性看，首先表现为编辑主体对教材助读系统的设计与安排上。新课改以前的老教材，限于知识本位，助读系统主要局限在语文知识能力的维度；而新课改后，学生主体意识的增强以及语文素养发展的全面性等因素的影响，助读系统呈现五彩缤纷的现象。人教版五年级上册的课文导读：通过普通的落花生，我们体会到了做人的道理；从人和珍珠鸟的交往中，我们又能获得哪些启示呢？读一读下面的课文，想想“我”是怎样逐渐得到珍珠鸟的信赖的；结合生活实际，和同学交流对“信赖，往往创造出美好的境界”这句话的体会。苏教版编辑在文后安排的四个课后练习：其一，朗读课文，背诵最后四个自然段；其二，用钢笔描红（8个字）；其三，读一读，抄一抄，再听写（10个词语）；其四，默读课文，说说珍珠鸟是怎样逐步“信赖”我的。另外，编辑主体创造性还体现在教学目标建构、教学程序安排以及语文教学评价建议等方面。

总之，发挥编辑主体的主观能动性能够保证语文教学意义的针对性，发挥编辑主体的专业性能够保证教材编辑实践活动的性质、方向，发挥编辑主体的创造性能够保证语文活动因素的自觉选择，决定了编辑活动结果的合目的性，使其成为教师主体和学生主体所期望和需要的价值物。当然，教材编者的主体性虽有一个发挥的空间，但也是有一个限度的，它必须接受作者的主体性为它设定的这个特定的空间，必须避免那种离开文本本身许可范围进行纯属于自己的天马行空般的自由发挥，必须避免那种脱离开对文本作者的基本理解而进行的不着边际的思想批判和艺术挑剔。[①]国家课标等纲领性文件有意无意、或直接或间接地支配、统率着编辑主体的编辑行为。编辑主体的语文教学意义本质上离不开“国家意志—教学制度”的分析框架。尊重编辑主体的主体性，有助于教师把握国家语文教学的意志。编辑是客观的主体，但在语文教学实践中并不意味着所有的编辑事实上都已经成为语文教学的主体，也不等于编辑主体所呈现的语文教学意义就一定成为事实上的语文教学意义。

四　学生学习的主体性及语文教学意义

《义务教育语文课程标准》（2011 年修订版）指出：“阅读是学生的个性化行为，应引导学生钻研文本……不应完全以教师的分析来代替学生的阅读实践，也要防止用集体讨论代替个人阅读，或远离文本过度发挥。”这就意味着语文教学意义的建构和传达离不开学生学习主体性的发挥。所谓学生的主体性，是指在教学实践活动中，作为主体的学生在教师的引导下处理同外部世界关系时表现出来的功能特征。

学生这一主体性具有如下特点：其一，自主性。在学生的生活中，实际存在一个学生的世界，学生是这个世界的主人，他自主地审视自我与自然的关系、自我与社会的关系，学生在审视自然、社会的同时对自我进行自由的、能动的、自主的同化。《义务教育语文课程标准》倡导尊重学生“个性化阅读”的权利，在某种意义上看来，其实质就是促进学生通过阅读文本，通过与文本作者、文本人物进行自由对话，从而自主、自由地社会对象化。学生的语文素养发展必然受到文本、文本作者、教师等因素的影响与制约，到这些因素必须以学生主体性发挥作为逻辑前提，没有学生学习的主体性与主动性，就没有文本作者、教师的主体性。其二，自由性。自由性是指学生主体认识到文本的本质，掌握了语文学习的规律，能够驾轻就熟、游刃有余地运用语言文字符号，随心所欲地完成语文学习任务所产生灵活性与机动性。这表明学生的语文学习既接受教师的教育引导，又不受教师教导的约束；既学习教师思考问题、解决问题的思维方

---

① 倪文锦、欧阳芬、余立新主编：《语文教育学概论》，高等教育出版社 2009 年版，第 116 页。

式，又不受这种思维方式的约束；既认识到文本作者所反映的社会生活内容及依托文本所表现的人生志趣，又融会贯通到自己的生活及语文学习的经验中去。其三，独特性。每一个学生有着独特的个性，有自己独特的内心世界、精神生活和内在感受，有着不同于文本作者、教师的观察、思考和解决问题的方式，有强烈的主人翁意识，敢于独立探索，积极寻求发展机会，而且能够自我调节、自我控制，追求最大限度地发挥自身潜能，因此，学生并不是单纯的语文学习者，而是有着丰富个性的独特的人。其四，创造性。创造性是学生在语文学习过程中体现出来的主观能动性。学习和自由创造是密不可分的，无论是对文本的解读，还是表达自己的思想情感都离不开学生的创造。创造是主体本质力量的最佳实现，它表现为创造性过程和创造结果。创造过程就是主体在言语实践活动中自主、自觉地发挥自己的聪明才智，富有创造性地提出问题、分析问题和解决问题。创造性是学生主体性最本质、最主要的特征，是主体意识能动性的表现。

还是以《珍珠鸟》为例，在新课程改革，尤其是语文学习方式改革的推动下，学生的自主、合作、探究学习权利得到了一定程度上的尊重，主体性得以发挥：从自主性看，现在中小学语文教师大都给学生准备导学稿，让学生课前自主疏通文本字词，自主读出文本感受并结合珍珠鸟活动的时间、范围、动作特点等填写表格，自主把握文本内容；从自由性看，中小学语文教师普遍采取“用我最喜欢的方式朗读课文”、“选择我最喜欢合作的对象”等进行所谓的“独学”、“对学”、“群学”；从独特性看，语文老师通常采取“初读有声，我的声音最好听”、“快速浏览：我的眼睛最锐利”、“精读课文，我的感受最独特”等方式去读出自己有个性的感情以及发表有个性的感受；从创造性来看，我们的老师通常会让学生站在自己的立场去审视我和珍珠鸟一样的动物、植物乃至人与自然的关系。这种语文意义建构和传达本质上而言是从“以教定学”转变为“以学定教”。这种尊重学生学习主体的语文教学意义探寻，本质而言是以满足学生个性化阅读等实用功利需要为目的的阅读。

著名舞蹈家金星谈及舞蹈作品的意义时指出：舞者往往只完成舞蹈作品50%的意义建构，其余的部分需要观众理解和解读。同样的道理，相对于语文教学而言，文本作者的意义建构也只能是部分或大部分体现语文教学的意义，剩余的部分需要发挥学生学习的主体性。伽达默尔认为，“文学作品的每一次新的阐释就是一次新的未知的探险，因为，在与艺术品对话的每一瞬间，说话人聚集了已言说的东西，并同时向对方传递无限多样的尚未言说的东西。艺术阐述者正是要参与这无限多的未说意义之中。这就使每次艺术对话都包含了一种内在的无限性”。这就意味着文本作品的意义不是一成不变的，不同时代、不同读者阅读同一部作品会得到不同的理解，会获取不同的语文意义。因此，文本并非是一个自足的客体，相反，它如同一部乐谱，静止的音符之所以散发生活的韵律就在于演奏者精彩而有个性的解读与演奏。正是在这种动态的“演奏”与文本之间的交互作用中，文本的意义、学生学习语文的多元化意义才得以形成。尊重学生语文学习的主体性包含着两个层次的含义：其一，全部的语文教学活动从教学大纲的制定，到语文教材的编订；从教学参考书的编写，到语文教师的课堂教学，都必须落实到学生的“学”上，都是为了尽快提高学生的人文素质和语文素质的。其二，在整个语文教学活动中，学生都是一个积极主动的参与者，而不是一个被动的服从者。这表现在学生与文本的关系中，就是学生不是被动地记忆、模仿文本作者的文本，而是一个站在与文本作者平等地位上努力感受和理解文本作者的思想和感情的读者。① 不利的因素在于，尊重学生的主体性意味教师主体地位的弱化，学生获取的语文意义意味受限于自我粗浅的生活阅历和不成熟的阅读经验，其语文教育意义的建构自然也是碎片化、感性化的。

第二节　语文教学的意义是什么

语文教学想要凸显什么意义？是强调文本的中心思想？还是强调教学的人学主题？是教师文本细读的考据、义理和词章？还是学生自然生成的诗意？诗意语文从主体论视域审视认为，诗意是人的文化修养的最高表现形式，也是语文教学的灵魂，语文教学的意义只有依托言语实践本体，才会促使学生圆融教师主体、文本作者主体以及编辑主体的意义，这个意义不是客观的定在，而是经受生命感动、言语表达、自然流露的情思、意旨。缺乏诗意的语文教学，是干旱的季节里生长出来的苦涩之果，学生心灵亟须诗意之水的浇灌，学生生命亟须诗意之水的滋养；当我们的课堂变得绿意葱茏、鲜花盛开之际，也就是语文教学走进一个崭新的诗意

---

① 王富仁：《语文教学与文学》，广东教育出版社 2006 年版，第 42 页。

的课堂之时。

一　意义内涵的多学科视野概念分析

意义是一个运用广泛的词语，不同的学科领域有不同的认识，日常生活中也有多种多样的理解。从人类文明进化史的角度看，与其说人类的历史是斗争史，不如说人类的发展就是不断赋予过去、现在、未来以意义且不断实现意义的过程。人类其实生活在“意义”之中，我们走过的路，看过的风景，表面看来，似乎没有什么意义，但正因为相遇，这一段路是属于你的，不仅属于你的过去，还属于你的现在，乃至你的未来；你相遇的风景，比如一朵花是你眼中的花，如果你看它一眼的时候，你笑了，这便是一朵含笑的花。人类一直是以相遇的情怀赋予自然、社会，乃至自我或明确、或含混，或理性、或感性的意义去实现存在的意义，这些意义也就造就了不一样的人生。

从词源的角度看，所谓的“意”，指的是“志也”（《说文》）。而“志”，从心，士声，意为心愿所往。“义”，从我，从羊，“我”是兵器，又表仪仗；“羊”表祭牲。本义是合宜的道德、行为或道理。所谓的“意义”，指的是事物、概念的内容与含义，引申为“价值、作用”。“她活得真有意义”、“这本书写得很有意义”、“诗意语文的时代意义”诸如此类，意义在语用的范畴可以说是无时不在、无处不在。从不同学科审视，意义的语用自然有不同的内涵。

在哲学的视野，不同的哲学流派基于不同主体、对象、语言及其关系的认识，自然诞生不同的意义学说。粗浅地概括，主要有如下几种论述：其一，指称说，意义就是语词所指示的对象。罗素认为，一个名字乃至一个简单的符号，直接地指一个个体，这个个体就是它的意义。在唯物主义看来，意义并不是什么神秘的、虚无缥缈的主观认识，它是人的社会存在和社会实践的产物。语词之所以能够指称事物就在于客观事物不以人的意志为转移。其二，观念说，意义是语言所代表的观念。柏拉图以来形而上学理论一直视意义为超自然的、独立的、不变的实体，是“绝对精神”的产物。很明显，这种观点具有唯心主义色彩。其三，行为说，意义是在某处特定环境下，行为人的主观认识和客观实践相结合产生的价值、影响。“意义体现了人与社会、自然、他人、自己的种种复杂交错的文化关系、历史关系、心理关系和实践关系。”这是典型的辩证唯物主义，吸取主观唯心主义和客观唯物主义的优点，将意义视为人的主观能动性与客观实践的结合。其四，用法说，意义即用法，通过语言的使用活动或交际活动来形成和体现。阿德勒博士指出，人是社会化的动物，人的意义、人生的意义需要与他人、与他事乃至他物发生联系而产生，在联系的过程中，人心中的意念，或者说人格决定了人存在以及人生的状态。①

在传播学的范畴，比如红绿灯本是一个交通管制的符号，红灯停、绿灯行成为社会守法公民的公共知识，但在车辆骤然增加，车祸接连不断的背景下，国家交管部门加大闯红灯的处罚力度，就赋予红绿灯这一符号扣分、罚款以及取消驾驶资格等现实意义，由此生发开出，红灯、绿灯成为守法与违法、规矩与逾矩的代名词。从这可以看出，任何符号都与一定的意义相联系。人类日常传播表面看是符号的传播，实质上是精神、态度、价值观等内在的自然、社会和自我规则的接受、理解、运用，这些精神、态度、价值观的内在规则就是传播产生的意义（meaning）。所谓的意义，就是传播中人基于对自然事物或社会事物内在规则的认识赋予特定符号以特定的含义，是符号化传递、交流的精神内容。

在阅读学的范畴，所谓意义不是文字静态的“文意”，而是阅读时文本时读者心灵所产生的“情思、意旨”。不同的读者基于不同的人生阅历以及不同的阅读目的，自然会产生不同的内心感动，因此，同一文本，不同的人读出的意义是不同的，这就是为什么会出现“一千个读者就有一千个哈姆雷特”现象的原因。台湾学者简政珍以阅读诗歌为例，指出：其一，诗的意象不是指涉人生的固定意义，它可能是显露意义的多重指涉；其二，没有人生指涉的意义，并不意味着诗作没有意涵；其三，一般所说的没有意义，指的是第一层次的“文意”，但在第二层次上观照，却另有意涵；其四，即使面对没有文意的诗作（非常不可能，只能说是文意的指向难以调理），并不意味阅读就没有意义，文本对读者所做的一切，就是富于意义的阅读事件；其五，只有为迎合鼓吹没有意义的论述，“恶性拼贴”创作的才可能没有意义。②

在文艺学的范畴，关于文学创作本质认识不同自然有不同的意义概说。其一，再现活动说，指的是文学艺术的意义是创作主体对外在客观世

① ［奥］阿德勒：《自卑与超越》，曹晚红、魏雪萍译，汕头大学出版社 2009 年版。

② 简政珍：《台湾现代诗美学》，北京大学出版社 2014 年版，第 163 页。

界的模仿再现。当然，这种再现与动物的再现活动不同，马克思认为动物和它生命活动是直接同一的，动物不把自己同自己的生命活动区别开来，它就是这种生命活动。这种活动是一种纯粹的维持生命的本能活动，一种无意识的被动适应自然的活动。而人的文学艺术活动，尽管是再现客观世界，但这种再现是人的本质力量对象化的自由与自觉的活动。所谓“自由”，指的是人的文学艺术活动是建立在关于对艺术化对象世界本质与规律认识的基础上的有选择、有意识的精神性创作活动；所谓“自觉”，指的是这种创作活动是有目的的、有计划的、有步骤展开的，把属于人、属于人类的本质力量对象化为客体，或把客体对象化为人类自身。其二，认识表现说，指的是文学艺术是创作主体把对自己对客观世界本质认识的主观思想、意识抒发表现出来。在客观反映现实的基础上，这种观点强化了创作者的主观能动性，因为客观世界以及自然的生活是泥沙与珠玉俱在、是非黑白混同一块的，创作者只有基于一定的价值判断以及理想追求才会在质朴的生活现象中提炼、塑造具有普世价值的文学形象。哲学的存在与意识的互相关系理论出发，文学艺术的意义自然是创作主体对于客体的认识与反映。其三，审美意识说，指的是文学艺术的意义是创作者基于审美需要进行创作活动形成的情思、意旨。创作者受不同教育以及不同的价值观引领，文学艺术的意义也会呈现多重意识——作为哲学意识形态、政治意识形态、法律意识形态、道德意识形态、审美意识形态等。苏联美学家阿·布罗夫认为，“艺术引起人的一种称之为审美的状态，而根据艺术家本人证实，艺术创作本身的特征首先是具有这种状态，没有它，艺术作品无论如何不可能被创造出来”。其四，艺术交往说，指的是文学的意义不是创作主体认识、表现、创造出来的，而是读者通过与文本、与文本作者以及自己生活对话、交流形成的价值、情思。作为交往、对话的文学艺术，客观生活、作家、作品和读者共同构成的一个交往结构，它们的关系是生产、消费、分配、交换互相之间的交往关系。

总之，从不同的学科审视，意义是有主体的，同一个概念，不同的人使用就会赋予该概念不同的内涵；意义是有对象的，不同的词语形容不同的对象就会产生不同的意义；意义是有情境的，同一个符号在不同的语境也会产生不同的意义。一言以蔽之，所谓的意义指的是主体在特定情境进行特定行为自然生成的情思、意旨。

二 意义外延的多学科视野概念分析

如果说，意义的内涵涉及本质论；那么，意义的外延则涉及划分。同样的道理，不同学科自有不同的标准，划分意义的要素自然出现不同的形态。分析意义的外延、把握分类标准并根据标准进行意义类型划分，有助于认识主体从不同侧面来把握意义的特征。

从传播学的角度看，根据传播过程意义清晰程度划分为明示性意义与暗示性意义。所谓明示性意义指的是符号本义；而暗示意义指的是符号隐喻、引申意义。比如，夕阳，明示意义就是傍晚的太阳，而暗示意义则有可能指向人的老年或事业的陌路。其次，根据意义的功能可以将意义划分为指示性意义和区别性意义。所谓指示性意义指的是将符号与现实世界的事物联系起来进行思考之际的意义。所谓区别性意义，指的是表示两个符号的含义之异同的意义。指示性意义是通过符号与赖以存在的事物联系来实现的，比如，当我们说“汉语文”这个概念的时候，它的意义是通过言说者联系汉民族语言文字声音、现状等联系综合体现的。而区别性意义是通过分析符号与符号间的关系来显示的，比如，汉语言与英语言的区别在于，一个属于表意，一个属于表音。另外，从意义的本质和适应范围可分为内涵意义与外延意义。所谓内涵意义，指的是一个概念的本质属性，所谓外延意义，指的是概念符号所指示的事物的集合。例如“诗意”这个概念的本质是内心感动后反思的情思、意旨；那么外延就可以列举出年轻人与老年人、山东人与山西人、中国人与外国人、自然社会与自我的诗意等。①

所谓言内行为，指的是说出某个具有意义的语句，即说话本身，说出话语的声音中的词汇，语法结构中有意义的话语行为，有一定的语音、词汇，符合语法关系，有一定的意义和所指；所谓言外行为，指的是说话人通过说出某个语句来实施某种行为，往往表达字面以外的其他意思，即话语意义与语句本身意义不完全一致；所谓言后行为主要是从受话人角度分析，指说话人说出的话语对受话人的行为、思想、信念、情感等方面所产生的效果或结果，既可以是说话人预期的，也可以是预期外的。美国符号学家莫里斯（Charles Morris）根据概念意义的范围分为指称意义（referen-

① 本节参考了郭庆光主编《传播学教程》，中国人民大学出版社1999年版，第48页。

tial meaning)、语内意义（intralingual meaning)、语用意义（pragmatic meaning)。所谓指称意义（referential meaning)，指的是语言符号所反映的客观世界，也即词语的概念意义；所谓语内意义（intralingual meaning)，指语言的语音、词语、句子和篇章成分之间所体现的意义；所谓语用意义（pragmatic meaning)，指语言与其使用者的关系，语言可以揭示语言使用者的身份、背景、态度、感情，显示语言使用的环境等。

从哲学的角度看，语言是人际间交流思想、传递信息的媒介，言语是语言在特定环境中的具体运用，意义产生于言语实践中话语的表达和运用。基于此认识，意义可分为言语符号的字面意义、言语符号的语境意义、言语符号的语用意义。所谓字面意义，指的是在不同的语境中，由不同的使用者使用时，言语符号本身所能表达的基本的、核心的意义。字面意义是在长期的使用中约定俗成的，由使用者共同赋予、共同认可，不因使用环境的变化而变化。所谓语境意义，在特定的语境中，由特定的使用者使用时，具体言语所表达的真实意义及附带产生的联想意义。所谓语境意义，指的是在特定语境中产生的，不能脱离具体语境而存在。"言无定义，义随境生"，同一言语符号，在不同的语境中使用时，其语境意义有时会与字面意义相同，有时也会有所不同，甚至相去甚远。所谓语用意义，语言使用者在特定语境中运用特定言语时，所要实现的意图或对目标接受者施加的影响。语用意义又称为交际意图、使用者的意思，它回答的是"为什么说这个""为什么这么说"这样的问题。①

不论从哪一个角度划分，一个概念的意义生成大概离不开概念本身字面的指示意义，概念表达、运用主体的情思、意旨、目的，概念运用赖以存在的语境以及概念主体、行为及语境的关系。例如，"当心地震"这个概念分析，首先，从字面意义分析，它指的是直接表达此处有"地震自然灾害"的含义并隐含着"地震来临要注意规避"等语义；其次，从言说主体分析，我们可以探寻言说者的意图，这些字是谁写的？是不是开玩笑？什么时候写的？当时情况怎样？"地震"指的是什么？是指人们通常说的地震，还是指可能发生人事变动之类的事。然后，结合表达的语境，该概念的诞生，是汶川地震发生时，还是反腐倡廉的背景，地震自然由自然与社会概念的区别。最后从表达者与主体发生关系的角度看，当心地震是朋

① 韩刚：《言语符号的三层意义》，《现代语文》（语言研究）2007 年第 8 期，第 26—27 页。

友对朋友的暗示，还是举报者对被举报者的警示？关系不同，意义的内涵自然不同。

三　语文教学意义的概念分析

阿德勒博士多年从事个体心理学的研究，他发现：对于个体的人来说，他或她必须面对三个事实：其一，自然的生活世界。人类居住在地球这个贫瘠的星球表面，受自然条件的限制，人类目前还无法脱离地球的表面去讨生活。基于此事实，人类要努力发展自己的身心及头脑以保证人类的未来得以延续，也要努力寻找到一份职务，做好本职的工作从而为人类的生存作出一份努力。其二，人类的社会世界。人类任何一个个体并不是人类种族的唯一成员，其四周还有其他人，个体需要活下去就必然要和其他人、和周围的环境发生联系。这就意味人类要过群居的生活，过一种唇齿相依、和谐共存的生活。这意味人与人的相处需要发挥人类内在的善性以及构建一种积极的关系、符合普适价值的规则。其三，自我的本能世界。所谓本能的世界，在他看来就是自我与异性的联系。人与异性的接触和结合是每一个男人或是女人都无法回避的。人类在面对这个事实时的所作所为，体现了他对生活给出的某种答案。“爱情，以及其结果的婚姻，都是对异性伴侣最亲密的奉献，它表现在心心相印、身体的吸引以及生儿育女的共同愿望中。”从这我们不难看出，爱情和婚姻不仅仅是本能的生理的结合，还是自然、社会审美的结合，因为这种结合不仅是为了两个人的幸福，而且也为了人类的利益。

与此相比较，语文教学也面对三个事实。其一，生活的归真世界。因为意义可以是客观世界的再现或表现，那么语文教学再现的自然离不开文本作者的生活、学生的生活和教师的生活等，当然学生的生活是语文教学意义再现的根本依据。再现或表现的语文教学意义法则在于归真，归于生活的自然或自然的生活，那么学生面对语文的时候，不会觉得这是别人的生活，是编者、教师强加给我的。其二，社会的求善世界。语文教学的意义还可以是认识或表现的情思、意旨，这种情思、意旨取决于人类社会个体与个体、个体与集体关系的求善认识、理解、接受。其三，个体的审美世界。语文教学意义还可以是审美的，因为语文教学终归是借助语言文字符号塑造学生成为理想自我的活动，其意义也就让学生走在追求塑造自我的路上。

语文教学的意义分析自然也就离不开教学主体、教学对象、教学行为、教学语境及其关系等要素的考量。基于言语实践本体论、学生主体论以及语言表达价值论思考，所谓的语文教学意义，指的是学生主体在老师的指导、组织、示范下进行言语实践与自然、社会、自我对话且进行言语表达获得的归真、求善、至美情思、意旨。

第三节 语文教学意义如何生成

语文教学的意义究竟是怎么来的？是语文教师主体教的，是作者主体写的，是学生主体学的，还是编辑主体编的，似乎都是，似乎都不是。如果只是重视单一的主体性，突出某一主体的语文教学意义，这就好比是一群人在种树。有人握住语文的思想枝杈，将触角延伸到缥缈的云端；有人摘下语文的语言叶片，捣碎成知识的良药一口一口喂到孩子的嘴里；有人吸吮语文的乳汁树干，把语文的情感倾泻教学的大地；还有人想修饰语文的文本形式姿容，疏密有间成理想的华盖……；也好比盲人摸象，摸到大象耳朵的说语文教学的意义像蒲扇，摸到大象躯体的说语文教学意义像墙壁……。这一群人教来教去，其实，一方面忘记了树之根本——实践——能够圆融互摄语言工具性与德育人文性的言语实践；另一方面忘记了所有主体的语文教学意义必须依托语文教学本体——言语实践——综合作用学生，促使他们的语文素养全面而和谐的发展。

一 言语实践本体视域下的学生内涵

为了学生语文素养全面而和谐的发展是语文教学意义的根本目的与终极追求。这就需要对学生有透彻的理解。在教育学的范畴，我们对学生的认知比较流行的观点有：其一，“在校读书的人”，“向老师或前辈学习的人”；其二，学生是不成熟的个体，正在发展中的人。显然，这些认识都不是、或不都是从形式逻辑的角度对学生进行理性分析，既不是性质定义，也不是功能定义、发生定义，仅仅是对学生的学习任务与发展状态进行描述而已。如何认识学生，首先我们需要认识什么是人。

古人曾言：“天地之间，人为贵。”帕斯卡尔认为，“人只不过是一根苇草，是自然界最脆弱的东西；但他是一根能思想的苇草。用不着整个宇宙都拿起武器才能毁灭他；一口气、一滴水就足以置他于死命了。然而，纵使宇宙毁灭了他，人却仍然要比致他于死命的东西更高贵得多；因为他知道自己要死亡，以及宇宙对他所具有的优势，而宇宙对此却一无所知。因而，我们全部的尊严就在于思想。正是由于它而不是由于我们所无法填充的空间和时间，我们才必须提高自己，因此，我们要努力好好地思想；这就是道德的原则。能思想的苇草——我应该追求自己的尊严，绝不是求之于空间，而是求之于自己思想的规定。我占有多少土地都不会有用；由于空间，宇宙便囊括了我并吞没了我，有如一个质点；由于思想，我却囊括了宇宙。”荀子认为：“人之所以为人者何已也？曰：以其有辨也。”（《荀子·非相篇第五》）这一思想基本概括了人之所以为人的最主要的、最核心的内容，是其他动物不可比拟的“思辨”，有思辨，人就能学，就能判断，就能去伪存真、去恶从善。近代颇引人注目的是恩斯特·卡西尔的观点，他倡导应当把人定义为符号的动物来取代把人定义为理性的动物。[①] 学生有着人的一般属性，即具有能动性、情感性、创造性和人格的健全性；同时学生又有着不同于人的一般属性的特殊性，即学生具有发展性和以学习为主要任务。我们应该树立的“完整”的学生概念是人的一般性和特殊性、生物性和人文性的高度结合体。简而言之，学生就是创造性地运用符号学习一切陌生东西，从而生成理想自我的人。好学生就是有明确目标且化目标为行动坚持天天进步的人。

（一）从时间维度看，学生是凭借且依托言语实践将“历史人”、“现实人”、“未来人”整体融合的“完整人”

“历史人”指的是学生是拥有文化背景、历史积淀和早期经验的人。作为“历史人”，学生大脑里保存了人类从古至今500万年进化基因的全部信息，它包含了人的生活所必需的最重要的本能和自律神经系统的功能，以及道德、伦理观念乃至宇宙规律等人类所获得的全部文化信息，这些信息大都以语言文字符号的形式存在、延续。“现实人”指的是学生在现实中是尚未成熟正在发展的人，需要借助语言文字符号和现实世界交往、对话，从而变不成熟为相对成熟，在相对成熟的基础上，在新的符号暗示和指引下成为新新不已的发展中人。“未来人”指的是学生经过在言语实践中创造性运用语言文字符号将自己塑造成理想式样的人。“历史人”

---

① ［德］恩斯特·卡西尔：《人论》，甘阳译，上海译文出版社1997年版，第34页。

是基础，“现实人”是成功的关键，而“未来人”则是应达到的目标，三者的整体之所以能够整体融合，就在于言语实践的综合作用，促使学生在言语实践过程中成为“立体人”、“完整人”。把学生作为“完整人”，语文教学既要肯定学生潜藏着巨大发展能量的事实，培育和发展学生创造性运用语言文字符号的智慧，让学生能够在自主、多元互动的言语实践中对话自然、对话社会、对话自我，给予学生全面展现个性力量的时间和空间，从而促使学生的语文情商、德商、智商等基本素养形成和谐共振的效应；也要正视学生的不足，以动态的发展目光看待学生作为“现实人”的角色，相信每一个学生都潜藏着各方面发展的极大可能性，施以恰到好处的教育，将发展的可能性转化为现实性。

（二）从学习内容看，学生学习语文是凭借且依托言语实践学习“生活知识”、练就“生存技能”、感悟“生命意义”，从而自主塑造“主体人”

在学生的语文学习领域，实际存在一个既与作者、与教师、与编者不同又与之相关的语文世界。在这个世界里，学生凭借且依托言语实践自我聆听珠落玉盘的琵琶、高山流水的琴瑟所传达的生活韵律，吟诵先秦繁星、汉宫秋月所蕴含的人生况味，从李太白的杯中酒、曹雪芹的梦中泪里汲取人生经验，更会在庄子的逍遥云游、孔子的颠沛流离、屈原的上下求索中感悟生命的意义。如果说自然学科凭借劳动工具，采取工具实践的方式来掌握物质世界；人文社会学科凭借精神工具，采取精神实践的方式来掌握的精神世界，那么，学生的语文学习自然就是凭借语言符号这一工具，通过言语实践的方式实现自我世界的掌握，从而实现自主塑造“主体人”的人学主题。学生作为“主体人”，要塑造理想的自我，首先必须积累处理各种关系的知识、经验、规范及行为习惯、禁忌等。然后尝试扮演各种社会角色，在自主的生活实践的基础上习得“生存技能”，在此过程中去悟透“生命意义”。生活知识、生存技能、生命意义，三者是统一不可分的，它们都借助并依托语言文字符号圆融在语文一个个文本里，生存技能里包含了生活知识与经验；生活知识、经验是习得生存技能所必备的条件；有了真正生存的技能，人的生活质量才会提升。悟透了生命意义又能促使学生自主地走向生活走向社会，自主地将自我与自然、社会巧妙地融合，从而更好地塑造“主体人”的形象。生活知识、生存技能是获得生命意义的阶梯，生命意义是学习生活知识和生存技能的动力。这一切均有赖于学生语言文字符号理解、运用的能力和智慧。正如爱因斯坦说：“要是没有语言，我们的智力就会同高等动物不相上下，头脑中保留的原始性和兽性就会达到难以想象的程度。”《义务教育语文课程标准》（2011 年修订版）认为：“语文教学应该成为对生长、成长中的人的整个生命的成全。”从生命成长的高度来说，每一节语文课教学都是不可复制的诗意与智慧综合生成活动。学生是语文教学的主人，语文就是一门充满诗意的学科，诗意是语文的生命，诗意语文是基于对语文本质的领悟，是对语文本质的回归。

（三）从学习方式看，学生是凭借且依托言语实践娴熟“工具智慧”、涵养“精神智慧”、融汇“符号智慧”而整体发展的“创造人”

正如上一节所论述的，人类进行实践活动有三种形式：一是人与自然的活动，即生产活动，借助劳动工具才能得以开展，可称为“工具实践”。学生学习物理、化学、手工或劳动等“工具实践”类课程，获得的是“工具智慧”，为将来成为“劳动人”奠定扎实的基础。二是人与社会的关系，主要通过精神活动实现人的某种理想，可称为“精神实践”，学生学习哲学、社会、历史等“精神实践”课程，涵养人文精神，从而获得“精神智慧”（亦称为“人文智慧”），成为“文化人”。三是人对自己的活动，主要是通过创造性地使用符号认识自己、改造自己，自主发展人性、提升人格，从而获得“符号智慧”（亦称为“言语智慧”），成为“符号人”。作为“劳动人”，人正是通过劳动来建立与自然界、他人以及自己的现实关系，并逐渐改造形成他自己。作为“文化人”，在接受文化熏陶的过程中，认识他人、认识社会、认识人生，从而促使自己由“生物人”向“社会人”进化。作为“符号人”，人能够创造性地使用言语符号，获得言语智慧，从而较好地协同“劳动人”、“社会人”，成为个性鲜明的、人格完善的“创造人”。语文教学视学生为“创造人”，教师就应该尊重学生的主体地位，一方面把学习的主动权还给学生，让学生自己选择学习的方向，确定学习的目标，参与发现自己的学习资源，决定自己的行动路线；一方面将语文的工具性和人文性统一到言语实践，让学生在多元的言语实践中自我或群集地娴熟“工具智慧”、涵养“精神智慧”与融汇“符号智慧”；另一方面还要克服语文知识本位、语文应试本位思想，采取以言语实践为本体的自主、合作、探究等多元化的学习方式，增加学生言语实践机会，使语文教学从静态走向动态，从封闭走向开放。

（四）从学习结果看，学生是凭借且依托言语实践生成“自然性”、

“社会性”、“审美性”巧妙融合的“诗意人”

人的“自然性”指的是人的发展自身固有的一种发展倾向，“社会性”指的是人的发展受到政治、经济等因素的影响与制约而形成的社会对象化，而“审美性”则是人的发展自我欣赏与塑造理想化。从生物学的角度看，学生与一般生物一样是以个体的形象独立存在天地之间，而作为社会化的“类”的存在物，他或她又时时处在人与人的种种关系之中，这就意味着他们还要走向他人，走向社会，随时准备与另一个他或她相遇。正如马丁·布伯所言“人类之初即有关系——它是人之本质，始终存在，是人之渴求，是心之所依”。无论是生物学的自然个体，还是社会学的社会类的群体，学生的发展始终处于变化之中，处于未曾相识的自我相遇、发现与所造之中，这就意味着学生具有审美性。小原国芳说：“国语教学不只是简单的文字或字母用法和段落句读的问题，除此之外，更重要的是内容问题。国语不是训诂之学，而是活思想问题，是川流不息的生命。”推而广之，语文课本应是活思想之课，是活生命之课。“活”的关键就在于能否促进学生具有自然人的社会化，社会人的审美化。其实质就是语文教学的外在教学目的凭借且依托言语实践触发学生内心的感动，自然生成审美化的情意，从而发展成为“诗意人”。作为诗意人，他或她既能够诗意地栖居在自然的世界，也能诗意地栖居在社会的世界，并且变自然的世界、社会的世界为自我的审美世界。把学生当成“诗意人”看待，语文教师才会珍视学生的“独特性”，在目标上瞄准学生的“完整性”，在实践中发展和完善学生的“创造性”，从而真正凸显学生的“主体性”。

二　主体间性视域的语文教学意义生成

语文教学凸显谁的意义？因为学生是语文教学的对象，把学生培养成“完整人”、“主体人”、“创造人”、“诗意人”自然就成为语文教学的根本目的与终极关怀，那么，尊重并发挥学生的主体性，凸显学生的语文教学意义自然成为语文教学唯一选择。问题是从学生主体出发，语文教学该如何处理文本作者主体的意义、教师主体的意义、编辑主体的意义呢？自语文学科 1903 年独立设科以来，无论是语文教育研究者，还是实践工作者大多将精力花在客体——语文的研究上，110 多年来在语文工具性意义与人文性意义及其关系争论不休。无论发生多少次的争论，无非就是工具性与人文性意义分配的比例孰轻孰重而已。

例如如何分析《爸爸的花落了》一文中“花”的意义。从指称论的视域看，柏拉图认为一个普通名词之所以能够在同一意义上用于许多不同的个别事物，是由于存在着这些词所命名的实体[①]。课文标题之“花”是一个名词，这个名词之所以有意义，就在于名词代表着命名的实体——自然植物之花。爸爸的花落了其意在于表明爸爸所种的花儿凋谢了。联系文本的情境，作者一方面以参加小学毕业典礼的过程为明线；另一方面以自己成长往事的回忆为暗线，隐含着爸爸的爱与自我的成长。因此，“花”还有爸爸的生命之花与女儿成长之花的含义，爸爸的花儿落了一方面表明爸爸生命的凋谢；另一方面也表明女儿成长之花的成长。因此，这篇文章的语文教学工具性意义就在于明暗线双线构思训练，人文性意义就在于如何让学生认识并体验作者在父亲关爱下成长的快乐、失去父亲的痛楚以及对父亲的思念。这种意义分析概括起来不外乎如下几个步骤：其一，“花”作为语言文字符号这一客体所表达的实体含义；其二，作为客体之“花”赖以存在的语境及构成语境要素关系，从而揣摩表达者的“原指意义”与“引申意义”；其三，“花”这一客体作为意义具有者所具有的影响、作用和价值。这些客体意义或许是作者所要表达的“意义”，但不能等同教师的语文教学意义，也不能等同学生学习的语文教学意义，更不能等同编辑的语文教学意义。

近代哲学自笛卡儿和康德以来，哲学家们把认识的视角聚焦在主体方面，凸显了人的主体性。语文教学意义的探寻自然从文本作者、教师、学生以及编辑入手。语文教学意义探寻先后诞生了“学生主体”或“教师主体”的“单一主体说”，“教师主体 + 学生主体”的“平行双主体说”，“教师主导学生主体”的“主体—主导说”以及“作者主体、教师主体、学生主体、编辑主体”相互制约、相互促进的“复合主体说”。什么是主体？从词汇学的角度看，所谓的主体指的是事物的主要部分，语文教学尽管涉及“教”与“学”两个部分，相对而言，“教”是为了“学”，那么主体自然是“学”。从哲学的角度看，“主体”是与“客体”相对而言的。比如，在人与自然的关系比较中，“主体”是指人与自然世界相互作用过程中的社会实践者、行为的主动发起者、改造者、控制者和活动的承担

---

① 许宏：《西方语言哲学与俄罗斯的语用学研究》，中国社会科学出版社 2012 年版，第 6 页。

者。因为人不仅是自然的存在物，而且是有意识、有思维的社会存在物，具有认识客观世界、改造客观世界的能力，所以只有人能够充当客观世界的主体。“客体”是指主体认识和实践指向的对象，是纳入主体活动的范围、结构，从而与主体发生现实关系的客观存在。在语文教学中，如果视教师为“教”的主体，那么学生是教师“教”的对象，学生自然成为客体。就教与学的关系看，学生的主体性地位得到了教学理论界和教学实际操作者的广泛确认，越来越多的人认为：学生是在教师的指导下的认识、实践和发展的主体。什么是学习的主体，简单地讲就是指积极地投入学习活动，充当学习的主角，创造性地运用语言文字符号进行言语实践活动的学生。

如何发挥学生的主体性自然成为凸显语文教学意义的关键。在思想史上，主体性被人们以不同的形式强调过。如“康德、黑格尔等人突出了人作为精神意识的主体性，非理性主义者如叔本华、尼采等人强调的是人作为情感、欲望、意识活动的主体存在。而到了存在主义哲学家那里，人作为个体的自由、选择等个体的‘生存’的主体性被显著的凸现出来。”① 而马克思指出：“主体性指的是社会实践者的特性，是以实践活动为轴心而展开的主、客体关系中主体的特性。”② 德国心理学家恩斯特·卡西尔：“人只有在创造文化的活动中才成为真正意义的人，也只有在文化活动中，人才能获得真正的‘自由’。”③ 主体性是人作为主体在同客体的交互作用中表现出来的功能特性。一般体现为自主性、能动性、创造性。从自主性看，所谓的主体性指的是人拥有作为活动主体的权利以及人作为活动主体的自为性，所谓“自为”简单地说就是“为自”。这里的“自”既指个体的人，也指代表个体志趣、利益、价值的集体、社会、国家乃至整个人类。从能动性看，所谓的主体性就是主体对于主客体关系的自觉性、目的性与选择性；而从创造性看，人的主体性是指人作为活动主体的创造性。因此，学生的语文学习主体性是学生在“对象性活动中表现出来的本质特征”，是外部信息的能动选择表现出来自觉性、选择性，也是外部信息的内部加工在原有认知结构、思维方法、情感、意志、性格等的综合作用表

① 田守花：《学生主体及其发展探析》，《安徽电力职工大学学报》2001 年第 2 期。

② 陈佑清：《从认识主体到实践主体》，《中国教育学刊》2000 年第 1 期。

③ ［德］恩斯特·卡西尔：《人论》，甘阳译，上海译文出版社 1997 年版，第 5 页。

现出来的独立性、创造性，还是在语文教学活动中在教师的引导下处理同外部世界的文本作者、编辑主体等关系时所表现的为“我”性、自主性、能动性、创造性。

学生在语文学习过程中如何发挥主体性呢？在古希腊哲学阶段，哲学家们探讨的主体性是从本体论的角度审视的，世界，尤其是构成世界的本源、存在，现象背后的本质成为认识的对象，那么，认识世界的人自然成为主体，认识主体和认识对象构成主客体的关系。到了近代，哲学研究的中心由本体论转向认识论。研究的主题与视角由世界的本源、现象的本质嬗变为认识的来源，主体性的认识与发挥自然与认识能力强弱、认识来自经验抑或来自理性、认识的途径和方法等因素有关。到了现代，哲学的发展又从认识论阶段进入了语言哲学阶段，实现了所谓的语言转折。胡塞尔、哈贝马斯等人提出主体间性理论（intersubjectvity）为主体性问题提供了一个独特的思维路径。所谓的主体间性，指的是主体通过发挥自己的主体性与其他主体保持理解关系的属性，主要包含理解性、通融性和共识性。不同主体之间之所以能够发生相互理解、融通、共识的关系就在于语言，就在于语言符号运用的实践，即言语实践，或称为话语实践。“哲学之所以由本体论转向认识论，是因为离开认识来讨论存在是收不到成效的；哲学研究之所以又由认识论转到语言哲学，是因为不论研究存在还是研究认识，都要首先弄清楚哲学语言的意义。所以研究语言的意义就成为语言哲学的首要任务。”①

《义务教育课程标准》指出“语文课程是一门学习语言文字运用的综合性、实践性课程”。“语文课程致力于培养学生的语言文字运用能力，提升学生的综合素养，为学好其他课程打下基础。”福柯认为，“知识是由话语实践按照一定的规则所构成的一组要素”，“知识是一个人能够在话语实践中能够谈论的东西”②。在语文教学活动中，文本作者、教师、编辑主体都是语文教学活动的主体，他们是以主体间性关系为纽带共同作用于学生，是在言语实践中生成的理解、融通、对话、共生、共创、共展的归真、求善、至美诗意关系。语文教学活动自然也就是学生创造性运用语言文字符号认识自然、理解社会、塑造自我，从而生成理想自我的言语实践

---

① 周志培、陈运香：《文化学与翻译》，华东理工大学出版社2013年版，第20—21页。

② 石中英：《教育哲学》，北京师范大学出版社2007年版，第111页。

活动。受学生的诗意生成性本质和语文诗意生成性本质影响，语文教学的意义生成内容主要有：其一，生成知识，语文知识是学生语文素养发展的基础；其二，生成智慧，诗意智慧是学生语文素养全面而和谐发展的关键；其三，生成精神，诗意精神是学生语文素养全面而和谐发展的动力。

语文教学意义生成的方式自然有如下几种方式：其一，自然归真型意义生成，指的是学生主体通过言语实践置于自然的客观世界，生发自然的生命感动，从而生成归真的诗意。比如，杏林子的《生命，生命》一文，在授课的第一环节，教师引导学生概括出文本中3个关于生命的实例"飞蛾求生"、"砖缝生苗"、"倾听心跳"，进而让学生选择自己感触最深的事例，反复品读，引导学生自主提出疑问，例如"飞蛾为什么会极力鼓动翅膀？它想干什么呢?""是什么让瓜苗在没有阳光、没有泥土的恶劣的环境下破壳生长的呢?""为什么那一声声沉稳而律动的跳动给了作者极大的震撼?"让学生去聆听飞蛾、瓜苗、心跳的真实声音，接着开展言语实践："飞蛾挣扎着，极力鼓动翅膀，是因为它想________。""瓜苗冲破坚硬的外壳，是因为它想____________。""心跳沉稳而有律动地跳动着，它在说____________。"学生自然能够把自己最真实的感知、最自然的感动表达出来。其二，社会求善型意义生成，指的是学生主体通过言语实践在与教师主体、文本作者主体、编辑主体对话过程中比较、判断、选择，从而生成切合社会主流价值的诗意。在《生命，生命》一课的第二环节，教师以奥斯特洛夫斯基所说名言作为过渡，然后让学生探究飞蛾、瓜苗、心跳所蕴含的精神品质。接下来，继续开展言语实践："生命之花遍地开，它是飞蛾不放弃、勇于奋斗的决心和毅力；它是种子____________；它是心脏____________。"目的在于让学生生成作为社会个体应该拥有的良善品质。其三，自我至美型意义生成，指的是学生主体通过言语实践通过言语实践在与教师主体、文本作者主体、编辑主体对话过程中比较、判断、选择，从而生成切己的、独特的诗意。在《生命，生命》的最后环节，让学生回到自身，开展言语实践："这就是我的生命，单单属于我的。我__________。"学生生成归真的诗意——生命之花在我们身边绽放，求善的诗意——生命之歌在我们耳边环绕的基础上生成至美的诗意——生命之诗在我们心中吟唱。

三　基于言语实践的语文教学意义生成

上文的论述表明，纯粹以文本作者为主体的语文教学意义，重视的是作家思想意图在文本中的意义表达；以编辑为主体的语文教学意义，强调的是宏观层面的国家意志及语文教学意义的普遍意义；以教师为主体的语文教学意义，凸显了教师作为语文教学的知识霸权；而以学生为主体的语文教学意义，即把意义生成看作一个生成的、动态的语言实践活动和过程，他和其他主体构成了主体间性的关系。

回到《珍珠鸟》一课，倘若回到言语实践本体论，让学生主体充分发挥语文学习的主体性，其意义生成又会发生什么样的变化呢？请看笔者的教学设计。

首先，笔者让设置一个自然的情境，让学生置身绿意盎然的世界，聆听鸟儿悠扬的鸣叫，生发自然的生命感动。接着，开展言语实践："我听到鸟儿的鸣叫，我会说________。"学生自然能够把自己最真实的感知、最自然的感动表达出来。在此基础上，采取"初读有声，整体感知"、"再读有情，揣摩心理"的方式，让学生品味珍珠鸟和"我"的词语，继续开展言语实践："这是一只________鸟，还是一只____________鸟。""我从（　　）词语里，看到作者（　　　），还看到（　　　　），他是一个（　　）人。"学生主体通过言语实践在与教师主体、文本作者主体、编辑主体对话过程中比较、判断、选择，从人与自然和谐相处的情意，进而生成尊重、体贴动物等切合社会主流价值的良善品质。最后，让学生一会儿聚焦文本描写珍珠鸟的语句，一会儿审视描写"我"的语句，然后巧妙组合形成文本写作的思路，掌握"交替式"构思的基本思路，结合文本小鸟的梦练习"交替式"构思表达，目的在于让学生主体通过言语实践在与教师主体、文本作者主体、编辑主体对话过程中比较、判断、选择，从而生成切己的、独特的诗意。

从这个教学实例看，学生主体的语文教学意义不是编辑主体、文本作者主体以及教师主体的"定在"，而是学生进行言语实践中圆融编辑主体、文本作者主体以及教师主体的话语建构。

第四节　诗意语文教学意义的把握

诗意语文是归真、求善、至美的语文，其意义生成自然也就有自然归真、社会求善、自我至美的层次之分，如何把握教材的语文教学意义，是语文教学内容安排和资源整合的逻辑前提。阅读是一种复杂的状况，由读者的阅读状态、读物的质量和读者的阅读水平构成。从语文教学意义把握的角度看，语文文本的阅读自然也就有如下的层次与方式：其一，“语象阅读”：教师和学生对词语有“语言敏感”（画出词语并分类）；其二，“物象阅读”：在与文本作者对话中进行“现实体验”（圈出作者表现的事物、人物、景物）；其三，“情象阅读”：体验并理解作者的、编辑的情志；其四，“意象阅读”：分析教师、编辑以及文本作者追求“人人心中有，个个笔下无”的“审美观照”；其五，“心象阅读”：把握文本内容以及结构、手法、修辞等文本形式之于自我为人、为文的价值、意义、方法。

一　力学，感知语象

英国美学家、艺术批评家贝尔在其代表性理论著作《艺术》中提出著名的艺术定义“艺术是有意味的形式”[①]。任何文本的创作都是作者人生经验、审美方式以及价值追求等“意味”表达的结果。文本的意义、意味、情调和韵律都融合在语言文字符号之中，语言文字符号起到了意味载体的作用。确定语文教学意义，首先就面对语言文字符号。这些文字符号是建立在文本的本体构成意义上的自在，是文本内的基本“存在视象”，它是阅读的基础与起点，是有规律形式的意义存在。因此，学术界美之为“语象”。所谓“语象”，借用蒋寅先生的观点，就是文本中提示和唤起学习者具体心理表象的文字符号，是构成文本的基本素材。[②] 语象只是呈现自身，不表明任何与己无关的意义或事物。它的生成机制就是指文字符号进入文本的构成活动而发生的三维分解：其一，能指词的音响结构作为物质实体保存下来；其二，所指显明的意义转换成存在的世界图像；其三，能指词约定的所指转化为“存在视象”[③]。

作为语文教材的文本是一种由文字符号组织构成的语言存在体。语象对于语文教师和学生而言，注意力主要聚焦于语言的形式，即文本存在的形式。在这个阶段，教师和学生均要做到通过视觉系统的作用，对语言文字符号和它们的组合关系进行感知，在此基础上，再剖视外露于浅层的文

---

① 孙志宜、肖玮、徐宗品主编：《人文艺术名著导读》，合肥工业大学出版社 2011 年版，第 207—209 页。

② 蒋寅：《语象·物象·意象·意境》，《文学评论》2002 年第 3 期，第 74 页。

③ 陈晓明：《当代文学与文化批评书系》（陈晓明卷），北京师范大学出版社 2011 年版，第 21 页。

本营构秩序和感知文本的律动。例如，小学语文人教版三年级下册的《燕子专列》一文，从文本的营构秩序来看，文本是先介绍 1990 年瑞士春天的特别寒冷天气，然后介绍从南方来的成千上万只燕子遇到严寒冻得岌岌可危的情形，接下来重点介绍瑞士的人民如何救助燕子。把握这种文本构成的次序，学生学习语文就会形成一个语象的层次结构，语文教学意义的确立也就有了一个基本的程序与环节。任何艺术作品都要通过相对完美的艺术秩序和营构形式加以物质化和固定化。文本的内容需要相对严整的秩序来组构和表达，一定的秩序制约着文本内容的表达。因此学习者要进入语象境界，首先必须对物质化的语言符号以及借助语言符号营构的文本秩序进行感知。需要指出的是社会生活的多元性以及作者感知生活的个性化导致文本营造的秩序具有多重性和复杂性。学习主体对文本的秩序观照往往只能借助熟悉的认知结构去类推未知的、或然的文本结构，这就导致对文本结构的认识只能停留在是否完整与和谐的美学评判标准上。

文本的律动即文本的节奏，它是由声音节奏和文本内在运动的节奏有机地组合起来的，受作者的个性气质的制约。不同气质的作家写不同题材和体裁的作品，文本的律动绝不相同；同一旗帜的作家写同类题材，其作品的律动也会迥然不同。对文本律动的把握，一般也是由感知语言构成的外在形式入手，熟知声调的轻重、缓急，文句的长短、整散，字音的响沉、强弱，语流的疾徐、曲直等，然后推知文本各部分的开承起合，情节的张弛变化，事态的波澜曲折，场景的转换跳跃等内部运动的形式。回到《燕子专列》一文，中山市纪中三鑫双语学校的田莉老师深得其理，按照“天气、燕子、人们”三个陈述对象，分别筛选“气温骤降、风雪不止、皑皑白雪”，“长途跋涉、饥寒交迫、濒临死亡”，“冒着严寒、顶着风雪、四处寻找”三组词语，指导学生联系自己的生活，体味这些词语所包含的韵律。老师给出这样的示范：“大地盖上厚厚的白棉被，一家人围着火炉，风雪在窗外敲门的时候，我看见了风雪不止。”学生自然读懂这些词语所包含的“象”：大地盖上厚厚的白棉被，一家人围着火炉，风雪在窗外拼命敲门，动物一个劲儿地哆嗦着，我看见了风雪不止；天空放弃了全部的白银，空投三天，飘，飘，飘，风在惊叫，候鸟被寒冷追赶，被饥饿威胁的时候，我看见了风雪不止；天空太贪玩了，用雪白的涂改液，一层又一层，把大地全都涂上了白色，可怜的燕子在茫茫的雪地里，再也找不到晚餐，我看见了皑皑白雪；整个树林都是金黄金黄的树叶，密密麻麻，一阵秋风吹来，黄叶唰啦唰啦，在空中上下随风飘落，我看见了黄蝴蝶满天飞舞；雪疯狂地糟蹋着这个地方，风胡乱地吹，夹着雨，鹅毛满天飞扬，阻挡了燕子回家的路，我看见了满天飞舞。

需要指出的是，立足语象的教学，从认知论来看，获得语文教学意义的阶梯上是最基础的，与文本作者的意义没有什么必要的联系，因为语言形式、学习者、客观环境等因素都处于孤立状态，语文学习者对文本作者营造的“心理语境”和“话语语境”缺乏穿透性的感知、理解、顿悟，很难把语言形式与自身、自然、社会联系起来。所以，语象阶段的学习，学生不能把语文的规律和语文运用的逻辑同化为思维规律和自己的行为规律。这时的语文学习者虽然是自觉的，但绝对不是自主的，更不是自由的。学习者对教师和教科书有一种盲目的信赖，缺乏独立的分析、鉴别和改造能力。“模仿性强、创造性弱”是这种境界学习的主要表征。

学生接受教师和教科书所传达的信息也只能是语言，而不是言语。语言是社会化的一种规范的符号系统，而言语则是使用语言工具进行交际的过程，是个人的心理现象。语言是从言语中概括出来的各种语言要素规则的总和，言语是人们运用语言的行为和结果。语言的学习重在分析、理解，言语的学习重在感受和实践。学习者要超越这个效率低的境界，就意味着超越自己现存的精神世界。其主要的策略是从情商的角度入手，激活主体的记忆表象，诱发“兴趣”和“注意”两个心理因素，促进大脑皮层的某一区域产生优势兴奋中心，而周围其他区域的神经活动便受到抑制，于是主体进入了一种专心致志、全神贯注的心理境界。这种境界会激发一种求知情绪，给主体学习铺设一条入情之路。与此同时，学习者从整体上把握文章的语言形式，进而从总体上、复合印象上获得某种感官的愉悦，自然进入作者设计的语象境界。

二　好学，探索物象

物象，简称“象”，是艺术家注目、发现的能够表达“意念”而选择相应的纯自然景物，它是作者在作品里借助语言形式表现的客观物质和人文的类存在物，由具体名物构成的语象。“心境万物生”，作者的感情活动不可能抽象地进行，必须“神与物游”，附丽于物。物象的语言排斥空洞的语词和概念，它往往以直观的、直接的象来表述发话主体的心理感受，它不是一般意义的表象，而是融入了发话主体对客体感悟的思想情趣，是一种鲜活的生命体，它往往成为一种可以体验的生命体。王昌龄在《诗格》中说："诗有三境，一曰物境，欲为山水诗，则张泉石云峰之境，极丽绝秀者，神之于心，处身于境，视境于心，莹然掌中，然后用思，了然境象，故得形似。二曰情境，娱乐愁怨，皆张于意而处于身，然后驰思，深得其情。三曰意境，张之于意而思之于心，则得其真矣。"他提出了"物境"、"情境"、"意境"三个并列的概念，其过程可归纳为由"物象"转化为"情象"再转化为心物融合的意象。因而，物境、情境、意境也就是物象、情象和意象。作为作家，面对大自然的形形色色的事物，欲要勾勒出描写如画而又意蕴丰富的意象，其着眼点还是在于如何去选择物象。而学习者欲要对作家的心灵进行解读，也必须对作者提炼经验世界的物象有所了解。所以，语文学习就内容而论，真正起点就是探究作者怎样选择物象。

就语文教学意义把握而言，文本研读的真正起点其实就是探究作者怎样选择物象。它越过了字词句局部语象的理解和形式的复述阶段，进入到通过阅读材料营造的客观世界和作者的理想世界去探索一个个问题。读者与作者都是以"本我"的身份以文本为媒介发生心灵的碰撞和灵魂的问答，其中读者的主观能动性主要表现在以自己的"经验物象"去观照作者的设计"理想物象"，或者以自己的"理想物象"去类推作者创造的"经验物象"，或者融合作者的"经验物象"与读者自己的"经验物象"去创造理想的"未来物象"。比如，笔者指导华中科技大学附属小学孙贤发老师执教《魅力的晋祠》一文时，首选把晋祠的山、树、水等物象提取出来，然后针对这些物象分别开展教学。请看"聚焦晋祠的山"片段教学：

1. 听读，展开想象

师：同学们不要翻开书，你们闭上眼睛听我来念念，我一边念啊，你们的脑子里会飞进很多东西，你们把这些飞进的东西记住噢。待会儿老师要请你们来说说，都有一些什么东西飞进了你们的脑中。

这里的山，巍巍的，有如一道屏障；长长的，又如伸开的两臂，将晋祠拥在怀中。春日黄花满山，径幽香远；秋来草木萧疏，天高水清。无论什么时候拾级登山都会心旷神怡。

（教师开始读第二自然段，每个学生都认真地闭上眼睛在那聆听想象着）

师：来到晋祠，游览这里的山，你看到了什么？你还看到什么？（要求学生快速回答）

生：我看到了山高高的。

生：看到了山连绵起伏。

生：看到了金灿灿的野花……

2. 引读，体验感情

师：看到这么美丽的山，你的心情是怎样的？

生：欢呼雀跃。

生：心旷神怡。

师：当春日来到了晋祠，你似乎看到了满山的……

生：（想象画面读）。

师：当春日来到了晋祠，你似乎闻到了……忍不住读……

生：（想象画面读）。

师：当秋日走进了晋祠，你似乎看到了……

师：请大家齐读课文，读出自己体验到的感情。

3. 悟读，表达体验

师：不动笔墨不读书。请大家拿起笔来，再说说晋祠的山是怎样的？

言语实践：

无论什么时候拾级登山都会心旷神怡

因为，这里的山高大崔巍

因为，这里的山野花遍地

因为，＿＿＿＿＿＿＿＿＿＿

＿＿＿＿＿＿＿＿＿＿

如此这般，这一语文学习的过程是一个由“作者、读者、作品”三者构成的“主体间性对话”的过程，顺应中小学生天生的“缪斯性”，让他们聚焦作者的物象去读出生活的画面，更读出自己的内心，即切己表达，在自然、社会与自我三重诗意流之中圆融互摄。在这种“间性对话”的主体双方，总有一方是“虚缺”的。从写的角度说，读者是假想的读者，真正的读者出现在文本完全成型之后。从读的角度说，作者并没有站在读者的面前与之直接对话，而是隐藏于文章背后。所以在于物象境界的学习，学习兴趣对学习起到重大的推动作用。学习者通过文本与“虚位”的作者对话，并由此进入对方的心灵，进入一个未知的心灵，进入一个潜藏于文本中的作者的心灵，从而实现由文本到文本的跨越，由关注语言向学习言语的提升。这种状态的学习，自觉的态度常使他们产生探究的欲望，而自主探究又使他们对学习产生更浓的兴趣，形成学习中的良性循环。

三 悟学，体验情象

情象是语象、物象学习阶段的发展与提升，是语文学习意识由单维性质向多维性质的过渡。情象是经过作者情感和意识加工，由一个或多个物象组成、具有某种意义的语象结构。这里说的情是情景、情节和情意的简化。情景体现语言和客观世界的关系，社会与自然的关系，以及学习者和文本的关系。情节体现语象所反映的事物和事件的发展进程。情意是情感和意义的结合，是作者、文本和读者的思想感情和思想的结合。体验情象，指的是在语象、物象学习的基础上要求教师引导学生在语词符号的提示下去细心体味通过特殊语言表达方式传达出来的情味韵致，即是对文本的特殊意味、韵致、情趣、情味的感知与体认。即通过自主阅读，在直接和文本展开对话的过程中领悟文本的语象结构，使自己的思想、情感、意志往更高更深的方向发展。汉语是一种意合性的文字，汉语文化是意合性文化，它的特点在于重视心灵的体验和“悟”。离开体验，离开悟，就背离了汉语的特点。

在这个阶段，学习者意识中存在的不是语言形式，而是语言、情景、情节和情意的密切结合的统一体，它表现为对潜藏于中层的特殊意味、韵致、情趣、情味的揣摩和搜寻。中学课本《伟大的悲剧》选自奥地利传记作家茨威格的传记名作《人类的群星闪耀时》，怎么让学生学习此文能够体验作者表现的特殊意味、韵致、情趣、情味？中山纪中三鑫双语学校李莎老师采取了如下策略：其一，造境。即把文本的文字还原为可感可触的特定的情境。李老师把课文中一句扣人心扉的“历尽千辛万苦，无尽的痛苦烦恼，风餐露宿这一切究竟为了什么”这个句子用PPT呈现出来，然后，连续播放荒无人烟的孤岛、神秘莫测的溶洞、光怪陆离的海底世界以及白雪皑皑的南极大陆。在此基础上，让学生朗读《改变世界的人类探险》书目：张骞凿通西域、法显西游天竺、郦道元探险河川、玄奘万里求佛经、马可·波罗的东方之旅、迪亚士横穿好望角、丧命撒哈拉的雷因少校……图景式的画面与文字相得益彰，全方面触及学生内心的情感之弦。其二，味情。即把玩文本中直接抒发情感或隐含情感的词语，让学生动情朗读，体味文字的情感。李老师首先让学生找出文中所有表现人物心理词语，随机整理并用 PPT 呈现出来：奔向南极点——焦急、热情高涨；发现小黑点——不安、心在战栗、尽量安慰自己；发现营地残迹——不再怀疑、感到可笑、失去希望、闷闷不乐、伤心；到达极点——怏怏不乐；插上英国国旗——不祥的预感、小心翼翼、忧心忡忡；回程——稍稍高兴、闪现信心的火焰；到达贮藏点——新的痛苦和失望、胆怯、可怕的绝望；贮藏点储存的煤油不够——惊慌到了极点、恐惧、强制的镇静；奥茨主动离开——敬畏；离下一个贮藏点 20 公里——不再抱任何希望、新的绝望、任何希望都破灭了、再也不会有任何奇迹；面对死亡——骄傲地等待、悲壮地意识到自己对祖国、对全人类的亲密情谊。然后，师生一起体验情感的线索：热情高涨—伤心—忧心忡忡—绝望—新的希望—彻底的绝望—骄傲地等待。就这样，学生仿佛置身探险的旅途中，与英雄们一起经历绝望、痛苦、微微燃起的希望、默送朋友的凝重、绝笔时的无限依恋……其三，显象。即把学生内心有感觉的语言文字符号转化为与学生内心情感、韵味切合的形象。李老师让学生抓住自己很有感觉的表现情感的词语，然后采取第一人称的言说方式，化抽象的情感为形象的叙述。比如，第一个到达和第二个到达——还原斯科特内心的极度颓丧；为阿蒙森作证——对比联系北极点争夺中库克的不择手段，揣摩斯科特的绅士风度，承认失败，宽容大度；奥茨的死亡——联系《夺命深渊》中乔治为不拖累队友而独自走向黑暗的死亡的电影镜头，感悟自我放弃的理性，不拖累战友的无私；威尔逊的科学精神——补充阿基米德的故事，感悟威尔逊面对负重和热爱的科学事业的两难选择。

从上面这个案例可以看出，学生通过情感系统的作用，体验了文本人物的情感历程，也聆听了作者的内心奥秘，进而为其表述的理想情操的是非美丑、故事情节的跌宕起伏、人物际遇的悲欢离合而心潮涨落。这就启动了联想和想象两个心理因素，造成了“完形”运动。众所周知，语文教材所传递的信息，都是现实生活不规则、不完满的反映，它留下的空白和缺陷需要通过联想和想象去填补和充实。而联想和想象既离不开语文信息情感因素的辐射，也离不开主体情感因素的渗透。只有使二者融会贯通起来，联想和想象才得以张开翅膀凌空飞翔。因此，如果主体的身世、处境、心情与语文信息的内容相近、相似，那么通过联想和想象，此时此地的主体之情就会进入彼时彼地的客体之境，从而达到如见其形、如闻其声、如临其境、如感其情的物我皆忘的心理境界。这样，语文信息的空白和缺陷得到了最佳的填补和充实，而重新组成既不同于语文信息原型又有别于原有图式的崭新的情象。

乔治·布莱说，"'阅读过程'乃是一个主体经由客体（作品）达至另一个主体"的过程，读如此，写也如此。所以，池田大作说，"每一句话都是一颗心"。语文学习者以情感为纽带通过文本聆听"虚位"的作者的心声，而同时似乎与许多人类思想的精灵交谈，借助它们与作者对话，学习者的整个心灵的空间充盈的全是人类情感的声音。情象境界的形成，一方面离不开学习者自身的言语实践；另一方面学习者对文本整体思考和直感的结果。这种思考和直感不是着力于文本已有的信息，而是着力于语言逻辑、客观世界与学习者自身的联系。学习者只有真正把语文学习和自己的生活和生命意义联系起来，领悟语文学习的生命意义，学习才会化被动为主动。学习进入情象境界，"情"与"象"交融，学习过程是流动的、变化的、起伏的、曲折的，也是热烈的、充满激情的，标志着语言、社会、自然和人的统一，标志着角色学习和角色的使用。

四　品学，分析意象

意象是"有意义的形象"和"有形象的意义"的统一，是在某个物象的基础上渗透作者情感的有机结合体。所谓"意"，指的是作家由客观景物感发的主观情感、思想、哲思等；"象"指的是作家的主观情思对客观景物进行改造、创造出来的不同于原有景物、情境的事象、物象、景象等。二者的和谐统一、相互交融就是意象。作家把主观之意寓之于象后，"如水中之盐，无痕有味"，含蓄蕴藉，细嚼品味方可领悟。语文学习其关键点在于品味文本作家主观之意怎样同客观现实之境和谐统一以及这种和谐统一所传达的言外之意，象外之旨，味外之味。

在文艺创作中，作家为了表达主体的感情、情绪，总是将他所看见的事物加以审美选择，挑选那些能够适于表现这种情感的景物即物象，经过"情象化"上升为意象。"感性的东西经过心灵化，而心灵的东西借感性化显现出来。”[①] 任何艺术的意象都是生活中“神似”的境界，只有神似，才能给观赏者以丰富的想象的自由，从而获得“广大的虚境”。这就要求，学习者必须满怀激情，只有入情才能入微，入微才能入意，入意才能会心。在欣赏过程中，主客同一，物我两忘，学习者进入文本创作者所创设的意象中，被所观赏的文本具有的独特的性质感染，其情感、意识、联想被调动了，文本所包含的意蕴才会被发现，才会从其中省悟出了文本所表现的本质内容，从个别中把握了一般，从偶然中揭示了必然，以文本为媒介使自己的联想与创作者的思想情趣产生沟通、共鸣。

慈溪市逍林镇东小学周忠波老师在执教琦君的名篇《桂花雨》的时候，围绕文眼“全年，整个村子都浸在桂花的香气里”这句话，从时间上去开拓，让学生感受桂花一年四季自然归真的香味；从空间上去开拓，让学生感受故乡人（十几家邻居）、故乡事（母亲摇桂花、送桂花、做桂花糕点等）所蕴含的故乡求善的香味，再通过“浸”字言语实践“桂花香浸在家乡的糕饼里；桂花香浸在________________；桂花香浸在摇落的记忆里；____________________”，让学生品味作者内心至美的桂花香味。时间有形的桂花和空间有人的桂花以及心中有情的桂花合成一个桂花的意象。学生也从“自然桂花”的物象，提升到“故乡桂花”的情象，升华到“生命桂花”的意象，在品学过程中学生获得了“见山是山，见水是水；见山不是山，见水不是水；见山还是山，见水还是水”的顿悟。

意象塑造的过程是创作者主观情趣、感受表达的过程；而意象品学过程则是学习者“神韵”获得的过程，也就是“性灵”品味的过程。它表现为对语文文本信息内蕴的归真、求善、至美的领悟和评判。这个阶段，主体在思维系统的作用下，通过分析、综合、判断、推理，由个别上升到一般，进而体察、把握包孕在深层的人类历史积淀的哲理、观念。这种人类历史积淀的哲理、观念，既是个别的，打着信息传递者的个人烙印，又带有普遍性，是一种人人相通的精神产品；既是特定社会的，又超越了时空界限，具有永久的魅力。这个阶段的主要心理机制是理解，它不像前一阶段带有强烈的情感跃动，而侧重在理智的观照。其结果，或者是印证了前一阶段情感体验的正确，如嚼橄榄回味无穷；或者是改变了前一阶段的主观印象，如吃甘蔗，先甜后淡，欲吐方快。

---

① 黑格尔：《美学》（第1卷），商务印书馆1997年版，第236页。

五 乐学，融会心象

心象指的是存在潜意识中的心灵、性灵和语境的结合体，是欣赏者借助再创造的想象力、联想力和感情移入，进入艺术境界之中，构成欣赏者和作品即审美主体的心境和审美客体的艺术意象相统一、相复合的境界。心象境界里的“心”，实际上意味着心灵、性灵，是情象境界里语言、情景、情节、情意和意象境界里的言语、言意结合的概括和升华，它处于无意识之中，已经超乎一般的表象、记忆和感知的范围，这是性灵和灵感的产物，学习者可以感觉到它的存在，但是却很难具体说出其进行的方式。心象性思维是一个多层次、多水平、多阶段的思维系统。融会心象，指的是调动所有的感觉器官，全方位地投入到语文学习中去，以超然的精神状态，自由提升信念，推进创造。这种学习属于更高级、更复杂的心理过程，它是学习境界的最高层次。在语象境界里，学习者关注的是语言，精神处于紧张状态；在物象世界里，学习者直接观照“象内之象”，精神相对松弛；在情象境界里学习者陶冶性情，体验感悟；在意象境界里学习者领悟品味“象外之象”；而心象境界，学习者超越畅神，欣赏并且创造“无形之象”。

作家作文追求“意在言外”“言有尽而意无穷”。语言含蓄，句中有句，味外有味，需突破文字和形象的表面才能领悟到。这就使文本具有广阔的想象空间，学习者可根据自己的经历体验、审美认识深入品味。这一境界的学习十分强调“寻言以明象”，嘴巴读出来，就要迅速在脑海里浮现出生动可感的画面来，以亢奋的心理状态心往神驰于文章所创造的意境，敏捷地把语言形象转化为视觉和听觉形象。脑科学研究表明动作智慧在智能的发展过程中占主导地位，在语文学习过程中，如果学习者所有的感官全方位地接受声音、颜色、气味、形态、手势、表情和形体传递的信息，他们的大脑各个区域都积极投入到学习活动中去，势必能促进大脑的发展，而且对学习者的情感、意志、态度以及各个方面的能力发展也起到至关重要的作用。

在“语象”“物象”与“情象”之中，最有生命力的是“心象”。因为在“心象”境界，学习者尽可能调动眼（看），耳（听），口（诵、说），手（演），脑（思）等感觉器官的功能，让视觉学习、听觉学习和动觉学习形成一个有机的整体，容易忘记“自我”而呈现“超我”，由先前的“有我之象”进入到“无我之象”，学习处于超然的状态，充分激发创造欲望，成为学习的主人。

长期以来，语文教学质量低下，原因固然很多，但依笔者看来，这与对语文教学意义研读层次重视不够、看得不清也有很大关系，我们的语文学习活动停留在力学的阶段，静态的语言分析代替了动态的言语感受训练，如果能在尊重学生语文学习的主体地位的基础上透彻地研究语文教学意义把握的层次，把它作为语文教学的一块基石，把拓展它作为核心任务，语文教学质量低下的状况很可能改观。

第五章

诗意语文典雅语言论

第一节　典雅汉语的基本内涵

一　汉语危机及语文教学的根本责任

春光烂漫的时节，美学家周国平先生携带4岁的女儿去野外游玩。小女儿随性采来一把野花，脱口而出："花在我手里，我的手就是花瓶。"小女孩把自己的小手命名"花瓶"，那时她的笑容一定像绽放的鲜花灿烂，她的心情也一定会如同出谷的溪水欢腾。

"开言知肺腑，出口见精神。"语言不仅是交际交流的工具，还是人心灵的"肺腑"、更是人行走的"精神"。语言典雅，则心灵优雅，行走高雅；语言粗俗，则心灵粗鄙，精神卑劣。粗鄙的心灵与卑劣的精神难以承继汉语的典雅，但典雅的汉语却能诗化日渐粗鄙的心灵以及逐步萎靡的精神。中国历代仁人志士、学者贤人是懂得这个道理的。教育鼻祖孔子最早意识到典雅语言的作用。他的弟子三千，来自五湖四海，如何让他们听懂老师的话，并能够修身得仁，成为一个德才兼备的人？孔子倡导"雅言"教育，其首要的策略就是删除淫邪粗鄙之语，精编典籍高雅之言，从而形成思想纯正、格调健康的《诗经》教材，以此为凭借，促进弟子修身、治国、平天下。自先秦儒家肇始，凡有远见卓识或有所建树者十分重视"以诗言志，以雅怡情"。

从历代流传下来的蒙学教材和经学教材看，无论是识字教材"三百千千"（《三字经》、《百家姓》、《千字文》、《千家诗》），还是专门的道德教材"四书五经"，甚至像《增广贤文》这样的小册子，尽管这些教材不乏士农工商的直言、婉言，劝善言、勉诫言，在家出家言，世宦治世言，隐逸出世言，但这些语言无不反映了古代中国人积极的人生态度和乐善的处世原则，均称得上各个时期的雅言至论。受这些典雅语言的熏陶，我们中华民族累经风霜，却不曾改变诗意的心灵底片：在"慈母手中线，游子身上衣”的诗句里感受亲情，在“少小离家老大回，乡音无改鬓毛衰”的感叹里品味乡情；在“劝君更进一杯酒，西出阳关无故人”的规劝里领悟友情。它借积极崇高的精神、圆融互摄的思维、真挚朴实的情感以及形象化的手段，造就一个诗意氤氲的精神空间，召唤中华儿女自然进入物我相融的诗意境域：在采菊的东篱下收获生命的“南山”，在“荡胸生层云”的泰山勃发奋斗的豪情。显而易见，中华民族子民自儿童时代开始无不是受到典雅语言母乳的喂养，无不是在诗河之中如鱼得水地涵泳做到诵“诗”而达礼，知“雅”而达道。可以这样断言：典雅的汉语创造了中国传统高雅的文化，塑造了中华民族别具一格的诗意精神。

然而，这种语言如同蒙上尘垢的佛珠，其光华在不断欧化、网络化的过程中渐渐暗淡，变得粗俗起来。表现在如下几个方面：其一，新洋泾浜现象。学生语言表达无论是口头表达，还是书面表达均充斥着大量的网络语言、英文字符、汉语拼音，以及运用这些字符生造的“火星文”。其二，歪用成语之风。比如毛巾广告故意写成“巾（精）益求精”，药品广告说成“痔（志）在必得”。其三，口语交际缺“德”。语言表达充斥污言秽语，出口成“脏”；对话交流缺乏应有的礼貌，随意插嘴打岔；网络平台评价语，恶语伤人，实施语言暴力等。这引发了社会各界的众评热议。作家冯骥才先生指出，我们一向自诩于中华文化的博大精深——但那是古代。而我们今天的文化却正在走向粗鄙化！清华大学教授肖鹰指出，真正的危机并不是将来的中国没有人使用汉字、讲汉语，而是将来的汉字和汉语不再能够保存汉语的精神和魅力，是中国文化生命之花果飘零。反映在语文教育教学领域，中小学语文教师热衷文本细读，推崇感悟评价，要么将语文教学推向寻章琢句的考据索引，要么将语文教学挤进道家说道、玄家论玄的义理演绎，忘记了语文教学根本的价值取向——培养学生热爱祖国的语言文字。尽管历次课改和教学大纲或课程标准修订均突出了这一核心目标，但学生语言粗俗化现象未得到根本的改变，无论是口头表达，还是书面表达均充斥着大量的网络语言、英文字符、汉语拼音，以及运用这些字符生造的“火星文”，言说充斥着流俗的内容，甚至出现复旦大学举办的汉语言专业技能大赛上演外国留学生夺得冠军的奇怪现象。

究其原因，借用台湾作家白先勇的话来说：“百年中文，内忧外患。”外患，来自西方语言的冲击，汉语严重欧化；内忧，则是我们媚外的文化心态和日渐衰微的母语自信心和自觉意识，忽视了对汉语典雅本质的发掘与尊重，导致富于民族特性的典雅汉语处于“无家可归”的状态。因此，加强典雅语言训练，彰显汉语的魅力，促使学生从小亲近汉语、热爱汉语，进而增强运用民族语言的自尊与自信。这是语文课改不应忽视的基本任务与根本责任。

语文的基本任务或根本责任是什么？语言典雅，则心灵优雅；语言粗俗，则心灵粗鄙。粗鄙的心灵难以承继汉语的典雅，但典雅的汉语却能诗化日渐粗鄙的心。我国是一个诗的国度，历代教育家十分注意用挖掘中华民族文化的诗意元素教化学生或子弟。孔子认为“不学诗，无以言”。作为传承中华民族文明的学科，语文教学回归诗意，让学生从小经受诗意文化的熏陶，给他们心灵以诗意润泽，使之蕴蓄人生激情，坚定人文信念，不仅有利于发掘中华民族文化的深层意蕴和生命之根，张扬汉语的魅力，还有利于提高语文教育的效率，使学生的语文素养得到全面而和谐的发展。

二　典雅语言的基本内涵

海德格尔曾说过“语言是存在之家”。与西方传统“爱智”文化有本质区别的是，中华民族自古以来就是诗的民族，因而中国的汉语是诗的汉语、歌的汉语，富有典雅的神韵。作为华夏子孙的存在之家，千百年来，隽永典雅的汉语历史性地保存着民族文化的踪迹和自我存在的历史本质，承载着我们民族的独特思维，成为延续历史与未来的血脉。

什么是典雅语言呢？所谓“典”，本义指的是“重要的文献、典籍”，引申为“庄重高雅”；所谓“雅”，“雅之为言正也。”（《风俗通·声音》）雅者，正也，即合乎规范的意思。所谓典雅语言，指的是与日常逻辑语言相对的语言诗化、艺术化的规范而有感染力的语言，是一种凸显人良善的德性修养、高雅的审美情趣、谦恭的交往态度以及含蓄蕴藉、耐人寻味等艺术效果的语言。至少包括以下四个因素。

（一）良善的德性修养

海德格尔认为，语言不仅是人类交流交际的工具，它还保证了人作为历史人存在的可能性，更提供了让人置身于存在者之敞开状态中间的可能性。[①]这其实告诉我们，人只有凭借语言才可能见证、创造发展其作为人存在的本质，即人使用什么样的语言就袒露他与此照应的人的本质。这就意味

① ［德］海德格尔：《荷尔德林诗的阐释》，孙周兴译，商务印书馆 2009 年版，第 40—41 页。

着，运用典雅语言的人，其本质自然具有典雅的特性，而典雅的首要特性就体现在德性修养上。如同先秦儒家诸贤所言："言谈者，仁之文也。"（《礼记·表记》）"是故君子服其服，则文以君子之容；有其容，则文以君子之辞；遂其辞，则实以君子之德。是故君子耻服其服而无其容，耻有其容而无其辞，耻其有辞而无其德，耻其有德而无其行。"（《礼记·儒行》）"仁"指的是儒家德性修养的核心理念，语言不过是人内在仁德修养的外在形式或体现，如同君子穿衣戴帽需要匹配的姿容一样，良善的德性修养也需要与之匹配的典雅语言来承载、传播，而典雅语言运用的能力自然取决于德性修养的深度与效度。"名不正，则言不顺；言不顺，则事不成；事不成，则礼乐不兴；礼乐不兴，则刑法不中；刑法不中，则民无措手足。"（《论语·子路》）合乎道德规范的"名正"是"言顺"的必要条件，人的德性修养决定了"名顺"的程度与水平。

（二）高雅的审美情趣

美学家苏珊·朗格指出："一切艺术都应该是诗的。"这自然包含了语言。典雅语言内涵中孕育着诗的性质，即形象地、独特地、深含着情感价值的审美情趣。比如，司空图在《二十四诗品》对"典雅"作了如下描述："玉壶买春，赏雨茅屋，坐中佳士，左右修竹。白云初晴，幽鸟相逐，眠琴绿荫，上有飞瀑。落花无言，人淡如菊，书之岁华，其曰可读。"从中可以看出，所谓的典雅，如同一个得道的君子或者一个修行的雅士，在一个"修竹"、"白云"、"幽鸟"、"绿荫"、"飞瀑"、"落花"所簇拥的诗意场域中"饮酒"、"弹琴"、"观雨"、"赏晴"。读着这样的句子，我们不仅感到人与自然和谐、均衡、自由、统一的氛围，更感受到语言所表现的人生写意着"古朴"、"醇美"的内在气质和"优雅"、"清新"的外在风貌。"从明天起，做一个幸福的人/喂马，劈柴，周游世界/从明天起，关心粮食和蔬菜/我有一所房子，面朝大海，春暖花开。"读一读当代著名诗人海子的典雅诗句，感动我们的不仅是诗句所摹写的画面，叩击我们心扉的更在于诗人怀着对大地、对人类热爱的温情以及温煦的审美情趣。

（三）谦恭的交往态度

卡西尔指出，人是"使用符号，创造文化的动物"[①]。人在运用语言

---

① ［德］卡西尔：《人论》，甘阳译，上海译文出版社1997年版，第206页。

符号过程中不仅认识自然、社会与自我，而且生成各种对象性关系，运用语言的方式决定了认知方式，也决定了人与自然、社会、自我关系生成的方式。比如，我们日常交往中，遇到陌生人常会用到敬辞“您”，在打听他人姓氏的时候常常会用到“贵姓”这样的典雅语言。古人打听别人的年龄习惯称作“贵庚、尊庚”，老年人的年龄习惯称作“高龄、高寿”。而涉及与自己有关事件的时候大多用“舍下”、“寒舍”、“蜗居”、“愚见”、“浅见”等谦辞。日常通俗或粗俗的语言追求语词意义的稳定性、确指性，使“言说者—语言—倾听者”构成一种主客体指称与被指称的“我—他”关系，而典雅语言竭力在指称意义的基础上不断赋予语言良善的德性内涵、高雅的审美情趣，还由于表示了对交际对象的尊重，促使倾听者不但欣赏这些典雅的辞藻，而且感受着体现其中的说话人的谦虚礼让、宽宏大度的意味与态度，从而引起心灵的共鸣与言说的回应。言说者与倾听者构成了“我—你”对话的平等、互助、和谐的诗意关系。这种诗意关系自然也塑造、丰富着典雅语言，引领人与语言建立谦恭、平等的审美意向关系，赋予人、语言以新的存在方式，将人与语言共同带入审美之境。

（四）温和的言说方式

荀子在谈到语言的典雅问题时指出：“赠人以言，重于金石珠玉；观人以言，美于黼黻文章；听人以言，乐于钟鼓琴瑟。”（《荀子·非相》）语言的表达、鉴赏和接受均应该做到字字珠玑、句句悦耳、优美动听、耐人寻味。达成这个言说效果的原则除了“心合于道，说合于心，辞合于说”之外，还取决于“言简旨丰”、“言和意顺”的言说方式。这个言说方式在哈贝马斯看来就是以合乎道德本质的方式达成真诚而正当的交往目的。① 反映在中国传统文化的语境，就是诸如“主文”、“谲谏”② 等温和言说方式。

---

① Jurgen Habermas. *Translated by Christian Lenhardt and Shierry Weber Nicholsen.* introduction by Thomas McCarthy. Moral consciousness and communicative action. Cambridge Mass. MIT Press. 1990.

② 语出《毛诗序》：“故诗有六义焉：一曰风，二曰赋，三曰比，四曰兴，五曰雅，六曰颂。上以风化下，下以风刺上，主文而谲谏，言之者无罪，闻之者足以戒，故曰风。”东汉郑玄《笺》曰：“风化、风刺，皆谓譬喻不斥言也。主文，主与乐之宫商相应也；谲谏，咏歌依违，不直谏也。”孔颖达《毛诗正义》说：“其作诗也，本心主意，使合于宫商相应之文，播之于乐。而依违谲谏，不直言君过失，故言之者无罪，人君不怒其作主而罪戮之，闻之者足以自戒，人君自知其过而悔之。”朱熹说：“主于文辞而托之以谏。”（见民国上海涵芬楼据宋刊本景印《吕氏家塾读书记》卷3）

所谓“主文”，即“主”与乐之宫商相应也，表明言说者言谈的时候态度是和蔼、热情，语气是和暖、真诚的；而“谲谏”，即“咏歌依违，不直谏”。“不直谏”指的是用“譬喻”，即采用比兴等形象化手段，或借助客观的自然之物以引发言说的对象，或将言说的情理隐含在客观的事物上以增加言说的形象性。“古者包牺之王天下也，仰则观象于天，俯则观法于地，观鸟兽之文，与地之宜，近取诸身，远取诸物，于是始作八卦，以通神明之德，以类万物之情。”（《系辞传下》）善于以自然物象、人事意象为言说的隐喻本体，然后再类推到人世情理，使言说到达“言语之美，穆穆皇皇”（《礼记》）的效果，体现了言说者平等待人的社会意识，也表明典雅语言具备温和的言说特质。

第二节　典雅语言的语文教育价值

所谓“价值”，从哲学层面而言，指的是主体对主客体满足自己需要的评价或主客体满足主体需要的功能。价值形成的关键在于人的需要。因此，审视典雅语言训练的时代价值首先应从学生发展的角度，然后从语文课程建设的角度去审视。

一　语文生活世界的亲近、圆融和超越

我国的教育用什么语言进行言说一直是困扰教育者和研究者的一个难题。众所周知，我国清朝末年以前的教育，不论是诗教，还是文教，采用的言说方式是文言话语，文言典雅、凝练，富有想象空间，但它也具有费解、难以大众化等局限，教育呈现“言文脱离”、“精英至上”等现象。历史的车轮驶进20世纪，以慈禧太后为首的满清政府实施“闭关锁国”的政策，导致政治、经济、文化等方面全面落后西方列强，处处遭受它们的殖民掠夺。这引起了当时仁人志士的反思，其焦点就集中在“废科举，兴学堂”与“弃读经，倡实业”上。在“五四”新文化运动的推动下，人们强烈呼吁“言文合一”，促使教育从模仿、揣摩古人的语言和思想的文言言说方式的教育向讲究实用的生活实践服务嬗变。不但要求教学内容应该与学生生活、与社会实际相联系，而且从根本改变用文言言说方式的弊端，倡导白话的教学语言。有人甚至指斥文言是“愚天下之具”，赞赏白话是“智天下

之具”①。什么是白话？新文化运动大将之一胡适在1917年11月写给钱玄同的信中是这样阐释的：“释白话之义，约有三端：（一）白话的‘白’。是戏台上‘说白’的白，是俗话‘土白’的白，故白话即是俗话；（二）白话的‘白’，是‘清白’的白，是‘明白’的白，白话但须要‘明白如话’，不妨夹几个文言的字眼；（三）白话的‘白’，是‘黑白’的白。白话便是干干净净没有堆砌涂饰的话，也不妨夹入几个明白易晓的文言字眼。”② 从胡适先生的阐释以及由此而生发的现代语文教学事实看，所谓的“白话”其实质就是与生活现实保持一致的“俗”话。

白话的言说方式确实为语文教育大众化、服务生活实践做了大量的工作，其中的缺陷也是显而易见，由于缺乏文言的典雅，学生用语的随意性、世俗性成为不可避免的现象，而且在科学主义教育的左右下，这种随意性与世俗性又走上了功利性发展的轨道，白话的语言沦落为日常交际交流的工具，而相对忽视汉语言民族文化的传承功能以及作用于教育对象心灵的陶冶功能，致使学生的汉语言修养每况愈下，引发著名的语言学家吕叔湘先生等专家“咄咄怪事”的感叹。究其实，“五四”新文化运动以来语文教育的“生活化”诉求存在一个这样的逻辑推理：教育生活化是促进社会发展并迈向现代化的重要前提，脱胎于生活的语言就是教育得以存在的本原；脱离生活的文言制约了教育的发展，因而制约了社会的发展，因此，文言应该向白话转化。这个推理存在逻辑前提的困惑：文言话语是不是生活的产物？文言的诞生有一个“口语—雅言—文言”的演化过程。其中“雅言”所起到的作用是对富有地方性的口头语言进行规范，而文言则是在雅言基础上进行语言的提纯。就语言进化的事实看来，文言自然也是脱胎于一定历史时期的日常生活且为这个特定的历史时期服务的。人们否却语文教育的文言言说方式，其实质在于否定该言说方式赖以存在的历史条件以及为这个历史条件服务的教育旨意，而不应该否却汉语言原本就脱胎于人类日常生活世界所带来的典雅功能。

语言的进化史其实就是人类文明的进化史。典雅语言在人类文明的进

① 裘廷良：《论白话为维新之本》，转引自陈鸣树《中国文学大典（1897—1929）》，上海教育出版社1994年版，第8页。

② 钱玄同：《中国今后之文字问题》，《中国新文学大系·建设理论集》，良友图书出版公司1935年版，第142—143页。

化过程中一直承担着教师的角色。比如，在方言俗语鼎沸的先秦时期，人们为了达到便于沟通、更便于理解的目的，自夏朝到周朝这段时期逐步提炼出以京畿语为基础方言或标准语结合其他的地方话所构成的“雅言”，它是官方标准口语与书面语的结合，不仅是口语与方言相对，书面语词的运用也同样与方言相对。据《汉书·艺文志》记载：“六艺之文……《诗》以正言，义之用也。”① 《论语·述而篇》也认为：“子所雅言，《诗》、《书》、执礼，皆雅言也。”这说明诸如《诗经》这样的文化经典不仅是伦理教化的教材，更是语言雅化的教材，还说明这一时代的教育家乃至普通教师均承担的语言雅化的教学任务。《诗·大雅·板》中说：“辞之辑矣，民之恰矣；辞之怿矣，民之莫也。”《周易·系辞上》中称道：“君子居其室，出其言善，则千里之外应之，况其迩者乎?”无论是国家的教令，还是普通人的话语表达均应该做到和顺、优美（辑）、良善，只有这样，才会起到很好的交流、交际的目的。即使在“五四”新文化运动“文言缺位”的时期，人们高举语言“俗化”大旗也没有忘记语言典雅的宗旨。尽管一时难以找到《诗经》这般典雅语言的典范教材，但仓促之间推出的白话教材仍遵循着“推选白话文名家作品，注重现代汉语典范表达”的宗旨，语言训练也不是放任俗语俚词，仍注重“辞达”。

因此，从人类文明进化和语言进化的关系上而言，典雅语言原本就与人、与人的日常生活几乎是原始地结合在一起的，它为汉语言的统一、规范树立了一个又一个标尺，使汉语言的发展有了一个价值的指引，更由于对生活的亲近、圆融与超越，促使人的典雅语言训练和“引领教育对象过上理想生活的”教育目的紧密地联系起来，进而促使汉语言朝向对提高汉民族的凝聚力、推进汉民族文明的进程发挥着深刻的影响。

二　学生精神世界的引领、建构和升华

语文其实是有关语言文字理解、接受、运用等训练的学科，其教育的主要任务就在于引导受教育对象掌握语言文字进行交流交际，进而通过语言文字去认识、理解并掌握其存生、实践的世界，从而促使自己不断发展。人的发展是一个追求和谐、完美的自我内在向善本性与社会规范、进步、发展等外在要求不断解构又建构的动态活动过程，这个过程是一个自

① 东汉·班固撰，唐·颜师古注：《汉书》，中华书局1962年版，第1723页。

然人的实然存在与理想人的应然存在不断交替又不断更新的过程。它不仅需要激发个体与生俱来的良善德性的原动力，还要集合其得以存身的社会全部优质文化规定性要求的力量。只有这样，人的发展才是自觉、完整、有个性而和谐发展的过程。在人的发展历程中，语言的作用和功能是不可或缺的。洪堡特指出："通过语言进行的社会交往，使人赢得了从事活动的信心和热情。思维的力量需要有某种既与之类似又与之有别的对象：通过与之类似的对象，思维的力量受到了激励；而通过与之有别的对象，思维的力量得以验证自身内在创造的实质。"① 人们掌握世界的方式通常有如下几种方式：其一，通过劳动实践对物质世界掌握；其二，人类通过精神实践对精神世界的掌握；其三，通过符号实践实现对"实践—精神"世界的掌握。劳动实践掌握的是自然的世界，精神实践掌握了人文社会的世界，只有符号实践才是对自我世界的塑造。人之所以成为人，就在于人能够创造性地运用语言符号学习一切陌生的东西，从而发展成为理想的自我。当代文化哲学家卡西尔认为人是创造性运用符号创造文化的动物，即语言的动物。显然，语言的参与，是人的发展，尤其是精神人发展的重要的、根本的内容。它是精神的创造活动，源于精神又反作用于精神。语言就内在地促进人的发展。因此，存在主义哲学家进一步肯定"语言是存在之家"。

语言不仅是人发展的催化剂，更是人类文明、文化产生、发展、传承、获得的中介与载体，而且从本质上而言，人总是以语言的方式把握和拥有世界，拥有什么样的语言就决定了他拥有什么样的世界。孔子采用典雅语言对其弟子进行"君子"般的教育，其期待的结果就是"文质彬彬，然后君子"。孔子认为"质胜文则野，文胜质则史"（《论语·雍也》）。他的这句话不仅指出了君子道德修养的原则，更成为语言训练的宗旨：文质彬彬的作品需要"雅言"来书写，文质彬彬的人才需要用"雅言"去训练。孔子是典雅语言教育的大家，一部《论语》，不仅记载着孔子及其弟子的嘉言懿行，而且成为典雅语言训练的典范。比如，子曰："为政以德，譬如北辰，居其所而众星拱之。"（《为政》）他引众星环绕北辰星的现象作比喻，导引为政者修养德性，得到万众的欢迎，言辞含蓄，形象鲜明，

---

① 洪堡特：《论人类语言结构的差异及其对人类精神发展的影响》，商务印书馆 1997 年版，第 66 页。

耐人寻味，具有“言近旨远的艺术、典雅隽永的韵味，亲切可感的个性，情趣盎然的场景”等效果，把符合审美规范的语言形式和符合社会良善文化价值的思想内容有机地结合起来，做到文质彬彬、野史相胜。作为华夏儿女的“存在”之家，典雅的汉语历史性地保存着民族文化的踪迹和自我发展的内在本质。在典雅汉语的咏叹之下，先秦关雎的起兴，秦皇汉武的节拍，魏晋竹林的意境，唐山宋水的韵律，以及明月清风的音符，无不擦拭、温润中华儿女的诗意心灵，点亮过中华民族的前行的路。典雅汉语承载着中华民族独特“天人合一”的诗性智慧，熔铸着中华民族“民胞物与”的诗意情怀，成为延续历史与未来的、挺立中华民族脊梁的血脉。

典雅语言是来自于现实生活又高于现实生活的实然与应然和谐统一的语言，人们在接受典雅语言熏陶的同时，其实就是凭借典雅语言进行实然生活的认知与理想生活的改造。典雅语言训练把人在物质实践和精神实践都浓缩在一个个具有精神性的符号里，这些符号又成为人前进的导引灯塔，成为人之所以为人的文化标识。关注语言，同时也意味着对那些寓于此语言里的人的生活状态的关注。作为语文教师，大家在努力寻找更好的向学生讲话的方式时，其实也是在为他们讲解更好的生活方式。从相对的和物质的意义上讲，拙于辞令的人过的是贫困的生活。从这个意义上而言，语言即态度，即价值，即感情，即能力，即思想。典雅的语言是承载着中华民族文明的精华和精神的质素，这一切将构成语文教学的精神内涵，也就是说，拥有典雅语言的人，其实就表明拥有健康的心灵。因此，语文教师就是一位“立言”、“立德”、“立人”的导师，是典雅语言的代言人。有效地对学生进行典雅语言训练，不仅能够导引学生带着诗意审视生活，接续中国诸如诗教的教育传统，更深远的意义还在于亲近汉语，维护汉语的主权，促使学生精神世界诗意地发展。

三　语文教学目标的承继、开拓和萃取

语文教学目标是语文课程教学的航标。新课程改革总体来说是成功的，但也存在改革的瓶颈问题。其中最关键的问题就是如何把握“知识和能力、过程和方法、情感态度和价值观”三维统一设计语文教学目标。“三维目标”是设计语文教学目标，改革课程内容、结构和实施机制的基本理念，也是指导语文教学的根本原则。目前在实施新课程方案，落实三维目标的实践中，语文教学存在着顾此失彼的偏向：顾了情感态度失了知

识技能，顾了合作过程失了自主感悟，顾了开放失了引导。[①] 大多数教师设计的语文教学目标成为应付检查的摆设，有的老师在语文教学活动“游离”于语文知识、技能之外，为活动而活动；有的老师脱离语文教学内容和特定情境，孤立地、机械生硬地进行情感、态度、价值观教育；还有的老师只关注知识的授受和技能的训练，冷落、忽视了过程、方法与情感、态度和价值观，从而从根本上割裂“三维目标”的本质联系。

判断语文教学目标是不是做到“三维统一”，其标准就在于目标设计合规律性和合目的性的统一的程度。从合乎规律性的角度审视，语文教学的根本任务就是使学生在学语习文的同时涵养德性，学会做人。传统语文教学无论是教语还是学文，均要求做到“文道统一”，所谓“文道统一”绝不是一个单纯的学习应用语言形式的方法、技巧的问题，它涉及语言文本内容的德性修养、情感色彩和审美趣味以及蕴含其中的为人的价值取向。因而在关注语言“怎么说”的同时领悟“为何说”，即必然接受作者心灵和德行等内容的陶冶。朱光潜：“我们不能把语文看成在外在后的‘形式’，用来‘表现’在内在先的特别叫作‘内容’的思想。‘意内言外’和‘意在言先’的说法绝对不能成立。”苏联心理学家、语言学家维果茨基也认为：“思想不是在词中表达出来，而是在词中实现出来。”可见，言语形式和言语内容是同时成就的。因此，将言语内容和言语形式统一起来成为语文教育的本质特征；促进语言和德性同构共生也就成为语文教学的根本规律。即语言训练和学生的人文精神培育——德性发展同步进行，二者水乳交融，达到圆融互摄的效果。从合乎语文教学的目的性来看，促进学生的语文素养全面而和谐发展是各个时期语文教学大纲修订以及新课程标准修订的根本目标。语文素养尽管涉及语文情商、语文智商以及语文能力等方面的内容，但无论是语文情感态度价值观维度的目标，还是语文知识能力培养维度的目标均需要依托“祖国的语言文字”，培养学生热爱祖国的语言文字的感情以及运用祖国语言文字的能力是语文素养发展的关键。那种游离于语言文字活动之外的语文德商、语文情商、语文智商以及语文能力培养只能是虚妄无力的，自然影响整个三维目标体系的和谐统一与全面达成。

---

① 温德峰、于爱玲：《语文教学三维目标的“顾此失彼”》，《当代教育科学》2006 年第 17 期，第 52—53 页。

“一言而可以兴邦”、“一言而丧邦”、“言在人在，言美人美；言兴家兴，言亡家亡；言雅国盛，言俗国贫。”典雅的语言承载了民族的文明精华和精神内涵，能够彰显言说者的不凡谈吐与高雅气质。语文教学回到“热爱祖国语言文字”的原点，将着力点指向典雅语言的练，不仅有助于语文课改建设富有针对性、适切性以及民族特色的语文教学理论，还有助于基础教育尤其是中小学语文教师素养培养调整实践着力点，更有助于中小学语文教学焕发诗意魅力。

第三节　典雅语言的训练原则

典雅语言训练是一种“动之以情”的熏陶式的语文教学，是一种以“感悟自得”为核心的个性化的教育，是在言语实践活动中，以各种富有情感的审美媒介去开启学生的心智，诱发学生的心灵感应，从而让学生在诗意的陶冶中自主发展创造智慧，发展语言表达能力的教学活动。自然遵循了如下基本原则。

一　情感表现性原则

所谓典雅语言的情感表现性原则，指的是诗意语文教学以情感人，以情动人，言说者在准确传达语音、语义的基础上表现出喜怒哀乐的情感，让倾听者沉浸语言情感的场域。在情情相融之中，既使情感得到陶冶升华，又达到乐学乐教的教学境界，获得理想的教学效果。典雅语言训练的理想境界应是：享受语言艺术，感受典雅魅力。何谓享受？享受是人的精神需求与外物和谐统一并引起共鸣而产生的愉悦感。贪图“享乐”是人的本性，“因为‘享乐’乃是世界上最容易、最轻松的事”[①]。让儿童享受教育是最有效的教育理念。例如湖南一师一附小的黄义老师在上新诗教课《花儿的幻想》时，导入部分是这样言说的：“黄老师今天给同学们带来了一首乐曲。请你们啊，边听边想，能想多美，就想多美。”黄老师的语言表达除了语音语调平缓、节奏抑扬顿挫之外，更主要的是加上了贴近孩子们的情感，学生一下子就沉浸在美妙的乐曲中，更沉浸在音乐带来的美妙想象之中。

---

① ［英］休谟：《人性的断裂》，光明日报出版社 1998 年版，第 32 页。

典雅语言是情景交融的产物语言，离开了情感，谈不上典雅，更谈不上诗意。但典雅语言决不只是对情感的简单记述或复写，而是切合倾听者的心理，符合表现的内容，更符合言说者的审美追求。多愁善感并不等于典雅，歇斯底里地咆哮也不等于诗意。情感表现性原则是系统科学的反馈原理和美学的情感转移原理在典雅语言训练中的具体运用。要获得诗意语文教学的成功，只有通过充分地享受语言艺术、品味典雅的魅力，不断增强学生学习表达典雅语言的兴趣，并通过师生之间的信息反馈、情感转移去实现。在典雅语言训练中，愉悦是动力，情感是核心、是灵魂。

二　意象生动性原则

所谓意象生动性原则，指的是言说者将无形的情感迁移、融合到有形的事物或人物上，让倾听者在倾听中建构具有人类情怀的形象。“不管是在人类的开端还是在人类的目的地，诗都是人的女教师。”① 语文教学引导学生学会典雅语言表达，其实质就在于引导学生实现语言的诗化，即催发并保持住人的心灵的温润、灵魂的清醒、思想的活力和普世的情怀，更主要的是赋予现实的、未来的生活以诗意的图景，引领并保持住学生对理想生活图景塑造的信心、勇气和力量。因此，典雅语言是生活图景与内心真善美价值追求的统一，意象的生动性自然也是鲜明的生活形象与学生对真的感动，对善的敬畏，对美的捍卫的自然融合。

例如，广铁一小的谢荣斌在上《用梦想装点生活》一课时，语言表达处处体现了意象生动性原则的运用。

> 师：听着这样的诗，我仿佛看到嫩绿的诗芽在阳光和春风中舒展。
>
> 师：这就是诗啊，是一泓清泉在流淌，是美妙的音乐在演奏。

美是“人的本质力量对象化”，这对象化一定是有形象的，一定是饱含情意的。谢老师把抽象的“诗”化作“在阳光和春风中舒展的诗芽”，比拟成“流淌的清泉、演奏的音乐”。该课例设计以此为基点，让孩子璀璨的梦想物化，定格下来，变成斑斓的意象。这里面的意象是具体可感

---

① 刘小枫：《诗化哲学》，山东文艺出版社 1986 年版，第 36 页。

的，不仅打动、吸引、感染学生，更能够实现语言的形象化以及形象的典雅化。无论鉴赏还是表达典雅语言，语文教师坚持引导学生从对美的事物的形象直观起步，通过具体可感的形象的直接感受，获得典雅语言表达的意象，进而领悟其意蕴。

三　自由创造性原则

所谓自由创造性原则，指的是诗意语文教学尽可能创设一切可能的机会，让学生结合阅读、作文、口语交际、综合性学习等活动能够随时、随地、随机按照典雅语言的内在规律创造性地运用语言符号，充分发挥他们创造性的本质力量。大体包括了教学资源运用的自由创造性、教师教学的自由创造性和学生学习的自由创造性三个侧面。无论是创造性地教，还是创造性地学，都是人的自由创造力的生动表现。在创造性的典雅语言训练中，教师和学生只有积极主动地充分显示他们的创造潜能、智慧和才华，才能有力地促进学习主体典雅语言创造能力的全面发展。当然，就学生的自由创造性而言，在一定条件下，学生个体对自己的典雅语言学习具有支配和控制的权力与能力。这就要求充分尊重学生的兴趣、爱好，并为其充分的发挥开辟广阔的空间。即让学生独立自主地完成一系列学习活动，允许他们自主地确定学习目标，选择学习内容，采用学习的方法，自己去设计、开发、行动、体验乃至表达典雅语言。

四　个性鲜明性原则

学生是立体人的存在，也是文化人的存在，更是独特人的存在。作为独特人，学生实质是个性的存在。语言是存在的家，那么，语言的个性某种程度就能够体现和决定学生的个性。培养学生的个性自然需要个性化的语言训练。典雅语言训练个性鲜明性原则是指诗意语文教学依托且凭借典雅语言训练这一目标让学生的语言表达能够做到个性化，从而最有效地培养学生的个性特征。笔者指导学生朱雪华设计《我心目中的英雄》习作教学的时候，让学生谈谈对英雄的理解。教学片段实录如下。

师：（教师板书“英雄”），同学们，现在我们生活在和平幸福的年代，今天的幸福是无数个革命先烈用生命和鲜血换来的，这其中有舍命炸碉堡的董存瑞，还有用自己的身体堵住敌人枪口的黄继光。你们有谁还知道有哪些英雄？

生：刘胡兰。

生：汶川地震的时候，无数解放军叔叔不怕困难、不怕危险，勇于救助灾民。

师：是啊，当人民群众遇到危险、困难的关键时候，英雄们都不顾自己的生命安危，冲锋在前。下面请同学们一起看大屏幕。

生：（观看英雄的图片）

师：看了这些图片，你们有何感想？能不能用一句话来描述你认为的英雄。

言语实践：

英雄如同________________________；

师：（教师示范）英雄如同雨露，给我们带来新生的希望；英雄如同太阳，给人间带来了温暖。

生：（练笔）

生：英雄如同溪流，没有江河奔腾的浪花，也没有大海壮阔的波澜，但山石间的那点叮咚，是您激昂的旋律；

生：英雄如同星星，没有太阳耀眼的光芒，也没有月亮迷人的浪漫，但夜空中的那点光亮，是您生命价值的闪现；

生：英雄如同沙砾，没有大山的伟岸，也没有溪流的悠闲，但山水间的那点铺垫，是您默默的奉献。

在这个教学片段里，教师有典雅语言训练意识，在教师讲解英雄共同品质的时候，让学生自主研读表达自己对英雄的个性化理解，语言表达自然也就有了鲜明的个性。典雅语言训练不是抹杀个性，而是尊重个性，发展个性，使个性变为诗性，也就是天然的文学性。学生的阅读与创作活动是学生的个性化行为，不以教师的活动来代替学生实践，也即教师不以自己的思想去束缚或代替学生的思想，不以自己的思维模式去规范和限制学生的思维活动。

五　和谐统一性原则

《语文课程标准》指出：“课程目标根据知识和能力、过程和方法、情感态度和价值观三个维度设计。三个方面相互渗透，融为一体，注重语文素养的整体提高”。典雅语言训练的最终目的就是促使学生语文素养和谐发展。所谓的和谐统一性原则，指的是以典雅语言训练为纽带，有机整合了语文教育系统中多种因素、多个侧面、多种矛盾对立的内容，使之成为完美统一的特性。其中最关键的要素在于典雅语言训练与学生的德性培养达到和谐的统一，或者称为德言同构。例如，针对部分学生自私、优秀学生不愿意帮助成绩差的同学等毛病，笔者指导学生杜晔设计《分享的真谛》的作文课。片段实录如下：

师：同学们，首先老师给大家讲一个故事，故事的题目叫作《天堂和地狱的勺子》。（PPT 呈现）同样的食物，同样的勺子，为什么天堂的人们活得健康、开心，而地狱的人们一个个面黄肌瘦呢？

生：天堂的人们相互帮助，用自己的勺子喂饱他人，他人也就用自己的勺子喂饱她或他。地狱里的人们自私自利，不会分享，自然得不到实物，得不到别人的帮助。

师：分享帮助别人的同时也帮助了自己。那么，什么是分享呢？

生：我得到了一袋苹果，带回家和爷爷奶奶一起吃，这就是分享。

师：分享让我们成为一个孝顺的好孩子！

生：遇到开心的事情，我告诉爸爸妈妈还有好朋友，这就是分享。

生：爸爸出差，给我买了新玩具，我邀请同学一起玩，这也是分享。

师：同学们，真的是好孩子。现在看看大自然、人类社会，找一找大自然里的一草一木、我们的社会分享了什么呢？

言语实践：

（　　　）分享了（　　　），于是（　　　　）。

分享是（　　　　　　　　　），能够（　　　　）。

生：田野里的花朵听到春姑娘的召唤，于是分享自己的美丽，装点五彩斑斓的大地。

生：森林里的大树看到萎靡的小草，于是分享自己的阴凉，唤回了小草的勃勃生机。

生：虚弱的小马在炎热的沙漠找到了一片绿洲，并没有独享，而是召唤饥渴的伙伴，共饮甘甜的生命之水。

生：分享是春风，能够拂去灵魂的尘埃。

生：分享是阳光，能够温暖你我的内心。

在这个教学片段里，教师没有为训练而训练，不露痕迹地将分享的内涵、分享的意义、如何分享蕴含在言语实践里，让学生在自我的语言表达里去学会分享，培植分享的美德。以学生语言素养全面和谐发展为最高目标的诗意语文教学特质自然决定了它必然追求典雅语言训练的和谐统一性，无论是典雅语言训练的形式和谐、内容和谐、内容与形式的和谐，还是教学内容与学生主体之间的和谐，乃至人与自然、人与社会等整体和谐统一，都是典雅语言训练的基本特质或内在要求。

总之，语言，连接着健康的生命；生命离不开语言，典雅的语言诗化着人的生命，更诗化人的心灵。请站在优化人生命的高度，为社会、为自己，让典雅的语言活在时间的水里，活在跳跃的生命里。

第四节　典雅语言训练的基本策略

所谓的训练，从心理学的角度看，指的是有计划有步骤地通过学习和辅导掌握某种技能的活动。任何教学均包含教师的教与学生的学两个方面，训练同样也包括教师的训与学生的练两个方面。教师训的水平自然是影响学生练的重要因素。因此，增强典雅语言训练效果需要双管齐下，既注意教师训的策略，也注意学生练的策略。

一　日常教学典雅语言训练策略

（一）播种诗意文化的种子，陶冶学生民胞物与的诗意情怀

我国著名的特级教师于漪老师说："教语文，要站在文化的平台上。"语文教学无论过去借鉴布鲁姆的目标教学，还是当前新课程改革推行巴赫金的对话理论，首先必须立足中华文化的语境，把教学内容的挖掘与处理放置在中华的文化背景和视野上。孔子是儒家的代言人，也是诗教的集大成者，他追求的人生境界正如《论语·先进》"四子侍坐"章中所赞扬的曾皙之志"暮春者，春服既成，冠者五六人，童子六七人，浴乎沂，风乎舞雩，咏而归。"这其实就是一种诗意人生境界：即使处于"一箪食，一

瓢饮，在陋巷”的窘境，而“不堪其忧，也不改其乐”。这里的“乐”不受物质条件的限制，也没有任何功名利禄的关心与机诈阴险的图谋，人回到自然的原始状态，内心洋溢着宁静与和乐；即使遭受挫折也能够做到乐道自足。北宋思想家、教育家、名儒张载在《西铭》里倡导“民吾同胞，物吾与也”。大凡名师，其学识不一定就超凡脱俗，其不凡之处就在于对语文教育事业有一种近乎痴迷的热爱，这种热爱往往表现为对自然、对社会、对学生有一种亲近、平等的情怀。倘若语文教师时时注意修养、陶冶这种情怀，那么，生活中一片平凡的草地、一片常见的落叶均染上浓浓的诗意。

苏教版《孔子游春》一文，篇幅长，内容多，但核心内容就是“水之比德”与“泗水之春”。水，对平常人来说，司空见惯，没有什么稀奇的。但在孔子眼里，水是多么与众不同啊：水有德行，水有情义，水有志向，水善施教化，……水是真君子啊！这是典型的诗意情怀的写照。我们的语文老师教学就应该凭借这种情怀陶冶学生的心灵，其语言表达自然诗意盎然。中山市纪中三鑫双语学校田云伏校长在执教这一课的时候删繁就简，将教学的重点放在“水之君子比德”的诗意文化品味和“泗水之春”的典雅语言训练上。

田：真好，他找到了这一段。“阳光普照着大地”为开始，我们齐读一遍。阳光普照着大地，起……

生：阳光普照着大地，泗水河边桃红柳绿，草色青青，习习的春风像优美的琴声，在给翩翩到来的春天伴奏。大自然多像一位伟大的母亲！广袤的大地是她宽广的胸怀，茂密的森林是她飘逸的长发，温暖的太阳是她明亮的眸子，和煦的轻风是她甜蜜的絮语……

田：请同学们看，这一段的最后有个什么符号啊？

生：省略号！

田：这个省略号有什么作用？

生：就是后面还有很多……

田：那大家能不能补充一点呢？现在同学们一起动笔，请按照它的句子去为春天造句，最少造一个句子。看谁写得最快，谁写好了举手啊！

生：美丽的花朵是她迷人的笑容。

田：美丽的花朵是她迷人的笑容。你这个答案是怎么来的？请把你的思路跟同学们分享好吗？

生：我在课文中看到河边有一些美丽的花朵，于是我就想到这一句。

田：很不错，他看到了花朵，花朵又是常见的比喻。他写得好不好？

生：好！

田：我们答这个问题要注意什么？请看看春天的大自然都有什么？广袤的大地、茂密的森林、温暖的太阳、和煦的轻风之外，还有什么呢？

生：汗水！春天的雨是母亲辛勤的汗水。

田：要不要给掌声啊？能够把春天的雨比喻成汗水，而且是辛勤的，非常好！除了比喻成汗水，春天的雨还可以比喻成什么？既然是伟大的母亲，那么就是……

生：春天的雨是她甘甜的乳汁。

田：了不起吧！其实还有很多内容值得同学们补充，比如轰隆隆的春雷、连绵起伏的山、清澈见底的河。另外，值得同学们注意的是课文所写的句子是有顺序的。作者先从大地到森林、再到太阳再到风，它的顺序是怎么样的？

生：由低到高。

田：不错，由低到高，由地到空。所以，你排列时如果是地上的请你排列到地上去，如果是空中的请你排列到空中的位置。大自然的春天写完了没有啊？

生：没有。

田：还有什么画面？哪位同学看到了？

生：在第 8 自然段。

田：好，同学们看第 8 自然段，看是不是在那里。我们齐读一遍。

生：孔子凝望着泗水的绿波，意味深长地说：水奔流不息，是哺育一切生灵的乳汁，它好像有德行。水没有一定的形状，或方或长，流必向下，和顺温柔，它好像有情义。水穿山岩，凿石壁，从无惧色，它好像有志向。万物入水，必能荡涤污垢，它好像善施教化……由此看来，水是真君子啊！

田：好，这一段是关于水的解说、评价、议论。刚才读的时候有个小小的停顿，不是很好，我们再读第二遍，前面不读，只从“水奔流不息”开始

生：水奔流不息，是哺育一切生灵的乳汁，它好像有德行。水没有一定的形状，或方或长，流必向下，和顺温柔，它好像有情义。水穿山岩，凿石壁，从无惧色，它好像有志向。万物入水，必能荡涤污垢，它好像善施教化……由此看来，水是真君子啊！

田：哇，同学们，这水怎么样啊？用孔子的一句话来说，说水是真君子啊！什么是君子呢？

生：君子是说话算数，有情义的人。

田：先看水有什么特点啊？孔子是怎么说的，君子就是有德行、有情义、有志向、善施教化，后面又有一个省略号，大家想一想，水除了这些外，还有哪个最具有高尚品德的地方？今天，我带了一个小小的杯子来，带了一把泥土来了，很想做这个实验。我把水倒在杯里面，把泥土也倒在杯里面，会产生什么现象？

生：水肯定会溶化泥土，会浑浊。

田：但是如果我放在这里不动，再过一定的时间，会产生什么现象？如果倒在杯子时晃动，肯定会浑浊，但我放一段时间之后，会产生什么现象？

生：泥土会沉淀下去，沉在水的底部。水变清了，水能够净化恶习。

田：那你写一句典雅一点的句子吗？

生：水敞开宽广的胸怀接纳污垢，用自己的美德将污垢沉淀。

生：水就像富有魔力的磁铁，将细小的溪水、支流汇聚成大江大海。

田：水能够海纳百川，它还是一个富有凝聚力的战斗集体，所向无敌。多么了不起啊！水啊，还有很多很多品质。希望下课背诵关于水之德的段落，课后整理有关孔子专题的资料。这节课就讲到这里，谢谢大家，下课！

在这个教学片段里，田校长直面当代语文教学“无效”、“祛魅”等现实问题，其主导的视线没有集中在儒家仁义道德以及语修逻文等信息编码

与传输上，而是着力于开启学生的成长和教育环境中的诗意元素，挖掘课文“水之比德”、“泗水之春”能够凸显美善圆融人格生成的因子，并使之与学生的生活与志向融通整合。这样既张扬了民族文化的旗帜，在孩子幼小的心田里埋下一些民族文化与民族思想的种子，同时熏陶了学生陶冶民胞物与的诗意情怀，让学生对自然、对社会、对自我拥有一种圆融世界的胸襟，更拥有民族文化的灵魂。需要正视的是：典雅语言的典雅言说不是让学生学会诗情画意、风花雪月的美言。其核心是：诱发受教育者生命的感动，促使语文教学由外在的规训登堂入室为学生心灵的陶冶，让心如枯井般激不起半点波浪的人，诗意情怀之泉喷涌。典雅语言承载了民族的文明精华和精神内涵，能够使语言超越现实性所指的约束，彰显出语言能指中所蕴含的文明精华和精神性品质。

（二）遵循意象生动性原则，训练学生想象联想的图景思维

“古者包羲氏之王天下也，仰则观象于天，俯则观法于地，观鸟兽之文，与地之宜，近取诸身，远取诸物，于是始作八卦，以通神明之德，以类万物之情。”（《易·系辞》）拥有数千年历史的汉语言在行进的路上虽然累遭变故，但仍然保持着诗意的底色，富有典雅美的特质。汉语不同于西方斯拉夫系统，它属于非形态的图景符号，这种符号得以创造、运用，除了诗意情怀的因素外，更主要的要素还是诗意智慧的图景思维发挥重要的作用。任何汉字都是我们的先民在感受自然图景基础上加上生活的情意构成的，任何作品所呈现的语言文字符号无一不是生活图景的缩影。特级教师王崧舟老师深得图景思维之妙，他在执教《长相思》一课时，其导语、描述语以及结语是这样设计的。

【导语】：

王：同学们，在王安石的眼中啊，乡愁是那一片吹绿了家乡的徐徐春风。而到了张继的笔下，乡愁又成了那一封写了又拆，拆了又写的家书。那么在纳兰性德的眼中，乡愁又是什么呢？

【描述】：

王：你们都看到了，你们看到跋山涉水的画面，你们看到了辗转反侧的画面，你们看到了抬头仰望的画面，你们看到了孤独沉思的画面。

王：那可能是一个春暖花开的日子，在郊外，在空旷的田野

上……那也可能是几个志趣相投的朋友围坐在一起，一边喝酒，一边畅谈着……那也可能是在暖暖的灯光下，一家人围坐在一起，喝着茶，拉家常……那还可能是……

【结语】：

这就是为什么我身在征途却心系故园的原因所在，这就是我的那个梦会被破碎、我的那颗心会被破碎的原因所在。建功立业的壮志和理想，思念家乡的孤独和寂寞，就这样交织在一起，化作了纳兰性德的《长相思》。

对于心智尚未成熟的青少年，乡愁无疑是难以描摹的抽象情感，更是难以言说的情绪。语文教学如何让这些属于饱经风霜者的概念走进学生的内心，让他们能够和文本作者心有戚戚焉般的共鸣？王崧舟老师化抽象为意象，通过王安石的徐徐春风和张继的写了又拆、拆了又写的家书这样的生动意象启迪学生的诗意智慧，让学生在纳兰性德跋山涉水的画面、辗转反侧的画面、抬头仰望的画面、孤独沉思的画面去揣摩、品味乡愁。于是，乡愁就有了春暖花开的颜色，有了朋友相聚的场面，有了家人团聚的温度。典雅语言不是华丽辞藻堆砌的语言，也不是空洞说教的语言，它融生活的图景与生活的感受于一体，借助生活的物象、富有情节的画面生动形象地表达情志。因此，典雅语言训练应该是回归图景思维的立言、立人、立德的活动。

（三）遵循个性鲜明性原则，生成学生切己的语文教学意义

语文教育之所以发生、发展，其原因是多方面的，最根本原因在于学生创造性运用语言符号进行言语实践活动。学生的语文素养不是老师“满堂灌”教出来的，是学生自己在教师的引导下自主运用语言符号实践中融会贯通的。学生从某种意义上来说，就是创造性地运用符号学习“生活知识”、习得“生存技能”、感悟“生命意义”，从而自主生成理想自我的人。学生生成为富有个性的“理想自我人”，离不开诗意情怀的熏陶、诗意智慧的启迪，还离不开自我具有一定自由的创造性言语实践。我们的教师一方面秉承诗意情怀熏陶和诗意智慧启迪的理念辩证地处理好师生主体间关系的问题，使典雅语言训练时处处洋溢着“我与你”的交往、对话、沟通、融合；另一方面还要创设一切可能的机会，让学生自主、自由表达，在此过程中生成与自己、与自己的语文素养发展有关的语文教学意

义。在当今的语文教学活动中，受教师主体或文本作者以及编辑主体的制约，学生的语文学习大都成为所谓“对话—理解”的看客，文本的意义、编辑的意义以及教师的意义难以与学生“塑造理想自我”发生联系，他们的语文学习成为被动接受人文思想教育、语文知识教育的“记笔记、背多分”的活动。如何让学生的语言表达发生切己的联系呢？请看笔者指导学生设计的教学导引语、评价语及描述语。

1. 语境转换中生成切己的意义

语言的表达离不开具体的语言环境，同样的话语内容放在不同的语言环境会生成不同的意义。语文教学除了引导学生认识词语及词语表达的语境意义，还应该引导学生通过语境的转换生成切己的意义。比如徐欣老师根据《诗意语文学本》第二册课文打磨《草丛里的歌手》一课的时候，首先引导学生关注自然的语境——司空见惯的草丛，认识草丛里的小动物；然后转换语境——草丛就是舞台，小动物摇身一变成为草丛里的歌手；接下来开展“小歌手在唱什么歌”“小歌手对谁说悄悄话”等言语实践。于是，小朋友自然由外在的审视草丛的看客也转变为草丛舞台的表演者或聆听者。

第一环节：认识草坪

师：看到这样一片草丛，你想说些什么呢？

生：我觉得这块草坪像绿色的海洋。

师：我看到这绿色的海洋，老师陶醉了。

生：我觉得这块草坪像绿色的地毯。

师：我想上去打个滚呢！

生：这一片草丛像我们睡觉时盖的绿色被子。

师：真舒服呀！(做舒服状)

师：在这么美的草丛里，会藏着哪些可爱的小家伙呢？

生：小兔子。

生：小蚂蚁。

生：小蜗牛。

……

生：在这美丽的草地里还藏着许多小昆虫。

师：你说会有哪些小昆虫呢？

生：蜻蜓、蝴蝶、七星瓢虫……

第二环节：认识歌手

师：哦，你说得可真好。今天呀，这一片神奇的草丛就是一个舞台，这些小歌手要来表演它们精彩的节目，让我们一起大声呼喊它们的名字吧！（教师点击课件，要求学生用这样的句式说话：“________歌手，它__________”）

生：蝴蝶歌手，它有着美丽的翅膀。

生：蜜蜂歌手，它可勤劳了。

生：蜘蛛歌手，它可是个织网的高手。

……

第三环节：对话歌手

师：歌手们都来到了我们中间，现在呀，你们会支持谁呢？首先请小朋友闭上眼睛，学会倾听，倾听歌手们用心的歌唱。（学生听歌手的叫声）

师：你们听到了什么？是谁和谁说悄悄话？它们说了什么话？（师小声地说）

生：我听到了“喳喳喳”的声音，那是蟋蟀在说悄悄话。

生：我听到了“嗡嗡嗡”的声音，那是蜜蜂在呼唤小伙伴：“快来呀，这里的花真香。”

生：我听到了“叽叽叽”的声音，那是小鸡崽跟妈妈捉迷藏。

师：是谁在唱歌？唱了什么歌？

生：是蝴蝶在为花朵歌唱。

师：蝴蝶唱了什么呢？

生：蝴蝶唱：“春天里的花朵真鲜艳！”

师：你就是唱歌的蝴蝶，你的歌声与蝴蝶一样动人。

生：蜻蜓给蜘蛛唱歌。

师：它唱支什么歌呢？

生：蜻蜓说：“蜘蛛，你的网织得好好的。”

师：好结实的网。

生：我还听到了蝴蝶和蚂蚁在聊天。

师；它们会聊些什么？它们可能在聊——

生：今天的天气真凉爽。

……

2. 言语行为导引中生成切己的意义

任何语言表达，从语言行为角度分析，离不开“说话人、听话人、话语和言语行为”几个要素。按照20世纪50年代英国著名分析哲学家奥斯汀的“言语行为”理论，任何一个完整的言语行为都应该包含三个层次：其一，以言述事的言内行为（licutionary acts）；其二，以言行事的言外行为（illocutionary acts）；其三，以言成事的言后行为（perlocutionary acts）。语文教学遵循言语行为理论的精神，言说者让倾听者在自主体验的基础上，通过言语行为的多重转换生成切己的意义。叶才生老师执教《窗》一课设计导语就深得言语行为导引之妙：首先，叶老师通过板书“窗”的甲骨文写法，引导学生揣摩窗这个符号以言述事的言内行为——“家里的窗给人温暖”、“心灵的窗户装下整个世界”；接着，借助考生吴斌的诗品味开窗户“看”世界的以言行事的言外行为——“别让理智离开身边”、“阳光只有一种颜色”等；最后，引导学生品评课文人物行为后建构自己的以言成事的言后行为——“戴上‘乐观’的望远镜看世界”。

师：上课！

生：老师您好！

师：同学们好，请坐。有几个字请大家猜猜。（师板书“窗”字的甲骨文写法。）这两个字看谁猜得出？

生：第一个是“窗”字。形状就像生活中的窗。

师：第二个呢？

生：我猜是烟囱的“囱”。形状就像古时候的窗。

师：其实两个都是窗字。（板书“窗”）各个阶段的华人对这个字都有不同的写法，都有不同的演绎，这也是体现了我们中国人智慧的结晶。看到这个“窗”字你想到了什么呢？从这里开始，你先说。

生：我想到了家里的窗户。

师：家里的窗给人温暖。你呢？

生：我想到了眼睛的窗户。

师：眼睛的窗户能够看得见生活的风景。请你说？

生：我想到了心灵的窗户。

师：心灵的窗户可以装下整个世界，很好。我这个“窗”大家都会联想到窗户，这是第一个话题。第二个，2003 年高考时有个考生叫吴斌，他写的诗歌是二百零九个字，本来是不符合要求的，但是写得确实很好，八位评卷的组长一致认为给他满分。我们来看看它魅力何在？看看你喜欢哪一句？

生：（齐读，幻灯片显示）

无题

拉开窗帘，阳光只有一种颜色。

——题记

拉开窗帘，阳光只有一种颜色
不论你喜欢
赤橙黄绿青蓝紫
当然情感无罪
但它好像变色墨镜
把整个世界
染得非喜即悲
把所有面孔扭曲
给你看
于是无知的你伸出指头
“这个丑，那个美”
别总给理智放假
如果感情像雾
那么当心它遮住了
真理的彼岸
如果感情像月光
那么要知道
它剽窃不了太阳的光线
不是说感情总在欺骗
只是它总有失真的一面
时常擦拭你的双眼
别让理智离开身边
拉开窗帘
你是否看得清暗礁

如果是
那么撑起帆
起风了，你看那是岸

师：这么多诗句里面你最喜欢哪一句？

生：别让理智离开身边。

师：你喜欢哲理方面的话题。你说？

生：身正不怕影子歪。

师：身正不怕影子斜，不错，很好。你说？

生：拉开窗帘　你是否看得清暗礁。

师：你看到是暗礁，是希望，是渴望到达成功的彼岸。有没有喜欢第一句的？我是最喜欢第一句："拉开窗帘，阳光只有一种颜色。"其实我们拉开窗帘的话，阳光有时候不止一种颜色。我们这节课就是推开这扇窗，通过这节课，通过文本，通过我们同学的眼睛看看，到底发现有哪些风景，是叶氏的风景还是郑氏的风景？还是王冰寒王氏的风景？看看每一个人都有自己的标签风景。这就是一个创新理解的灵魂，我们一起来尝试一下。

……

师：好。下来我们来做一个小试验，谁愿意来试一下？你会看到另一个世界。一个同学按照我的要求来行动，另一个同学描述一下他的行为：

（一个男同学拿镜子微笑）

生：他笑的时候，镜子中的人物也在微笑。如果他的表情是比较悲伤的，那么他在镜子中也会看到一个悲伤的自己。所以我觉得这个世界就是一面镜子，你对它微笑，它也会向你微笑。

（另一男同学戴上墨镜看一页文字，再取掉墨镜看一看文字，看看颜色有没有变化？）

生：外面的世界很多时候是没有变的，可是当你的眼睛蒙上一层灰色的忧伤或者黑暗的话，你就会觉得生活变了颜色。

师：好，把同学们体验的内容概括一下，老师希望大家生活中这样去审视周围的世界：（幻灯片显示）

生：

你对镜子微笑　镜子就对你微笑

你对镜子哭泣　镜子对你哭泣
眼睛戴上墨镜观看世界
万物为之黯淡
眼睛戴上放大镜观看世界
万物为之放大
戴上“乐观”的望远镜看世界
前路无限光明

3. 语言形式变换中生成切己的意义

一般来说，日常的语文教学在处理文本的时候，文本的重难点、语言优美点、情感聚焦点等都是典雅语言训练的点，但这些点均属于文本的内容，而文本的体裁、结构、句式等均属于文本的形式。为了生成学生切己的诗意，在搞好内容教学的基础上，不妨在形式，尤其是在多重形式变换中下功夫，同样可以生成学生切己的诗意，从而促进学生语言表达的典雅。笔者指导陈梦婷同学和宁波市的贺秋虹老师执教《画风》一课的时候就注意语言形式的变化达到生成学生切己意义的目的：首先列出文本人物主要的画风行为，引导学生把课文里的“他”“她”替换出具体的人名，实现语言表达的人称转换，促使学生分清画风的主体；然后，引导学生模拟老师的示范句式，开展言语实践，实现文本记叙性句式的诗歌转换；最后，在认识文本人物画风行为后，引导学生结合自己的生活，凭借言语符号创造自己的画风行为，生成切己的诗意以及实现典雅语言的自我表达。

师：同学们认真读读下面四个句子。

（PPT 出示四个句子：a. 只见她在房子前面画了一根旗杆，旗子在空中飘着。b. 说着，她在大树旁画了几棵弯弯的小树。c. 她想了想，把画上的太阳擦去，画了几片乌云，又画了几条斜斜的雨丝。d. 她画了个拿着风车的小男孩，风车呼呼地转。）

师：请把课文中小朋友的姓名代替这些句子中的“他、她”再读读这些句子。

生：只见赵小艺在房子前面画了一根旗杆，旗子在空中飘着。

生：说着，陈丹在大树旁画了几棵弯弯的小树。

生：宋涛想了想，把画上的太阳擦去，画了几片乌云，又画了几条斜斜的雨丝。

生：赵小艺画了个拿着风车的小男孩，风车呼呼地转。

师：同学们识别能力都不错。现在，大家谈谈这四个小朋友是怎么画的风呢？请按照这样的句式写一写，再交流。(PPT 呈现)

言语实践：

赵小艺会画风

她在房子前面画了一根旗杆

风把旗子吹得在空中飘起来

(　　) 会画风

____

____

生：陈丹会画风，她在大树旁边画了几棵弯弯的小树，风把小树吹弯了。

生：宋涛会画风，他擦去太阳，画上乌云，还有斜斜的雨丝，风把雨丝吹斜了。

师：人称、句子变一变，课文就有诗意了。现在，请大家做做诗人，也来画风。(PPT 呈现)

言语实践：

我会画风，微风吹拂蒲公英，伞状的种子飘向远方。

我会画风，________________，____________________。

生：我会画风，秋风轻抚麦子，金黄的麦穗低下了头。

生：我会画风，春风吹过旗杆，鲜艳的五星红旗随风飘扬。

生：我会画风，大风刮过天空，漫天的雨丝斜斜飘落。

生：我也能画风，我在树下画了几片落叶，是风召唤叶子从树妈妈身上跳下来，快活地在大地上玩耍。

生：我会画风，狂风吹弯小树，粗壮的大树临风护着小树。

生：我会画风，轻风吹动风车，美丽的风车迎风转动。

二　特色项目典雅语言训练策略

学生的语文素养发展不是一蹴而就，一步就能登天的。典雅语言训练同样如此，应该注重平时的积累，训练内容分散在平时的日常语文学习中，一点点的细化，一点点的扩充，一点点的进步，一点点的内化。梅花香自苦寒来，不经历凛冽寒风哪来得花香扑鼻。只有不断磨炼，不断锤炼自身的典雅语言，才能自然而然信手拈来，才能出口成章。笔者自 2001 年以来一直倡导建议以写新诗为载体的雅言课堂，以推进典雅语言训练。所谓“雅言课堂”，指的是为了提高学生语言表达能力而进行的典雅语言训练的课堂。从狭义的角度讲，指的是语文教学常规课程之外单独开设的儿童诗、新诗课堂，即以诗意语文观为指导，以涵养学生的人文精神、开发学生智力、培养学生审美素质为目的，以学生自我探究、自我感悟、自我体验为基本形式，以激励学生主动参与、自主吟诵、大胆创新为基本原则，以实现学生“诗情”、“诗思”、“诗语”的统一发展为价值取向的写诗、品诗、析诗的言语实践活动。从广义的角度讲，是指学生校内外语文学习过程中，教师为学生提供充分的言语实践的平台，引导学生发现美、感受美、表达美、分享美，拥有“诗心”，“诗情”、“诗语”、“诗行”的一切典雅语言训练活动。概括起来主要由巧写一句、新诗进课堂、课本诗写作等平台组成。

（一）“巧写一句”微型写作典雅语言

所谓的“巧写一句”，相当于体操训练的分解动作，即以课文内容、课外读物或者学生的每天所见、所做、所思、所感生活作为训练材料，采取专题或随机训练的方式，让学生写出具“象”化的形象表达，优雅、鲜活、经典、直抵人心的语言表达，具有生活之象与独特个人之思的典雅语句，做到语言形式和表达内容的有机结合。包括随文练笔、生活记录、问题争鸣、读书心得等。该实验主要在中山市纪中三鑫双语学校小学部与中学部、宁波市镇海中学、宁波市江东区戎徐小学、海曙区孙文英小学等学校进行。主要的策略如下。

第一，“统筹规划”一以贯之的策略。为了促进学生典雅语言表达成为习惯，首先就要让学生知道什么是典雅语言，什么样的语言符合典雅语言标准。课题组就此展开研究，根据中国传统诗学理论，强调典雅语言入选的标准为：具“象”化的形象表达，语言表达优雅、鲜活、经典，直抵人心。在此基础上，对典雅语言训练的主题要进行统筹规划，力争做到纵向年级贯通，横向与常规语文教材主题相连，与现行语文课本单元主题平行，每个单元细分若干个子主题，从一年级贯穿到九年级共 18 册书。特别强调教师应该注重对学生进行有层次的语言表达训练：第一层次，规范表达，说完整的话语；第二层次，典雅表达，说准确而优雅的话语；第三层次，个性化表达，说独特而个性的话语。

第二，“赏仿创评”相结合的策略。笔者指导实验学校宁波市江东区戎徐小学、中山市纪中三鑫双语学校开展雅言课堂打造活动，不仅推出了三本《雅言课堂》校本教材，更探索出典雅语言“巧写一句”的基本训练模式——赏模创评。所谓“赏”，指的是让学生赏析文本（含学生作文的文本）中的特色语句，说出或写出欣赏的理由；所谓“仿”，指的是模仿所欣赏语句的表达；所谓“创”，指的是在原句的引导下进行创造性改写；所谓“评”，指的是评价句子仿写与创写的表达效果。例如，笔者指导学生吴颖设计《桂林山水》一课的教学时，先让学生筛选自己赏析的词句，然后写句子。小学生把形容山的词语“罗列、峰峦雄伟、危峰兀立、怪石嶙峋、连绵不断”和形容水的词语“无瑕、翡翠、波澜壮阔”分类归纳，然后教师鼓励学生创造性运用这些词语，于是，学生就可以写出“桂林的水不似大海般波澜壮阔，不似西湖般平和如镜，却恰似无瑕翡翠，被群山拥于怀中”、“桂林连绵不断的群峰像是一道屏障，将它与外物分离成了一个仙境”等句子。接着，指导学生挑选课文自己赏析的句子进行仿写，比如有学生喜欢这个句子：“漓江的水真静啊，静得让你感觉不到它在流动；漓江的水真清啊，清得可以看见江底的沙石；漓江的水真绿啊，绿得仿佛那是一块无瑕的翡翠。”学生仿写成：“舟山的海真大呀，大得让人觉得自己像一粒米粒一般渺小；舟山的海真蓝呀，蓝得仿佛是被湛蓝天空印染的布帛”。在此基础上引导学生进行创写，鼓励他们写出个性。于是，学生就把自己仿写的句子写成“舟山的海有两个特点：一是大，大得让人觉得自己像一粒米粒一般渺小；二是蓝，蓝得仿佛是被湛蓝天空印染的布帛。”最后是评价，主要的目的在于让学生通过自评或小组评价，总结仿写、改写的效果，推选出典雅语言写作的精彩句子，达到提炼“金句”的目的。就这样，语言的感悟、内化、运用形成一条线，能够实现典雅语言训练效益的最大化。

第三，“德言同构”圆融互摄策略。福建师范大学潘新和老师认为，在未来教育中，言语表现力将成为人的生存与发展的“元素质”，语文教育必将展现更为浓郁的人性和人文魅力，给学生的人生旅途更多的温馨和诗意。[①] 这其实说的是，语言表达的内容和形式应该与学生的生命成长律动保持一致，即道德品质培育与语言表达圆融互摄。在实践中，根据学生

① 潘新和：《语文：表现与存在》，福建人民出版社 2004 年版，第 17 页。

的语文学习生活、班级生活、家庭生活整体建构并规划“巧写一句”的主题。

语文学习生活：比如中山市纪中三鑫双语学校将初中语文教材单元主题开发成典雅语言训练主题。（见表5—1）

表5—1 七年级“巧写一句”单元主题汇总表

册数	人教版单元名称	主题提炼
七年级上册	1. 眼眸饱含的泪水（亲情血浓于水）	遥望中秋的目光（思念）
		友情掌上的阳光（友情）
	2. 倾听成长的声音	常念恩师的鞭子（恩师情）
	3. 春花秋月的絮语	生活的真谛
		自然的符号（绝妙景语）
	4. 风雨人生的执着	山高人为峰的胸襟（志向）
		感恩苦难的洗礼（磨难）
	5. 遥远星空的眼眸	璀璨的道德律（自律）
	6. 倚天屠龙的交响	思想的重量（思想）
	综合探究延伸	生命图腾的汉字（汉字专题）
七年级下册	1. 梦绕童年的木马	两小无猜的默契（童年童真）
	2. 德行天下的求索	祖国颂歌（爱国）
		母语教育（母语）
	3. 接过圣贤的火炬	精神之光（精神）
		人格的砝码（人格）
	4. 耕耘心灵的牧场	知识的力量（知识）
		精神的归宿（家园）
	5. 且歌且行的洒脱	英雄的赞歌（英雄）
		文明的追寻（探索）
	6. 吟叹生命的行板	感谢孤独的行为（孤独）
	综合探究延伸	热爱艺术（可细化）

注：单元对应现行教材，也可自定主题，精练金句。

班级生活：班级是学生生活和学习的小天地，也是社会对象化的主要场所，有组织地引导学生通过“巧写一句”的方式记录每天发生的故事，记录学生的喜怒哀乐。这些语言不仅是语文学习的积累，更是生命成长的积淀，还能够借助这些语言引导良善德性的培养，是健康行为的导引词。笔者指导实验学校开展雅言导行的活动，学生结合班级文化布置以及班级生活规则制定，典雅语言“巧写一句”成为班级文化建设和班级精神培育的重要平台。比如，中山市纪中三鑫双语学校初二（5）班的语文老师、班主任唐豪杰组织学生“巧写一句”，班级命名为“幸福凤凰花”，班级口号就是“做一个幸福的读书人”，班级日常生活均采用雅言的方式提示、导引，该班被评为市文明班级，市班级文化建设典范班级。

社会生活：语文学习的外延就是生活。这就意味着社会生活是学生语文学习的主要内容，也是典雅语言训练的主要内容。笔者改变中小学语文教师千篇一律要求学生写周记、日记的做法，要求学生针对每天日常所见所闻，哪怕是读报、看电视，将自己的生命感动用一句话表达出来。比如：金融风暴的到来，你有什么看法？对网络暴力语言，我们应该说“不”；谈谈抗战纪念日，我们纪念什么？如何纪念？更多的是不定主题，让学生随意发表自己的看法与表达自己真切的感受。比如，看到中考、高考失利的考生选择自杀的新闻，学生会这样表达自己的看法：“如果眼泪不能冲刷一切苦难，那么我们就要仰起头颅，迎着阳光而走。”再比如，谈到“学会谦卑，学会谦卑地活着”的话题：何美君同学这样写道——大海谦卑，而纳百川；高山谦卑，而聚土石；大地谦卑，而生万物；天空谦卑，而容日月星辰；丁健微同学会有这样的感悟：你昂起头，你看不见别人。你低下头，我们遇见了你；孙梦楠同学会这样表达——做一苇芦草，河畔水清浅，晚风吹来便徐徐倾倒，狂风扫来却摇摆坚挺，以一种谦卑，去对待这人世间的所有荣辱兴衰，所有波折起伏；还有朱丽虹同学更会这样导引自己——我的心要像虚心自持的竹子一样中空，胸怀要像亏多盈少的月亮一样含蓄，头脑要像饱满沉甸的谷子一样充实；俞文君同学会选择这样的路径生活——做个安静的女子，守在热闹的边缘，如水谦卑，似风无痕，纳万物，现万象。学生在自我的典雅语言表达中认识自然、认识社会、更认识自我，在一次次的认识与思考中提高语言的表现力，更修养自己的德性。

第四，“听说读写”相互促进策略。语文听说读写能力的发展是螺旋式地相互促进提高的，诗意语文教学实验不仅注重学生“阅读”人生能力与“写作”生活能力的培养，还注重“听说”能力的培养，主要采取课前演讲的方式进行。每堂语文课前三分钟，按学号顺序训练三名学生，前一分钟演说并诠释自己仿写、改写、创写的典雅句子，后一分钟随机抽查其他同学即兴点评、记分。在组织上尽量让学生语文课代表自主组织、自主引导集体评价并把学生演讲的典雅语言及评价结果公布在《某某班课前三分钟演讲评价》公告栏。演讲评价的标准如下：其一，优，主题鲜明，语言典雅而富有感染力、声音洪亮、体态语自然、脱稿；其二，良，主题鲜明，语言较典雅且有一定感染力，声音大、有体态语、脱稿；其三，达标，较完整表达中心，语言基本规范但缺乏感染力，上台较大方，表达较清晰；其四，未达标，主题不明，语言粗俗，表达不清，声音小听不清，埋头念稿，没互动交流，严重超时。值得注意的是，典雅语言演讲特别强调及时分享，让学生体验演讲的成功喜悦。要求每位老师至少录制本班一个人典雅语言演讲视频并上传微信“典雅语言微频道”，发布于班级、学校、社会，让大家及时学习、交流、评价。另外，在课外阅读中积累典雅语言名段，在常态语文教学中注意积累运用。实验学校中山市纪中三鑫双语学校要求学生每周阅读要摘抄金句名段，并做好引用与化用的典雅语言训练。

（二）新诗进课堂典雅语言

所谓“新诗进课堂”就是以诗意语文观为指导，以涵养学生的人文精神、开发学生智力、培养学生审美素质为目的，以学生自我探究、自我感悟、自我体验为基本形式，以激励学生主动参与、自主吟诵、大胆创新为基本原则，以实现学生“诗情”、“诗思”、“诗语”的统一发展为价值取向的读写新诗（含儿童诗）的言语综合实践活动。“新诗进课堂”课题研究，坚持以马克思主义理论为指导，以教育学、语言学、思维学、美学、心理学为理论依据，为学生个性发展提供自由发展的空间，让学生在充分自主的情况下，通过读写新诗（含儿童诗）方面的“自我实现”达到触类旁通、和谐发展的目的。主要的策略体现在如下几个方面：

第一，更新观念，让新诗带动课堂。语文不是缺乏诗意，而是缺少发现的眼睛。少年儿童天生就是诗人，具有旺盛的想象力，具有诚挚的情感，富有独立个性，对自然、对社会、对自我充满幻想，充满热情，怀着艺术化的生活态度。以新诗作为引领语文教学的文本，就是要求教师有目的地为具有先天诗性的学生提供成长的广阔天地，从新诗的角度对常规语文教学进行诗意的阐释与建构。①用诗的眼光重新审视语文教材，挖掘语文教材中的诗歌元素，变语文教材为“新诗进课堂”的学材；②整合语文教育系统中多种因素、多个侧面、多种矛盾对立的内容，构建新诗知识能力、过程方法与情感态度三维统一的训练目标；③按照学生心理特征和实际知识、能力水平确定学习内容，譬如，有的教师将小学二年级的训练点整理为“以画悟诗”“在想象的天空中自由飞翔”“我给小鸟唱首歌”等，就是根据小学二年级学生特点确定的；④无论鉴赏还是创作，无论阅读还是作文教学，坚持引导学生从对美的事物的形象直观起步，进而领悟其内在意蕴，尽可能不直接讲授不易接受的术语名词；⑤以情感人，以情动人，最大限度地激发教和学的积极性，让学生消除压抑感，体会和谐感。

第二，编写教材，让新诗深入课堂。我们编写了《诗意语文学本》、《雅言课堂》等新诗教学系列教材，内容设计以教育部制定的《全日制义务教育语文课程标准》为指导，以贯通古今、融汇中西、继承借鉴、发展创新为基本原则，以新诗教学目标、内容、途径、方法、评价等要素为横坐标，以小学、初中、高中等层次系统为纵坐标，以知识、能力、态度、情感等语文素养基本指标作为纵横结合坐标，构建语文教学新体系。单元内容设计，主要根据语文学习的内容，有机地将教学内容整合为“人与自然、人与社会、人与自我、人与文化”四个板块，各板块又由许多小板块构成，比如在学习“人与自我”篇时，分别拟出了“亲情、友情、爱国情”等小栏目。就每一单元的教学内容设计而论，主要根据青少年言语发展的心理规律、语文教学规律，采取“近、小、实、亲”的策略将生活写真性地或功能性地引进新诗课堂。所谓“近”，就是选择教学内容“贴近生活，贴近学生，贴近实际”；“小”，就是“从小处着眼，从小事入手，从小诗做起”；“实”，就是“讲述真实情形，抒发真情实感”；“亲”，就是“亲切融洽，可亲可信，亲身践行”。

第三，改革教法，让新诗升华课堂。我们将实验重点放在“注重意会，讲究神韵，侧重感受和体验”上。①构建了“营造气氛、启迪诗思—体验过程、感受诗情—品味生活、赋予诗意—自主创作、形成诗语”的新诗教学模式；②创造性地把音乐、美术、戏剧、美育等内容融入新诗教学，让闪客动画、CAI课件、闪客实验电影等现代媒体与新诗教育协同起来；③教师用语散文化、诗歌化；④思维体操日常化，遵循双脑协同规律，经常在课前、课中、课后，让学生静思默想，配合柔和的音乐，营造课堂浓厚的诗情氛围，诱导、唤醒学生的想象，使学生处于一种放松状态，心驰神往于诗歌所创造的意境；⑤在发挥学生自主品味语言、咀嚼意蕴、体认新诗内在规则的基础上，开展合作、探究式教学，训练学生敏捷地把“意”和“境”沟通起来，把语言形象转化为视觉或听觉形象。

（三）课本诗教学典雅语言

所谓课本诗，从广义的角度看，指的是根据诗意语文教学原理，运用“诗”的方式解读、演绎课文内容并抒发切己感受的典雅语言表现形式。而狭义的课本诗，是翻文为诗，广义的课本诗是以意象化表达为主的作品。所谓课本诗教学，指的是为了落实语文教学“培养学生热爱祖国语言文字”的目的，赋予课文文本、作者、自我及其彼此关系以诗意观照，从而触发师生生命感动后采用“诗”的言说方式去解读、演绎课文所涉及的生活内容并抒发切己读后感想的言语实践活动。该试验是在完成“新诗进课堂”“新诗教”等实验的基础上衍生出来的研究，系叶才生老师主持的中山市教育科学规划课题，笔者全程参与指导。

主要策略如下。

第一，采取“诗”的方式解读文本。任何文本并不是一种“自在之物”，而是“为他之物”，为“情化的自然”，即文本诗意就是那些“人人心中有，个个笔比下无”的言语存在。阅读的首先和根本就是要引导学生感悟、把握、领会文学作品的“奥秘”。相对于以了解和掌握文本提供的有用信息和知识为己任的功利化解读，以探寻和发现文本的客观规律为鹄的科学化解读，审美化解读是以观照和体认文本的情感境界为旨趣，将文本从静态封闭的语象符号走向动态开放的言语实践。

第二，凸显学生切己的意义。所谓切己，就是语文教学典雅语言训练要与学生创造性运用语言文字符号塑造理想自我发生密切关系。语文是言语课，一个文本的价值和意义只能在学生理解的范围内实现，因此课题组强调学生切己感受，即关注文本的内容需激活学生的认知结构已有的“相似块”信息或者善于消除学生认知的“结构差”，诱发生命感动，在文本中能再发现，再创造，读到文字背后的图景，触摸到文字背后的温度，抒发自己切己的感受。早在几千年，对言意象有过阐述的最早见于《易经》。子曰：“书不尽言，言不尽意。”然则圣人之意，其不可见乎？子曰：“圣人立象以尽意”，由此，提出了“言不尽意”、“立象以尽意”的思想。这要求老师尊重学生的认知与审美，近、小、实、亲地进行言语实践，在“言到意，意到言”的转换中提升学生的审美旨趣与语言领悟力。

第三，注重诗意智慧图景思维中展开课本诗教学。相对于线性思维而言，诗意智慧为图景式思维，重“意合”而轻“形合”。“诗意智慧，又称原始思维，意指人类儿童时期所具有的特殊思考方式。其特征为主客不分，运用想象力将主观情感过渡到客观事物上，使客观事物成为主观情感的载体，从而创造出一个心物合融的主体境界。”课本诗教学，强调教师引导学生对“言、象、意”三者整体把握，从语言出发，又回到语言，落实读写生成：从传统语文阅读教学从“言”直接进入“意”的单向道灌输式教学，转为重视“寻言观象”、“寻象观意”的两个转化过程，强调学生“阅读体验（言语）”是阅读教学的起点，“立象悟意”与提升阅读体验是阅读教学的关键。即倡导并践履“言、象、意”一体化的教学。它要求教师，善于寻找文本的诗意点，或主问题，侧重于诗情、诗理、诗思、诗语某一个纬度，在课堂的师生互动对话中，动之以诗情、晓之以诗理、启之以诗思、导之以诗行、积之以诗语。加拿大教育现象学者马克思·范梅南曾对诗化作过一种解释，他说：“所谓诗化不仅仅是诗歌的一种形式，或一种韵律的形式。诗化是对初始经验的思考，是最初体验的描述。”（具体见图5—1）

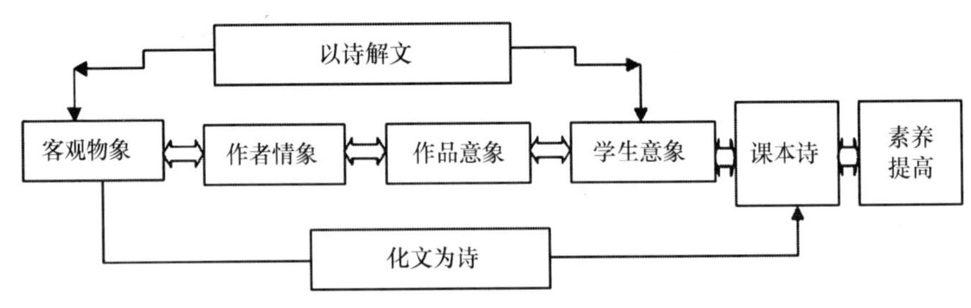

图5—1 课本诗教学示意图

课本诗导写，是文本与师生、生活之间多维对话的言语实践。其实施教学的基本环节在于：基于诗情，基于语象—基于诗思，探索物象—基于诗理，发散意象—基于诗语，融会意境。例如叶才生老师教学初一《紫藤萝瀑布》主要的环节就是这样：首先，请同学们闭上眼睛想一想，你在哪里见到了怎样的瀑布；然后，要求学生用自己的话描绘画中的紫藤萝瀑布，再朗读书中专门描写紫藤萝的语句；最后，老师引导学生思考，第一眼看到瀑布，紫藤萝的表层，第二眼还看瀑布，从紫藤萝的背后你又能看到了什么。“紫藤萝”与“瀑布”只是抽象的语象，通过引导举象，盘活学生记忆中具体情态的“自然的瀑布”、“眼中的紫藤萝”，经同学们的描述一次次放大，一次次定格，到达“心中的瀑布”、“生命中的紫藤萝”，精彩完成了由言到意，又由意到言的转换，产生“悠然心会，妙处难与君说”的审美感受。即从“普通瀑布”的物象，提升到“心中瀑布”的意象，升华到“生命瀑布”的心象，让学生体验了“见山是山，见水是水；见山不是山，见水不是水；见山还是山，见水还是水”的顿悟。诗化读写发散着意象的魅力：意象必须生动、鲜活、具体，再现并拓展作品的场景，形成强烈的情感撞击与震荡，收获感动从而完成文学作品的情景交融的宗旨；意象需来自于学生的生活体验，见天光接地气，这样有利于从文本语言转化为自己的语言。

第六章

诗意语文教学目的论

第一节　制约语文教学目的建构的要素分析

任何教学均是有目的的行为，语文教学也不例外。语文教学是语文教师的教和学生的学组成的活动，其目的的研究、解释和运用就是要解决语文为什么教与为什么学的问题。它不仅决定语文教与学行为的方向，也是研制教学内容、组织语文教学过程和选择语文教学手段方法的依据，还是评价检验语文教学效果的重要尺度。伴随着语文新课程改革的不断深入，语文究竟为什么教和学？语文教师要明确抓住的目的是什么？至今仍是众说纷纭，莫衷一是。但无论如何，对语文教学目的的认识、理解和运用均离不开语文的本体、客观事实以及实践者的主观选择和建构等因素及其关系的理解。本文从语文言语实践的本体论和诗意生成性的本质以及教学行为发出者合规律性与目的性统一的角度透视语文教学目的论，为引导语文实践教学行为作出微薄的贡献。

俗话说“埋头拉车先看路”。这就意味着任何行为要达到好的效果，首先就要行为目的的合理性判断。语文教学目的是根据教学的基本任务，通过教学过程期望达到结果的预设、预测、预评。包括语文教学内容要求和语文教学质量标准两个方面，即应该传授和学习哪些语文知识，培养哪些语文基本素养；语文知识、能力、情感、德性等素养培养达成程度的标准。其合理性一方面取决于对语文教学规律的认识；一方面取决于教学行为结果的认识。自 1903 年语文独立设科以来，语文教学目的是在教学行为合规律性与教学结果的合目的性矛盾统一的合理性教育引导下解构与建构的产物。各个时期语文教学目的无论是规训还是生成、是归纳还是演绎，是批判还是继承，均应是在合目的性与合规律性的矛盾对立统一中前行的。

一　多元主体：复杂关系中的语文教学需要

从合目的性看，语文教学目的的合理性建构主要取决于各种利益主体的需求博弈。而构成这个利益体系的主体主要有国家、社会、个体等。

从国家主体看，统治阶级为了加强和实现国家统治，一个有效而必然的途径就是通过教育去传递其意志，从而实现其思想意识的统治。作为以母语为依托的语文教学，自然成为统治阶级实现思想意识统治最有效、最直接的途径。古代的语文教学，尽管也有让老百姓掌握社会生活的常用语言文字的目的，但掌握语言文字的读写基础训练主要是为了“化民成俗”。科举取士制度推行以后，语文教学的目的自然窄化成为科举考试服务，语文教学成为统治阶级推行儒家思想，进行政治教育、道德教育的工具，逐渐变成了科举考试的附庸。

从社会的尺度看，社会的发展强调语文教学的社会要求。比如，黎锦熙 1924 年出版了《新著国语教学法》著作第一章“国语教学之目的”中指出：为了“适应社会上的应用”，语文教学的目的，在于培养学生听说读写四种能力。“文字和语言，都是代表事物和思想的符号；文字这种符号是有手写，有眼看的；语言这种符号是用口说，用耳听的，不过运用的功能不同罢了，所以文字和语言的用处，虽各有所长，但是四项用处可看作共通的。”20 世纪 80 年代，国家提出以经济建设为中心的战略方针，发展科学技术、增强综合国力成了首要任务。经济建设需要大量知识型、能力型人才，语文知识的传授、语文能力的培养就都作为中学语文教学目的被反复强调，并写入了大纲。20 世纪 90 年代，社会日益国际化、信息化，改革开放虽然使国家在经济建设和科技进步方面取得了令人瞩目的成就，但劳动力素质和科技创新能力不高，已成为制约我国经济发展和国际竞争能力增强的一个主要因素。对人才质量规格的评估既然发生了变化，自学习惯的养成、合作意识的增强、创造力的培养、创新精神的倡导也就顺理成章地成为语文教学的目的。

从个体的尺度看，个体的需要强调语文教学的主体价值。五四运动前后是西学东渐的鼎盛时期，那时一些留学人员返回祖国，他们学贯中西，归国后致力于中国的教育事业，将西方先进的教育思想与中国传统教育相结合，推动了中国教育事业的发展，如胡适、陶行知等。同时也有一些外国学者应国内人士之约来华讲学，如美国著名教育史家、中等教育专家孟禄，近代实用主义教育思想的创始人杜威，他们数次访华，对20年代中国教育改革产生了广泛而深刻的影响，自然也给语文教学带来深刻的影响，其中，增强学生的主体地位，让学生在语文学习的过程中发展个性，能够表达自己独立的思想。

人类需要语文教学，是因为语文教学既能够促进社会的发展、维护国家的稳定，还能够满足个体的需要。国家对语文教学的需要与社会对语文教学的需要以及个体对语文教学的需要是各不相同的，这些主体之间的复杂关系必然导致语文教学目的的建构与解构出现复杂性。

二　二元性质：科学人文交织的语文教学定位

“学科性质决定学科教学目的。”语文学科性质和学科教学目的，是语文教学实践中要研究的一对重要概念。人们在处理二者关系的时候，往往遵循唯物反映论的思维法则，认为语文学科性质与教学目的之间存在客观决定主观的关系。语文学科的性质（或称为本质）是教学主体凭借教材等客观的教学资源对教学对象进行语文教学实践中所产生的种种教学现象之间普遍、必然、内在、稳定的联系，因而，是属于客观唯物的存在；而语文教学目的是有计划、有选择地对教学行为方式以及活动结果的预设，因而属于主观唯心的范畴。这就意味着把握语文学科的性质就把握了语文教学目的。

自语文学科独立设科以来，人们根据教学主体所选择的教学内容、教学方式等语文教学实践形成的种种教学现象，形成了不同语文学科性质观。现就新中国成立以来颁布的语文教学大纲和课程标准可以做一个简单的梳理。1956年颁布的《初级中学汉语教学大纲（草案）》指出：汉语是对青年一代进行社会主义教育的一种重要的、有力的工具。1956年颁布的《初级中学文学教学大纲（草案）》指出：文学反映社会生活，是帮助青年一代认识社会生活的重要手段，是对青年一代进行社会主义教育的有力工具。1963年颁布的《全日制中学语文教学大纲（草案）》指出：语文是学好各门知识和从事各种工作的基本工具。1978年颁布的《全日制十年制中学语文教学大纲（试行草案）》学生学好语文，对于他们学好其他各门学科，提高思想政治觉悟和掌握文化科学知识，迅速成长为又红又专的人才，有着重要的作用。1980年颁布的《全日制十年制中学语文教学大纲（试行草案）》指出：学生语文学得好，对于他们提高思想政治觉悟，学好其他各门学科，掌握文化科学知识，成为又红又专的人才，有着重要的作用。1986 年颁布的《全日制中学语文教学大纲》指出：语文是从事学习和工作的基础工具。1990 年颁布的《全日制中学语文教学大纲》指出：语文是学习和工作的基础工具，语文学科是学习各门学科的基础。1992 年颁布的《九年义务教育全日制初级中学语文教学大纲（试行）》指出：语文是学习和工作的基础工具，语文学科是学习各门学科的基础。1996 年颁布的《全日制普通高级中学语文教学大纲（供试验用）》指出：语文是最重要的交际工具，也是最重要的文化载体。2000 年颁布的《全日制中学语文教学大纲》指出：语文是最重要的交际工具，是人类文化的重要组成部分。2001 年颁布的《全日制义务教育语文课程标准（实验稿）》指出语文是最重要的交际工具，是人类文化的重要组成部分。工具性与人文性的统一，是语文课程的基本特点。

不仅如此，学术界在既有语文大纲和课标的基础上开展了长期的论证、论争，形成了“工具说、人文说、工具性与人文性统一说、言语说、文化说、悬置说和消解说”等语文性质观。工具说认为，语言文字是交流交际的工具，语文是学习自然科学方面的天文、地理、生物、数、理、化以及社会科学方面的文、史、哲、经的工具。语文学科所包含的言语材料以及言语材料所载的思想观点和知识，决定了各自相应的工具性教学作用：语言文字知识教学和能力训练的作用，思维训练的作用，思想教育的作用。这些基本作用，适应了社会的需要，由此产生出各种各样的语文基本教学目的，它们是：语言知识教学、语文能力训练、思维能力训练、思想教育、文学知识和其他知识教学等方面的目的。再比如，人文说，王尚文、韩军等通过对语言所蕴含的人文精神的论述，语言是一种创造性的精神活动。对人来说，语言是人精神意义上的存在，没有语言人的精神就没有依靠。语文教育的本体论是“立人的精神为本，先精神、后应用，精神第一、应用第二”。语文教学目的指向语感，即“增大阅读量，打破封闭的教室，复归生活，引入大社会，与生活交往、阅读名著、接触网络等所有媒体，由阅读一本小书到阅读众多大书，纵身跃入语言（‘交往’）的汪洋大海”①。工具性与人文性统一说，鉴于工具说与人文说各有偏重，莫

① 韩军：《“新语文教育”论纲——兼论五四后中国语文教育的三重误区》，《语文教学通讯》2000 年第 5 期。

衷一是，专家们基于语文是一门综合性学科的客观现实，认为“语言文字是文化的载体与结晶，教学生学习语文，伴随着语言文字的读、写、听、说训练，须进行认知教育、情感教育和人格教育。语文学科应该是工具训练与人文教育相结合的学科，主张二者要有机融合”。[①] 语文学科既有工具性，同时也有人文学科的共性——人文性，这两种属性不能简单地分开，而是统一的关系。语文学科的性质定位为“工具性和人文性的结合体”。语文教学目的自然指向二者的合金：培养学生热爱祖国语文的思想感情，培养语感，发展思维，使他们具有适应实际需要的识字写字能力、阅读能力、写作能力、口语交际能力。使他们逐步形成良好个性和健全人格，积极倡导自主、合作、探究的学习方式。

当然，语文新课程将语文学科的性质定位为工具性与人文性的统一上。这个定位不是一个完成时的认识，而是折中的进行时认识方式。自然造成语文教师对语文教学目的的理解存在意见分歧。导致语文教学目的出现新瓶装老酒的现象。从这些不容否认的事实中，可以得到这样的认识：语文学科的具体教学目的，是在学科基本性质决定学科具体教学目的的客观条件基础上，根据社会、阶级的需要，由各统治阶级主观选择、决定的。

三　多维的内容：不断叠加的语文教学载体

在学科性质决定学科教学目的的基础上，教学内容对语文教学目的建构与解构也有重要的影响。因为从宏观层面看，似乎是先有教学目的，然后根据目的再确定语文教学相应的教学内容；从微观上看，一个语文教师一般则是根据课程内容、教材内容来确定教学目的。因此，它们构成彼此关联的辩证关系：教学内容是为教学目的服务的，离开了教学目的，教学内容就无从谈起。而教育内容是客观存在的物质基础，离开教学内容教学目的成为无水之源。语文教学实践中的具体教学目的，是由主观选择规定的，而具体教学目的决定着学科具体教学内容的结构，进而决定了学科相应的具体性质。这个辩证法规律的语文教学中体现为，不同结构的语文教学内容，具有不同的性质，而教学内容的具体结构具有具体的性质。

宏观方面言之，社会经济、政治、文化的变化必然导致语文教学内容

---

① 董菊初：《坚持科学理性与人文精神的统一》，《连云港教育学院学报》1995 年第 4 期。

的革新，自然也影响到教学目的的建构。在前语文时代，孔子倡导的语文教学内容主要由“文、行、忠、信”等内容构成，其中伦理的教学内容四占其三，语言文字教学内容四占其一，这便决定了该学科的教学目的主要是思想教育性为主、语言工具性为辅的学科思想性。萌芽期的语文教学，受维新变法、“师夷长技以制夷”等思想的影响，资本主义工业革命大机器生产等内容引入语文学科教学领域，于是，语文教学大众化、实用化成为20世纪初的潮流，于是1903年《奏定学堂章程》规定，语文学科的教学目的其要义在于“使通国民常用之理，解国民常用之词句，以备应世达意之用。并使习通行之官话，期于全国语言统一，民志因之团结”。即学习语言，交际运用，道德教化，精神培育。随着教育平民化、言文一致的教育思想普及，国民政府相应白话文运动的诉求，将语文教学一分为二：一为国语，一为国文。教学的内容自然增加了语言训练的成分。其目的在于“指导儿童练习运用国语，养成其正确的听力和发表力”；“指导儿童学习平易的语体文，并欣赏儿童文学，以培养其阅读的能力和兴趣”；“指导儿童练习作文，以养成其发表情意的能力”；“指导儿童练习写字，以培养其正确、敏捷的书写能力”。[①] ——语言训练，语言运用，语言表达，语言欣赏。而《教育部订定小学校教则及课程表》规定，“国文要旨，在使儿童学习普通语言文字，养成发表思想之能力，兼以启发其智德”。——学习语言，表达思想，启发智德。

从微观的角度看，语文教师对文本内容的处理也影响到语文教学目的的建构与实施。比如，20世纪50年代，受苏联语文教育思想的影响，将文学教学的模式引入语文教学，语文教学内容主要由“主题思想”、“时代背景”、“作者生平”、“段落分析”、“写作方法”等组成，这就决定语文教学目的关注的是文章的思想内容，而忽视语文基础知识和基本能力的教学，其结果就是语文课上成了文学课和文章研究课。后来，受到“左”倾政治思想的影响，语文教学目的的政治化倾向变得更加明显。60年代，语文教学内容演变为俗称的“八字宪法”，即字、词、句、篇、语（语法）、修（修辞）、逻（逻辑）、文（文学）八个方面，语文教学目的指向语文基本知识传授和基本技能训练。80年代语文教学引入了目标分类理论，考试实行标准化考试，语文教学内容引入了“品词析句、练词练句”与“通

① 盛朗西编：《小学课程沿革》，福建教育出版社2008年版，第49页。

过文章思路分析、段落大意和中心的归纳、文章写作手法”等内容，语文教学目的指向严格的读写训练与形象思维能力、逻辑思维能力和辩证思维能力训练。90 年代，受语文教学大讨论的影响，语文教学内容开始指向学生生命成长的各个主题内容，教学目的自然调整为“人文精神的培育”。

总之，一个时期以来，语文教学内容的不断调整，自然影响到语文教学目的的建构。受多元内容的影响，语文教学目的也是处在不断建构又不断解构的探索之中。

第二节 诗意语文的教学目的

百余年来，人们对语文教学目的的建构离不开历史客观事实与物质基础，也离不开主观的价值判断与价值选择。从语文教学的历史事实与物质基础出发探寻语文教学的客观规律来寻求语文教学目的建构的合理性；而从主体出发，凭借语文教学的责任与信念寻求语文教学行为及其结果的合理性。所谓的合理性，指的是合规律而被认为是客观的，合目的而被认为是有价值的，合逻辑而被认为是严密的，合理智而被认为是正常的，合规范而被认为是正当的，有根据而被认为是应当的，有理由而被认为是可理解的，有价值而被认为是可接受的，有证据而被认为是可相信的，有目标而被认为是自觉的，有效用而被认为是可采纳的，等等。合理性是对人的思想和行为所应当具有的客观性、价值性、严密性、正常性、应当性、可理解、可接受、可信性、自觉性等的概括与要求，是合规律性、合目的性和合规范性的统一，也是真理性和价值性的统一。[①] 语文教学目的应该是合目的与合规律的统一。

一 合目的性：语文教学责任与信念的统一

语文教学目的需要合什么目的？语文教学目的建构的规律性在哪？从合目的性看，语文教学的首要责任就是通过对语文教学行为涉及相关因素合理性关系的认识，促使目的合理性行为成为可能。语文教学目的建构的主要因素，离不开教学主体、教学内容、教学价值等因素。其中，起决定作用的还在于教学主体。教学主体尽管涉及国家、社会、学生个体等多元

① 郝文武：《教育哲学研究》，教育科学出版社 2009 年版，第 4—6 页。

因素，无论哪一种主体，均需要以价值合理性为动力，以工具合理性为行动准则，将语文教学的信念和责任互补交融结合起来。这就说明，语文教学目的合目的性具有伦理的性质。马克斯·韦伯（Weber，M.）认为，所谓的责任合理性指的是工具合理性或形式合理性，指以能够计算和预测的后果为条件来实现目的的行为；而信念合理性指的是价值合理性或实质合理性、规范合理性，是指主观性行动具有无条件的、排他的价值，而不顾后果如何、条件怎样都要完成的行动。

语文教学的责任是什么？语文教学与其他人文社会学科教学承担的责任有什么不同？《汉语大词典》对“责任”的解释有三：其一，使人担当起某种职务和职责；其二，分内应做之事；其三，没有做好分内应做的事，因而应当承担的过失。[①] 正如人的行为一样，语文教学要承担相应的职务和职责，做自己分内的事情并承担不良的后果，一方面取决于其存在与其行为或者社会角色的统一性；另一方面取决于其本质与其对自我行为及行为后果合理性评估。因此，确定语文教学的责任，需要明确语文教学的角色定位、语文教学的本质以及语文教学行为发生后所产生的功能或效应。从语文教学的角色定位来看，与自然学科凭借工具实践进行教与学的活动不同，也与人文生活学科凭借精神实践开展的教与学的活动殊异，语文学科是符号学科，其角色定位就应该是符号实践。从语文教学的本质来看，如果说自然学科教学具有工具性本质，人文学科具有精神实践的人文性本质，那么，语文教学就应该是符号实践衍生出来的符号性，或者说本质圆融了自然学科工具性与人文学科人文性的符号生成性。从语文教学产生的功能或效应来看，尽管它也有文化的传承、社会发展的促进等外在功能，其内在功能仍在于促使学生创造性地运用语言文字符号实现人对人与自然、人与社会、人与自我及其彼此关系的实践——精神世界的掌握。人之所以成为人，就在于人能够创造性地运用语言符号学习一切陌生的东西而生成理想的自我。“只有语言才能使人成为人的生灵。”[②] 离开了语言，就根本谈不上人的发展。爱因斯坦说：“要是没有语言，我们的智力就会同高等动物不相上下，头脑中保留的原始性和兽性就会达到难以想象的程

① 《现代汉语词典》，商务印书馆2013年版，第1207页。

② ［德］海德格尔：《诗·语言·思》，文化艺术出版社1991年版，第189页。

度。”[①] 语言和思维是人区别于动物的重要标志。语言符号的发展促进了动物向人的转变，也促进了人的发展，使人在短时间内发展语言、发展思维，传承文化，培养人格，提高人的审美能力和文化品位，掌握民族的行为方式，促使“生物人”的社会化。

人的社会化，其实是人的社会善化，或称为道德化。教育历来的职责就是教人以善，“只有善的教育，才能真正教人为善和促进社会向善。只有善的教育，才是真正有价值的教育”[②]。语文教学生根的土壤是中华民族文化，而我们民族文化的特质是伦理至善，其教学信念就是培养“文质彬彬”的“君子”，什么是“文”，“古之所谓文者，乃诗书礼乐之文，升降进退之容，弦歌雅颂之声”[③]（《温国文正司马公文集·答孔仲文司户书》）。文的内容尽管无所不包，但其根本的价值取向仍离不开“德”。比如，“诗三百，一言以蔽之，曰：‘思无邪’”。（《论语·为政》）《诗经》经过孔子的整理加工以后，用一句话来概括它，就是“思想纯正”。再比如南朝萧统选编《昭明文选》，其标准就是“事出于沉思，义归于翰藻”，其“义”指的是“褒贬是非”之“义”。即使在人文主义泛滥的今天，教材选文的标准一直没有脱离“务求其文质兼美”[④]。所谓“质”，指的是“君子义以为质，礼以行之，逊以出之，信以成之。君子哉!”（《论语·卫灵公十五》）这里的“义”，是指人内在的和坚定的道德品质。文与质的关系正如周朝的大夫单襄公所说：“夫敬，文之恭也；忠，文之实也；信，文之孚也；仁，文之爱也；义，文之制也；智，文之舆也；勇，文之帅也；教，文之施也；孝，文之本也；惠，文之慈也；让，文之材也。”（《国语·周语下》）

从实践哲学的视角看，语文教学经历了学科化到科学化，科学化到人文化以及科学与人文统一的过程。当科学主义观念成为语文教学信念基石的时候，语文教学就成为标准零件加工的工具实践活动，当人文主义取代科学主义成为语文教学的行动逻辑的时候，语文教学就沦为人文精神熏陶与培养的精神活动。从某种意义上而言，单一的工具性或人文性导致语文教学承担了太多的自然学科与人文社会学科的分外之事。语文教学的信念

---

① ［美］爱因斯坦：《爱因斯坦文集》（第3卷），许良英等译，商务印书馆2009年版，第38页。

② 王本陆：《教育崇善论》，广东教育出版社2001年版，第2页。

③ （宋）司马光：《司马温公集编年笺注》（第4卷），巴蜀书社2009年版，第547页。

④ 董菊初：《叶圣陶语文教育思想概论》，开明出版社1998年版，第370页。

应该包括如下的内容：语文教学所指的信念与语文教学能指的信念；语文教学是什么的信念与语文教学应该是什么的信念。语文教学信念形成来自于两个方面：第一，对自己行为内容的理解、坚信程度；第二，对教学对象以及教学对象接受该行为产生结果的了解。从语文教学行为内容的角度看，其内容尽管由政治、经济、文化等诸多要素构成，但其核心要素应该是“祖国的语言文字”。从这个意义来审视语文教学行为的结果，著名的特级教师于漪老师认为，从母语的立命意义上来阐释，来立论，教语文，不仅仅是教某一学科之事，而是培育一种对母语的血肉亲情。[①] 正确把握语文教学行为的结果，就必须打破这种把语文的工具性与人文性视为二元对立的思维模式，走出二元对立的误区，将语文教学的信念定位为：基于民族文化传承的需要，让受教育者感受祖国语文文字的魅力，娴熟语言文字运用的能力，进而成为一个具有民族德性与气质的人。

二 合规律性：语文教学言语实践的本体论基础

从语文教学史的历史事实审视，语文教学合目的性其实就是基于民族文化道德教化的信念以及培养文质彬彬人才责任的统一。信念要求对语文教学内容与形式进行价值的主观甄别、认定；责任则要求行动者认识客观世界及其规律，以便行为后果负责。因此，合目的性需要以合规律性作基础和凭借。语文教学如何保证合目的同时做到合规律？语文教学要合什么规律？所谓的规律，按照苏联学者 M. H. 斯卡特金的论述：“教育规律是按下述公式表述的：A 现象在 B 条件下得到 C 的结果。”[②] 所谓语文教学目的合规律性，就是要不断认识和把握语文教学行为在什么样的条件下得到什么样的教学结果。在语文教学目的建构与解构的实践探索中，针对语文教学存在的问题，不同的专家对语文教学现象所涉及的教学主体、教学内容、教学手段、教学结果等要素必然、普遍、内在和稳定联系认识的根据与角度不同，对语文教学与语文学科本质的认识得出的结论自然不同。语文教学本质的问题是关于语文教学究竟是什么的问题，其本质是语文教学本体发展变化的结果，因此，探究语文教学的本质就必须探究语文教学的本体是什么？

---

① 于漪：《呐喊》，广西教育出版社 2008 年版，第 212 页。

② 朱作仁：《关于学科教学研究的两个理论问题》，《教育研究》1984 年第 2 期。

语文教学的本体是什么？教育的本体是实践，语文教学本体自然是教育的实践，而实践赖以生存的基础与凭借却是言语符号，与其他学科教学的本质区别自然也就是言语实践。所谓的言语实践，指的是学生在教师的引导下创造性运用语言符号认识、接受、创造文化的活动，是凭借言语，为了言语、在言语中的实践。作为本体的存在，语文教学，无论是听说读写能力的培养，还是隐含在该能力背后的思维能力、创造能力培养以及文化品位、良好情操的培育都离不开言语实践“是者”之“是”与“在者”之“在”。从语文教学对象、语文教学本质以及教学本体关系来看，学生是创造性运用符号学习语文教学内容从而塑造理想自我的人。学生的理想自我不是确定的定在，而是生成性的不确定存在。语文教学的根本价值与终极关怀就是让学生在言语实践的过程中，通过语言符号圆融历史、现实与未来不确定的存在，不断生成相对确定与理想的存在，当相对理想的存在实现以后，在言语实践中不断发展言语智慧，进而追求新的理想的、不确定的存在，学生就在确定与不确定的理想自我塑造过程中发展语文素养，进而使自我理想自我形象的塑造处于新新不已的境界。因此，语文教学目的合规律性，首先就是基于本体的教育对象理想自我不断生成的规律。

语文教学行为、教学内容以及教学结果等要素之间本质的关系就是语文的根本性质。从言语实践的本体看，语文的本质属性就不仅仅是工具性与人文性统一的问题，而是如何统一问题的思考。语文属性工具论者只片面强调语文教学的工具性功能，其实质就是观照了语言的工具性功能。语文不等于语言，这两个概念不是包含与包含于关系的概念，而是交叉的概念。我们不能将部分从属于语文的语言的本质属性等同于语文的本质属性，这在逻辑上犯了部分代替整体的毛病。这样做的结果只能是将语文教学视为单纯的语言知识传授与语言技术训练的活动，忽略语文表情达意、交流思想、传达人文精神的教学责任与信念。著名语文教育家刘国正先生也曾明确指出：“语言的运用与生活，与人的思想感情有不可分割的联系。因此，语文训练不是单纯的技术训练，语文教学不是单纯的技术教学。脱离了生活，脱离了人的思想情感，语文教学就如同断源求水，折木求花，是不会取得满意的效果的。”① 正如刘先生所言，语文教学是同人的思想、

---

① 刘征：《刘征文集》（第 1 卷），人民教育出版社 2000 年版，第 321 页。

情感、情操和个性联系在一起的，是基于言语实践本体进行语言文字表达训练与思想道德情操培育的结果。这其中自然生成语文的工具性抑或人文性，它们是固有的，不是外加的。“固有的”、“不是外加的”说明了语文的性质，也说明按照单一的语文工具性或者单一的人文性去建构语文教学目标，所采取的语文教学行为，其结果只能是单一的语言技术性训练或纯粹的人文精神熏陶。因此，语文教学目的的合规律性，还要合乎语文教学本质以及本质与本体关系的规律。

三　言德同构：语文教学合目的性与规律性的统一

从语文教学的合目的性而言，语文教学与其他的人文学科教学活动一样需要坚守育德的信念与履行德行培育的责任；从语文教学合规律性角度而言，需要依托言语实践进行语文工具性训练。这就涉及德性培育与语言训练的关系，辩证处理二者的关系，就决定语文教学的合目的性与和规律性的统一。“乃如之人兮，德音无良”（《邶风·日月》）；“德音莫违，及尔同死”（《邶风·谷风》）；“彼姜孟姜，德音不忘”（《郑风·有女同车》）；“厌厌良人，秩秩德音”（《秦风·秩秩德音》）；“公孙硕肤，德音不瑕”（《豳风·狼跋》）；“我有嘉宾，德音孔昭”（《小雅·鹿鸣》）；“乐只君子，德音不已；乐只君子，德音是茂”（《小雅·南山有台》）。在诗经里，据于省吾先生考证，这些“德音”应理解为“德言”①。而德言就是“神圣而庄严的话语”、“美好的言辞或是声名”的含义。德与言之间是什么关系呢？饶宗颐在《上博馆〈诗序〉综说》中指出，《周礼·大司乐》中云，“以乐德教国子：‘中、和、祇、庸、孝、友。’以乐语教国子：‘兴、道、讽、诵、言、语。’《太师》掌六律六同，以合阴阳之声。《教六诗》：曰风、曰赋、曰比、曰兴、曰雅、曰颂。以六德为之本，以六律为之音。”这说明乐言配乐德，好德需好言，语言和德性同构共生，语言训练和学生的人文精神培育，即德性发展同步进行，二者水乳交融，达到圆融互摄的效果。

我国古代就有“道非文不著，文非道不生”（元·郝经《陵川集·原古录序》）。“道”就是指文章的思想内容；“文”就是指文章的语言表达形式。语文教学就沿用这个概念，并同时也进一步引申用“道”来包括思

① 方汉文：《中国古代文论中的“德言”说》，《广东社会科学》2010 年第 1 期。

想道德教育，用“文”来包括语文基础知识教学和听说读写能力训练。马克思曾指出：“语言是思想的直接现实，语言是思想的外壳。”① “情动而言形，理发而文见。”（刘勰《文心雕龙》）“言”，即辞、文、句、论、叙、告、体式、章法、结构等言语式样的总称。通俗一点说，“言”，就是指静态的、共性的、符号性的“语言”，更指那些动态性的、生成性的、个性化的“言语”。朱光潜：“我们不能把语文看成在外在后的‘形式’，用来‘表现’在内在先的特别叫作‘内容’的思想。‘意内言外’和‘意在言先’的说法绝对不能成立。”② 维果茨基：“思想不是在词中表达出来，而是在词中实现出来。”③ 可见，言语形式和言语内容是同时成就的，语文学习的过程其实就是“言”与“德”兼得、相互融合的过程。在语文教学过程中，语文教师引导学生只有在言语实践中理解语言文字、篇章结构等表达形式，才会领会文章的思想内容；也只有依托言语实践，才会使文本所蕴含的思想内容化作学生德性修养的教养养料。在写作教学当中，学生表达的语言文字要做到语言准确、条理清楚，就得深入认识人与自然、与社会、与自我及其彼此关系所蕴含的道德内涵。因此，依托言语实践进行的言德同构，不仅可以改变长期以来语言文字工具性训练两张皮的问题，更能够改变脱离课文的“贴标签”式的架空分析以及不顾思想道德内容孤立归纳写作特点的窠臼。

回到语文内涵的原点上，语文是什么？翻翻中外名家的论著，定义仁者见仁、智者见智：语文是语言 + 文字，抑或语言 + 文章，抑或语言 + 文学，抑或语言 + 文化，抑或语言 + 文明，其争论大致上都是围绕在“文字”“文章”“文学”“文明”和“文化”之间的抉择或权衡的分配上。这种 A + B 分解后再叠加的回答方式，无疑是语文构成的成分和要素，传递的是“语文教什么”或者“语文怎么教”的信息。从词源上而言，“语，论也”，“论，议也”；“文，错画也，象交文”，文即贝壳上斑驳的花纹。不妨再删繁就简，“语”即心声，“文”即色彩。“语文”应该是感性脾气的，是“有声有色”的影子，是“绘声绘色”的底片。站在感性语文层面之上，我赞同身处言语实践之中体验——语文是“日日春光斗日光，山城

① 《马克思恩格斯全集》（第3卷），人民出版社2002年版，第525页。

② 朱光潜：《我与文学及其他谈文学》（增订本），中华书局2012年版，第227页。

③ ［俄］维果茨基：《思维与语言》，李维译，浙江教育出版社1997年版，第5页。

斜路杏花香”的争艳与欣喜；语文是那化作春泥更护花的点点落红，语文是“孤村落日残霞，轻烟老树寒鸦，一点飞鸿影下”的意境。就这样，学生在吟咏诗词歌赋、化古今中外名人语言为自己语言表达的过程中完成“从自然人变成文化人，由自在的人变成自为的人”的精神蜕变。而语文教学就是在言语实践中实现“立言”与“立德”的活动。语文教学“立言”的过程就是“立德”的过程；“立德”的活动也就是“立言”活动，它们在“立人”的信念与责任指引下所进行的言语实践获得中实现同构。

对语文进行的本体论哲学思考和主体论思想透视，以深入把握语文教育的文化本质与文化特性，从而不断建构语文教育文化性质观，把语文教育既作为训练学生运用语言能力的过程，也作为传递文化、陶冶人性、建构人格、唤醒灵魂和促进生命个体总体生成的过程。[①] 综上所述，基于德言同构的目的之思考，语文教学三维目标的建构与实践也应该是促进语言和德性同构共生，语言文字表达训练和学生的德性培育同步进行，二者水乳交融，达到圆融互摄的效果。

第三节　语文教学三维目标的关系

一　语文教学目的与教学目标是何种关系

什么是目标（goal）?《现代汉语词典》给出的定义有两个：其一，攻击或寻找的对象；其二，想要达到的境地或标准。从心理学的角度看，在动机心理学中，是指有机体所想达到的最终结果；在 E. C. 托尔曼目的行为定义中，则指个体在活动中所趋向的特定的地点或物体。在教育心理学中，R. 加涅把教育目标界定为通过学习获得的有助于发展的人类活动。[②] 从这可以看出，所谓的目标是人们主观上对自我或群体行为活动预期和追求的客观标准的超前反映，是外界或环境等客观条件是否满足主观需要的诱因或刺激的反映。

从管理学的角度看，目标通常指的是对一个系统进行管理时预期达到的结果。主要由目标内容和达到要求两个因素组成。其表示形式有两种：数量目标与形象目标。所谓的数量目标，指的是用绝对数和相对数表示某

---

① 曹明海、陈秀春：《语文教育文化学》，山东教育出版社 2005 年版，第 25—29 页。

② 车文博主编：《当代西方心理学新词典》，吉林人民出版社 2001 年版，第 234 页。

方面应达到的具体水平和程度；所谓的形象目标，指的是用具体的形象对比来衡量达到目标的程度。例如，要获得金奖、银奖的品种，达到全国评比的名次，达到或超过国内或世界的水平等。数量目标所定的数据在一定计划期内是不变的，所以也称静态目标。形象目标的具体要求，即使在一个计划期内，也会因对比对象的变化而变化，因此也称动态目标。[①] 管理学范畴的目标强调结果达成的可控和可检测，检测的手段可以通过量化结果的比较，也可以通过形象目标的质性分析，这对于语文教学目标长期处于模糊状态是有积极的借鉴作用的。

从教育学的角度看，据我国学者李乾明先生考证，美国著名教育学家、心理学家布鲁姆1956年出版了《教育目标分类学，第一分册：认知领域》（*Taxonomy of Educational Objectives*：*Cognitive Domain*，*1956*），在该书里他把目标分为认知、情感和动作技能三个维度，这就是语文课程与教学论三维目标的来源之一。不过，李乾明先生接着指出：布鲁姆提出的“Educational Objectives”应理解为教育目标；就目前的文献看，尽管难以判断是谁最早提出教学目标概念，但可以肯定的是美国著名教育家拉尔夫·泰勒（R. W. Tyler，1871—1960）提出的教学目标一般翻译为“Teaching objectives”。教学论教材大都把泰勒视为“行为目标运动”之父，在泰勒的学说里，所谓教学目标就是“形形色色的行为方式的变化”。[②] 苏联著名教育家巴班斯基（Юрий Константинович Бабанский，1927—1987）根据整体性、系统系原则，着眼于教学的整体与部分、部分与部分、整体与外部环境之间的相互关系、相互作用、相互制约，综合地考察教学对象的教学意义和价值，把教学目标视为教学任务，提出教养、教育和发展三大目标。其中教养的目标包括“掌握科学知识、形成专业的和一般的学习技能和技巧”；教育的目标包括形成学生的世界观，形成道德的、劳动的、审美的、伦理的观念和信念，行为方式和活动方式，理想、态度和需要等个性品质；而发展的目标指的是发展学生思维、意志、认知兴趣和能力等内容。从这些简单的文献梳理可以看出，西方学者倾向于把教学目标视为教师主体对自己教学行为预期的结果或效果，或者教学在学生身上引起的行为方式的变化。显然，这不是形式逻辑上的性质定

① 郑大本、赵英才主编：《现代管理辞典》，辽宁人民出版社1987年版，第167页。

② 李乾明：《重绘教学理论学术思想地图》，中国社会科学出版社2012年版，第49页。

义，充其量只能算作发生学的定义。

受西方学者的影响，我国语文课程与教学论的学者对语文教学目标的界定也往往从语文教学发生的主体、条件及结果进行界定与分析。比如，语文教学目标是指语文教学活动实施的方向和预期达成的结果，是对师生通过语文教学活动所要达到的结果或标准的一种预期。这种预期，主要是对学生语文学习后行为变化的预期，即对学生通过语文学习能做什么的预期。作为一种预期，语文教学目标是预设的，存在于观念中，而并非是已经存在的现实，也不一定能实现。[①] 语文教学目标广义而言是语文教师对个体或群体语文教学行为预期实现的结果，是教学后应产生的事前标示，是在主观上预先建立起来的教学和学习形象。狭义而言是指语文教师对课堂教学中教师教和学生学语文行为所产生结果的判断与预设。[②] 从这些定义不难看出，构成语文教学目标这个概念系统的主要要素有语文教师主体、语文教学主体行为、语文教学对象、教材等教学条件以及教学结果。其中作为语文教学对象的学生当属于构成教学目标系统中的关键要素。正因为教学行为是指向学生的，是教学主体对语文教学行为之于学生学习语文结果或效果的预测、预评，这就导致语文教学目的与目标纠缠在一起，厘清二者的区别与联系就成为语文教学以及实施诗意语文教学的一个关键问题。

语文教学目标与教学目的是什么关系？从现有的研究情况看，学者们主要有三种意见：其一，相同论，即语文教学目标等于语文教学目的。语文教学目标和教学目的均是教学主体对语文教学行为、活动实施的方向和预期达成结果的预设与预评。其二，不严格区别论，即目的与目标有范畴的区别。语文教学目的属于语文课程论的范畴，而语文教学目标属于教学论范畴，但在实践操作层面，语文教学目的与目标的运用往往并不要求作如此严格的区分。其三，不同论，即语文教学目的与教学目标之间有主体认知、陈述方式、适用对象等方面的区别。

教学目标与教学目的有什么区别？施良方、崔允漷在他们主编的《教学理论：课堂教学的原理、策略与研究》教学论教材里指出，所谓的教学“目的”（goal），指的是一种应然状态的理想，往往与教育者的主观愿望

---

① 刘淼：《语文教育中的心理学问题》，山东教育出版社 2013 年版，第 230 页。

② 朱绍禹编著：《中学语文教学法》，高等教育出版社 1988 年版，第 23 页。

等同，时间跨度也比较长；而教学“目标”通常是策略性的，是可观察、可明确解说、可测量、可评价的，而且还有时间、情境等条件限制，它是教学目的的具体化。① 就此问题进行条分缕析的研究当属于西南大学的李森教授。他认为教学目标与教学目的的相同点就在于二者均对教学行为提出了要求，不同点在于：其一，侧重点不同。教学目的侧重于教学活动本身，是对教学活动做出的一种笼统的、原则性的规定；教学目标侧重于教学活动主体，是教学活动主体预先确定的教学结果和标准。其二，特点不同。教学目的体现着社会的意志和要求，是某一历史时期学校教学的规范，不允许教师随意更改，因而具有客观性、指令性和稳定性；教学目标更多地体现了教学活动主体的要求，必然地加进了教学活动主体的主观意识因素，在具体教学活动中可以由教师根据需要进行调整和变动，具有主观性、自主性和灵活性。其三，作用不同。教学目的是对教学的总要求，对各级各类学校的所有教学活动都起规范作用；教学目标是对教学具体而明确的要求，对某门课程、某一单元、某一课时等特定范围的教学活动起指导作用。其四，意义不同。教学目的是教学的方向目标，它要对学生在知识、能力、情感、态度和价值观诸方面最终达到的要求作出规定，因而具有终极意义；教学目标是教学的达到目标，对学生在每一阶段要掌握的知识、应具备的能力以及情感与态度等作出明确的、可检测的要求，具有阶段性意义。只有通过一个又一个阶段的教学目标的连续达成，教学目的才能最终实现。②

借助李森教授的研究成果来审视语文教学目标与教学目的区别与联系。首先，从陈述对象看，语文教学目的的陈述对象是语文教师，是对语文教师教学行为或活动的一种期望；而语文教学目标的陈述对象尽管离不开教师的主体因素，但重点放在学生身上，是对学生学习在语文教学活动过程中行为与结果的一种规定。因此，作为语文教学目标的主体是学生而不应该是教师。其次，语文教师主体性发挥的角度看，语文教学目的体现了国家主体、社会发展以及民族文化之于语文教学质的规定性，自然决定了教师语文教学责任与信念的形成与实施，语文教师的主体性体现在对语

① 施良方、崔允漷主编：《教学理论：课堂教学的原理、策略与研究》，华东师范大学出版社 1999 年版，第 139 页。

② 李森：《现代教学论纲要》，人民教育出版社 2005 年版，第 115—116 页。

文教学目的的理解、诠释与运用；而语文教学目标则是语文教师凭借自己的教学知识、经验，基于对学生语文学习情况的研判，运用语文教材等教学资源，化解抽象的语文教学内容，对较为复杂的语文教学行为进行化繁为简或由表及里地层级架构的教学结果预期，其主体性发挥相对比较自由。正因为这样，从二者描述所用的行为动词分析，语文教学目的的描述一般会运用“了解、理解、掌握、领会、体会”等模糊性、主观性的心理动词，而语文教学目标的行为动词应该是可操作、可检测的“说出、写好、归纳、说明、辨别”等外显行为动词。

总之，语文教学目标不是语文目的，但语文教学目标的建构离不开对语文教学目的的确切理解。

二　语文教学三维目标设计的困境

在日常生活中，无论做什么事情，“预则立，不预则废”，这就需要做事的人们对做事的目标和目的有比较清醒的认识。语文教学同样如此，如何科学地对教学目标进行研判与设计自然成为语文教学顺利实施的逻辑前提。

在传统语文教学论视域，语文教学往往被视为特殊的认识过程。这里的“特殊性”，从教学主体看，首先指向“教师”。比如，“语文教学过程，是教师根据语文教学的目的和要求以及学生身心发展的特点，引导学生有目的有计划地学习语文知识、培养语文能力、开发智力、陶冶情操、完善人格的过程。”① 也有论者指向“学生”。比如，“学生在教师的指导与组织下，有计划有目标地学习范文及语文基础知识，进行听、说、读、写训练，从而形成语文能力的过程。”② 从教学内容看，其“特殊性”要么指向“语文知识、语文能力、语文智力以及道德情操和人格培育”，要么指向“语文知识和听说读写的能力训练”。不管指向什么，从教学目标的视角看，构成教学目标这一系统的要素应包括“教学主体、教学内容、教学条件、教学行为以及教学结果”。正如上文语文教学目的所研究的，语文教学目的标准预判和设计也是基于语文教学活动的事实进行的价值判断，是合目的性与规律性的统一活动。但在传统教学论的视域，语文教学

① 周庆元:《语文教育研究概论》，湖南人民出版社 2005 年版，第 67 页。

② 阎立钦主编:《语文教育学引论》，高等教育出版社 1996 年版，第 118 页。

目标的事实判断一般局限在语文知识能力的范畴，价值判断也往往局限在语文知识教学与语文听说读写能力训练之于学生的影响，学生的语文学习更多地考虑认知心理活动。这就导致出现如下现象。

1. 教师主导学生的语文学习行为

在设计语文教学目标的时候，我们的老师习惯以绝对主体的身份，凭借自身的教学经验、认知方式对教学行为及其结果进行预设而形成的语文教学目标系统。例如，某小学语文教师设计《忆江南》一课时，考虑的教学目标有：其一，教师指导学生练习正确、流利地朗读课文，能熟练背诵《忆江南》；其二，在教师的指导下，参考文中注释、插图以及课外补充资料，正确理解这首词的大概意思；其三，在教师的指导下，凭借词中描写的景物，想象美好的画面，进而初步体会词的意境。在该份教学目标设计里，教师的教学内容、学生的学习内容以及课堂上的教学行为均属于教师主导的，本质是师本的。可以预见的是，学生的语文学习行为也是受教师的控制。

2. 视语文教学任务为教学目标

语文教师在设计语文教学目标的时候，其主体性的发挥除了主导学生的语文学习行为外，往往还会主导教学内容，这就导致教师常把教学任务当成教学目标。比如，某小学语文教学普适性的教学任务基本上属于“听说读写”，因此，设计《乡下人家》一课教学目标的时候，出现如下目标：其一，认识生字词，理解时令、捣衣、向晚等词的意思，背诵和抄写自己喜欢的段落；其二，用文中词语概括出每段各写了什么，然后连起来说说课文的主要内容；其三，感受乡下人家给你留下的印象，并用课文中的语句说明你的理由。另外，某初中语文教师在对冰心的《谈生命》一课进行“非指示性”教学设计的时候，主要突出“四研习”：其一，研习个性化的内容；其二，研习个性化的语言；其三，研习个性化的情感；其四，研习个性化的技巧。[①] 在这两个案例中，前一位老师关注的是教材所提取的内容——“教什么、学什么”，而对真正的教学目标——“教会什么，学会什么”重视不够；后一位老师有关注到学生的“学”——研习，但没有细化到“如何学”，没有细化到学生的实际发展水平、学生的最近发展区，造成了学习任务当成教学目标的事实，有违语文教学目标设计合规律性与

① 郑逸农：《〈谈生命〉“非指示性”》，《教学设计教学大参考·教学设计》。

合目的性相统一的规律。

3. 视学生语文学习行为为教学目标

以“特殊认识”论为基石的传统语文教学目标设计凸显了教师的主体性，同时也要顾及学生的“学”。考虑学生的学，自然离不开学习语文行为的考察与设计。比如，初中语文教学名篇《记承天寺夜游》的教学目标：其一，借助注释，疏通文义；其二，反复诵读，细品语言；其三，补充资料，体会情感。① 小学语文《生命，生命》一课的教学目标设计考虑到了三维：其一，知识与技能的维度，强调学生把握文章脉络，理解文章主旨；其二，过程与方法维度，学生品析、探究含蓄深沉的语言，体会文中比喻手法的巧妙运用；其三，情感态度与价值观的维度，要求学生认识生命的本质，树立热爱生活、热爱生命的观念。② 这两个案例里的教学目标设计隐含的主体均指向未出场的学生。这些目标尽管指明学生学习文言文的基本行为，但没有预设这些行为的结果，尤其没有讲清学生运用这些行为学习文言文心智上得到的收获。

从三维目标审视，目前中小学的语文教学目标设计还存在如下诸多问题：其一，千课一面，教学目标的表述抽象、空洞，缺乏可操作性与检测性，语文教学价值追求局限在传授语文知识的层面上，对新课标理解不全，教学目标单一；其二，三维目标设计偏重语文知识，缺乏语文教与学过程及其结果的整体把握，知识与能力、过程和方法、情感态度和价值观的“三维”浮于形式；其三，将三维一体的多元目标进行人为割裂，“三维目标”中的“三维”彼此隔离，难以构成一个系统的整体。

三　语文教学三维目标是什么关系

语文教学目标设计何以三维？三维各要素之间是何种关系？这需要从认知论的角度对三维目标进行分析。三维目标不是“三块目标”，也不是“三条目标”或“三个目标”，它们是教学主体对于某一个教学行为及其结果的整体预设，是审视这一行为及其结果的三个视角。大体而言，知识能力的目标是学生学什么的目标，情感态度价值观目标是学生为什么学的目标，而过程方法目标则是如何学的目标，这三者之间不是相互脱离的关

① 曹琦、吴诗斌：《〈记承天寺夜游〉教学设计》，《语文建设》2009 年第 10 期。

② 李冲锋：《教师教学科研指南》，华东师范大学出版社 2009 年版，第 152 页。

系，而是彼此紧密相关，是你中有我，我中有你的圆融互摄的关系。陕西师范大学郝文武先生从教育哲学的角度深刻论述这种关系：其一，求知是人的本性，人有求知的本能。能力是依靠本能又超越本能的人在认识和实践中形成的主体性能动力量。因此，知识与能力相互制约和促进。其二，学生学习知识、形成能力需要积极的情感体验或正确的学习态度以及符合社会价值的价值观引导，因此，情感态度和价值观与知识和能力的关系及其统一的实质，是德育目标与智育目标的关系及其统一。其三，教学既要使学生掌握反映事物本质、规律和运动发展过程的陈述性知识，也要使学生掌握人如何认识事物本质、规律和运动发展过程的知识和形成知识过程和方式的程序性知识。因此，过程方法既是学生知识掌握，还是能力形成的过程方法，也是情感态度价值观培育、形成的过程方法。①

反映在诗意语文教学目标设计范畴，语文学科作为一门工具性与人文性兼具的学科，而语文教学又具有诗意生成性的本质。语文的工具性主要体现在语言文字符号的应用方面，要运用好语文文字符号这一工具自然就要掌握语文文字符号的知识，而掌握知识自然需要必要的识别、记忆、理解、分析、综合运用等能力发挥作用。除此以外，还需要调动学生学习语言文字运用的内驱力，即热爱语言文字符号的情感、正确对待学习的态度以及积极的价值观。语文的人文性主要体现在语文学习内容，即语言文字符号表现的意义上。而语文教学的本质则是语文工具性与人文性综合体现在言语实践本体上诗意生成。它的生成如同一个立方体，从一点开始分别延生出长、宽、高三条线索，而相邻两条线所构成的三个面，构成学生整体的认识、情感、动作技能三个领域，再由其构成学生的最终全面发展的三维发展。在诗意语文教学过程中，不可能完成了一维目标再去发展另一维目标，它们是融合在一起的。在教学目标中，知识与技能、过程与方法、情感态度与价值观“三个维度”，并非是简单的并列②，而是要彼此渗透、相互融合，圆融到学生创造性运用语言文字符号的言语实践之中。

因此，要搞好诗意语文教学教学目标教学设计，一方面要摆正教师、学生主体间性的指导学生关系，既发挥教师“教”的主体性，也发挥学生

① 郝文武：《教育哲学研究》，教育科学出版社 2009 年版，第 86 页。

② 郭腾：《继承与发展——新课程三维目标与布鲁姆教育目标的异同》，《中国现代教育装备》2007 年第 4 期，第 135—136 页。

“学”的主动性；另一方面语文教师们在语文诗意生成性本质认知的导引下，变纯粹的分割知识能力教学、情感态度价值观教学以及过程方法教学为三者立体融合的教学；还有一个方面就是科学认识和定位语文学科教学的合目的性，合理适切地把握语文教学三维目标设计的合规律性，以及最终来提高语文教学实践的有效性。

第四节　诗意语文三维目标设计

一　语文教学目标的常规设计

如何科学地表述语文教学目标是语文教学设计的重要环节，教师所持有的语文教学观念自然决定语文教学行为，也决定了对语文教学行为及其结果的表达。

我国中小学语文教师受凯洛夫教育学和巴甫洛夫条件反射、行为主义心理学影响比较大。伊·安·凯洛夫（Kairov，Ivan Andreevich，1893—1978）是苏联著名教育家，他在其主编的《教育学》一书里强调：教学是在科学的认识论的指导下进行的特殊认识活动，教科书是学生获取知识的主要来源之一，教师在教学活动中起到主导作用。而伊凡·彼德罗维奇·巴甫洛夫（Иван Петрович Павлов）是俄国生理学家、心理学家、医师、高级神经活动学说的创始人。他用狗做了这样一个实验：每次给狗送食物以前打开红灯、响起铃声。这样经过一段时间以后，铃声一响或红灯一亮，狗就开始分泌唾液。从中他研究出了条件反射理论，被行为主义心理学接纳。在行为主义心理学看来，知识是联系及部分技能有组织的积累，教学生就是给学生创设能为他们学习的刺激作出反应的机会，并在作出反应之后，给予及时的反馈。教师是教学过程的设计者和组织者，是训练者，而学习者在教师创设的环境中被动地接受知识。

受这些学说影响，中小学语文教学目标设计系统主要由行为主体、行为、行为条件、表现程度四项基本要素构成。比如针对《十六年前的回忆》一文，有的教师设计如下教学目标：(1)引导学生读通课文，研读描写事件中人物言行、神态等语句，体会人物高贵的品质以及作者的思想感情；(2)学习作者首尾照应的习作方法，并体会这一写法的作用；(3)正确、流利、有感情地朗读课文，感受作者回忆父亲面对敌人镇定、从容神情时的感情。这样的教学目标尽管行为主体没有明确，但从文意判断，不难看出，教学行为的发出者均指向教师；从行为的表述看，尽管使用了“引导、读通、体会、学习、感受”等一系列动词，但这些动词基本上属于认知范畴的行为，描述的是内部抽象的心理活动，这样描述的教学目标比较概括，是含糊的、不精确的，也是无法观察到的。从表现程度看，该目标设计所涉及的“正确、流利、有感情地”等词语只是体现笼统地提出行为的标准，缺乏可操作性与可检测性。这种教学目标是以教师为本位的“教路”型目标，语文课堂教学自然也就成为教师教授学生认知、传授语文字词句段篇章语修逻文的学科知识以及灌输所谓人文精神价值观念的活动，欠缺灵活性和生成性。

此后，借鉴布鲁姆等人的研究结果，语文教学目标的行为主体变为学生，行为动词主要由识记、理解、运用、分析、综合、评价等构成。行为条件考虑到了影响、导向学生应有的学习结果而特设的限制或范围，即要说明学生的行为是在什么条件下产生的。至于表现程度则指学生学习语文之后预期的表现，通常指的是单位时间学习后所产生的行为变化的最低表现水准或学习水平。用一个公式表示即“主语 + 状语 + 谓语 + 补语”，有人用四个英文字母表示为“ABCD”，A 即 audience，意指“学习者”；B 即 behavior，意为“行为”；C 即 condition，意为“条件”；D 即 degree，意为“程度”①。例如，沪教版语文三年级上册《生死相随的海鸥》教学目标设计如下：

1.能认识（行为条件） 生字“衍”（行为标准），通过查字典（行为条件） 理解（行为动词） “繁衍”的意思（行为标准）。

2.能在理解的基础上（行为条件） 积累（行为动词） “成千上万”、“成群结队”等词语（行为标准）；并尝试运用（行为动词） 这些词语（行为标准） 写一段话（行为动词） 介绍海鸥集体营救同伴的场面（行为标准）。

3.能在理解的基础上（行为条件），正确、有感情地（行为标准） 朗读（行为动词） 课文第4、5小节（行为标准）。

4.能在阅读的过程中（行为条件） 感受到（行为动词） 动物和人一样，也是有感情的（行为标准）。

本案例中，行为主体变成了学生，语文教学行为成为学生的行为，教学的结果也基本上属于学生学习的结果，有助于改变教师霸占语文课堂的局

① 胡田庚等：《中学思想政治教学设计与案例研究》，科学出版社 2012 年版，第 47 页。

面，也有助于教师正确认识学生的语文学习主体地位。从这个角度看，以学生为中心的“学路”型目标设计有一定的合理性。然而，教师在设计此教学目标时常常也有其局限性，通常表现为目标的碎片化、语文知识的拼盘化以及语文能力训练的机械化，也就是说在设计目标中体现不出语文教学的价值，难以促使学生的语文素养全面而和谐的发展。就如上述教学目标所示，教学目标彼此分离，缺乏必然的联系，从语文知识论的维度看不过是语文字词句段篇语修逻文的堆砌，能力训练“正确、流利、有感情地朗读”等词语是课程目标而不是课时目标，“朗读课文第 4、5 节”是教学任务而不是教学目标。

二　语文教学目标的内外结合设计

从上面的分析可以看出，无论是教师本位的“教路”型目标，还是学生为本位的“学路”型目标，其理论根据追根逐源均取自行为主义的“刺激—反应”原理，尽管它能够清楚描述教学的行为，使教师的教或学生的学有了检测的可能，但它的局限性也是十分明显的：语文教学强调教师教或学生学的行为结果而未注意语言文字内在的言语实践接码、解码、编码的心理过程，有使教学局限于外在行为训练而忽视学生言意逐层内化的学习层次与境界。比如，中小学语文教师常常让学生带着高兴或悲伤的语气朗读课文，由于缺乏内在的言语实践目标，教师对学生学习行为的监控、评判往往只会注意到学生朗读的声音是否高兴或伤悲，忽视了高兴或悲伤的感情应该是学生对语言文字符号承载的情感、态度、价值观等人文信息咀嚼、感情自然流露的情绪。

基于行为主义教学目标设计的缺陷，美国教育心理学家格伦兰（N-E. Gronlund，1978）在《课堂教学目标的表述》中，提出了教学目标表述的内外结合观。即先陈述内部心理过程的目标，然后列出表明这种内部心理变化的实际可观测的行为样例。对内部心理过程的陈述主要指对知识运用的技能和策略的陈述，要用一些专门的术语（如记忆、直觉、领会、理解、鉴赏、体味、把握、热爱等）来描述并概括总体教学目标；对外显行为的陈述则类似于行为目标陈述方式，是具体的、详细的、可以直接观测的。[①] 例如，《卖火柴的小女孩》一课“谁也不知道她曾经看到过多么美丽的东

---

① 刘淼：《语文教育中的心理学问题》，山东教育出版社 2013 年版，第 240 页。

西，她曾经多么幸福，跟着奶奶一起走向新年的幸福中去”中“幸福含义”。用图表概括起来，就形成内外结合的教学目标系统。

表 6—1　　　　格伦兰的语文教学表述目标的综合系统

部分	内外结合的目标描述
教学目标	理解小女孩的幸福
子目标 A	自我感悟：用自己的话定义什么是幸福？
子目标 B	启思质疑：小女孩在什么时候感到过幸福？即在上下文背景中识别“幸福”术语的含义。
子目标 C	比较悟理：请与原文比较“谁也不知道她曾经痛苦，她在除夕的鞭炮声中痛苦地死去”哪一句表达更打动人心？即区分哪些与本文“幸福”意义上相似的术语。
子目标 D	自我概括：本文幸福的定义及表达效果分析。

从上述表格内容可以看出，按照格伦兰的原理设计教学目标，语文教学目标设计具有如下特点：其一，教学目标的主体是学生而不是老师，目标陈述的主体内容是学生学习的行为与结果；其二，教学目标行为的描述是系统的、过程化的活动，是总分总的内外行为的集合；其三，教学目标分步实践与结果是分层展开、逐层实现的。反映在认知领域，至少应该做到识别、分析、理解和运用几个层次。这种目标设计，既强调了学生学习结果的内在心理变化，又克服了目标陈述上含混不清的弊端，实现了内外结合。① 这种教学目标设计与表述符合语文教学“言意转换”规律，也符合语文素养和谐发展的规律，有助于解决语文教学的情感、态度和价值观目标与知识能力、过程方法彼此分离的问题，也有助于解决认知策略目标的抽象性和教与学行为描述的含混、难以操作的问题，同时还在一定程度上克服了语文教学“教教材”致使语文课成为课文陈述性知识传授表层化、肤浅化性等问题。但该目标设计本质而言，过于偏重学生的心理过程，尤其偏重语文知识、情感态度价值观既定知识的认知心理过程，忽略了语言智慧的生成性以及语文与自然、与社会、与自我的关系的创造性。另外，从教学实践的维度看，总目标与子目标实际上属于教学任务与教学步骤的关系，这使得语文教学目标的陈述过于烦琐，无疑增加了语文教师

① 朱金卫主编：《教育心理学》，陕西师范大学出版总社有限公司 2012 年版，第 304 页。

工作难度和强度。

三　语文教学目标的诗意设计

“一切体系化的思想都必须从一些预先作出的假定出发。”① 无论是在新课程三维目标视野，还是语文核心素养发展视野，语文教学目标设计无疑是一个体系，构成这个体系的要素无论怎么变化，最终均要作用于语文教学对象——学生。

从主体论的视角看，学生是所有学科的教学对象，语文学科面对这一对象，我们如何发挥学生学习语文的主体性、主动性自然成为教学目标设计首先必须考虑的问题。回到人这一原点思考，与其说学生是接受语文知识洗礼、情感态度价值观熏陶的对象，不如说他们是创造性运用语言文字符号相遇自然、社会、自我的诗意，在相遇中认识、塑造理想自我的人，学生学习语文主动性、主体性就是创造性运用语言符号的积极性。从价值论的角度看，在《语文教学意义论》一章里，我们细致地分析了语文教学的责任和信念，反映在语文教学目标设计里，语文教学的价值指向或者说终极目的就是为了促使学生能够亲近、热爱母语，进而创造性运用母语去对接自然、社会、自我，进而形成具有创造性的语言符号智慧。从本体论的视角看，任何文本的语言文字符号都是文本作者经受生活感动对人与自然、社会、自我及其关系的图景化或概念化的反映。要使这些静止的语言文字符号复活过来，让学生通过抽象的语象去触摸生活的物象、品味语言文字符号隐藏的意象，均又来自他们“亲历”和“历练”的实践。这个实践不是运用劳动工具的实践，也不是凭借精神工具的实践，而是融工具与精神于一体的符号、话语等构成的言语实践。回到这一本体上，学生才真正成为学习的主人，才会主动地将文本相遇的世界和自己的现实生活，乃至将来的理想自我进行德言同构的圆融，并且那些民族的、国家的等外在的目的才会与学生内在语文素养发展的需要发生切己的联系。因此，诗意语文教学目标设计与表达要求教师不仅审视教学对象——学生在一定的语文教学条件下所发生的外显的、可观察、可测量的语文学习行为以及这一系列行为结果所达到的程度、水平，还要关注学生内在的体验、感受，更要将内外言语实践结果与过程协调起来，最终作用于语言文字理解与表

① ［美］怀特海：《思维方式》，刘放桐译，商务印书馆 2004 年版，第 3 页。

达。新课程倡导的三维目标自然就成为言语实践过程的“三维一体”。

在诗意语文的视野，语文教学目标是以尊重并发挥学生语文学习主体性、主动性为逻辑前提，教师引导学生走在言语实践的路上去相遇自然、社会、自我，生成归真、求善、至美的诗意，从而形成德言同构的言语智慧这一语文核心素养结果。其中知识能力目标是指学生语文素养所包含的语文知识、能力等基础性内容，全体学生应该掌握的，落实的是让学生获得归真的诗意；情感态度价值观目标是指学生对语文教学内容所包含的思想品德、人文素养的解读、识别与培育，培育的是活性的求善诗意；过程方法目标是指学生融会贯通学习语文知识、训练语文技能、涵养思想品德后进行语言习得与运用的言语实践活动的效度与水平，这是圆融的至美诗意。按照这一思想，笔者指导所带本科生、研究生以及相关在职一线中小学语文教师对语文教学目标设计与表达进行改造。研究生田建红针对高中人教版教材《雨霖铃》进行如下的设计：

【知识与能力】：

1. 学生初读有声，筛选本词运用的物象，与苏轼词所用物象进行比较，开展“柳永是一个什么样的词人”言语实践，从而初步认识柳永其人及初步理解其词作风格；

2. 学生再读有情，揣摩诗歌情象，以物象为陈述对象开展言语实践，掌握并运用白描、虚实结合的描写手法；

【情感态度与价值观】：

3. 教师引导学生三读有疑，通过对作者情感的把握，以及自身言语实践和反思，学会珍惜已有，学会珍惜身边的亲情和友情；

【过程和方法】：

4. 学生四读有悟，并在“离别是什么”的言语实践过程中咀嚼、体悟重点诗句，分析物象隐含、品味情象、揣摩意象，进而学会如何表达离别的感情。

审视这个案例。从主体看，学生自始至终是语文学习的主体，尽管第三条离不开老师的引导、指导，但主要的学习行为均是学生发出的，这些行为既包括朗读、筛选、分析、运用等外显行为，也包括领悟、揣摩、珍惜等内部行为。其次，从本体看，言语实践设计具有纵向贯通和横向结合的特点。“初读有声—再读有情—三读有疑—四读有悟”这种纵向的言语实践有助于学生从外在触摸语言文字表层的形象逐层深入到文本隐含的内在情志。横向的目标也是以言语实践为本体展开的。比如知识能力维度，老师先用PPT呈现“柳永是一个（　　　）的词人”这一句式，先让学生初读课文，筛选本词选用的寒蝉、长亭、骤雨、兰舟、烟波、暮霭、杨柳岸、晓风、残月等物象与苏轼《赤壁怀古》里所选用的大江、浪涛、周郎、江山等物象比较，再通过展示柳永的故事经历，学生对柳永其人及其词风的认识自然超越了纯粹的知识认知和行为主义外在的活动，达到由外而内、具体而微的效果。另外，训练学生掌握本文写作手法这一能力，也是结合“离别前—离别中—离别后”等场景的具体物象描写，让学生在言语实践中掌握白描和虚实结合的描写手法。学生学习《雨霖铃》不仅仅学习柳永词所包含的语文知识，还要习得词里蕴含的人文精神，遵从生活的律动与规范，更要探索生命的价值与意义，这一系列的目标不应成为老师的规训，而应该是学生自读自悟。本案例的情感态度和价值观教学目标采取的是读中生疑，疑中品味的言语实践策略，让学生抓住作者物象背后的表示情志的词语，通过“我是柳永”面对此景生发的情感去对话文本、对话作者、对话自己，自然生发出自然求善的诗意。语文教学的本质是诗意的生成性，这一本质的生成不是“定在”，也不是“他在”，而是学生的“自在”。因此，教师具有主问题意识，紧紧抓住“离别”这一诗意点，让学生在以上的知识能力、情感态度价值观分步的言语实践基础上进行一以贯之的整体的圆融的“离别是什么”的言语实践。这样，让学生既触摸了原文归真的诗意，也理解了词内蕴含的求善的诗意，还从词中走出来，生成切己的至美诗意。

第七章

诗意语文教学内容论

第一节　诗意内容设计的原则

在常规的语文教学设计过程中，语文教材作为语文教学内容的载体，作为实现语文教学目标、发挥语文教育功能的物质基础，得到中小学语文教师的广泛重视，教材解读也就成为教学内容整合与安排的重要步骤。如何解读教材，如何确定教学内容？教师是教材与学生的导引者：既要做到自己读懂文本以利于“愉快地教”，也要做到激发学生的兴趣以利于“开心地学”。受传统知识本位以及功利化教学价值取向的影响，中小学语文教师处理与安排教学内容存在“思想上以旧待新，难见诗意；视角上只见文本，难见实践；结构上多见局部，难见整体；主体上多见教师，难见学生；资源上只见教材，难见生活”等诸多问题。解决这些问题的基本路径就是回到诗意语文言语实践本体论，变“字词句段篇章”面面俱到的知识性解读为学生与文本、与作者、与编辑、与生活“对话”的言语实践。如果说语文教学目标是开展诗意语文课堂教学的终点，那么，研读并确定语文教学实践训练点——诗意点自然成为教学的起点。所谓诗意点就是能够触发学生生命感动的情感点、启发学生反思的关键点与疑难点、进行言语实践的训练点、领悟人生哲理的深刻点以及人文精神的隐含点。诗意点是“知、情、意”与“真、善、美”的巧妙融合。挖掘语文教材的诗意点应遵循主体性、生活性、审美性、系统性、实践性等原则，辩证处理语文教材、语文教学以及彼此之间的关系，使之与重点、难点成为一个有机的系统，才会焕发语文教学的诗意魅力，同时增强教师工作的创造性和实效性。

一　主体性原则：辩证处理教师主体、学生主体、教材文本作者主体的关系

遵循主体性原则，就是把教师、学生和文本作者看成是诗意元素的重

要课程资源和语文教学资源，充分发挥他们各自的主动性和创造性，使之相互照应又相互促进，从而发挥和谐的整体效应。从文本的角度看，作者创作文本，是在特定时期的特定阶段，对自身人生阅历或现实生活中某一现象，某一事件有了一定的感动，而向自己所面对的特定对象或假想读者进行反思性表达的结果。挖掘教材的诗意应该尊重作者自由表达感情和志趣的权利，只有这样，对作品进行解构和建构才会有坚实的土地，不至于滑出作者所预设的轨道和所允许的伸展的空间。从教师的角度看，作为教学的组织者，挖掘教材诗意的主体性主要体现在教师以自己的人生阅历去真实地感受和认识解读文本，既不脱离文本的语境对作者的生活感悟进行刻意的拔擢或不切实际的衍生，同时也不局限文本的内容而丧失自我体验建构的主动性。从学生方面看，他们在学习语文的过程中不是被动记忆、模仿或移植文本的过程，而是通过文本和作者心灵进行沟通与对话，是由一个生命进入另一个生命的主动融合和重建过程。辩证地处理三者的关系，首先，要求教师和学生不把自己定位在“评判者”的角色上，而与文本作者一起做诗意的“栖居者”，根据各自的生活阅历真诚对话，努力感受和理解文本作者所要表达的思想感情并在这种感受和理解的基础上发现文本本身的美，进而从美感感受中感到趣味，挖掘文本的诗意；（请参阅王富仁《语文教学与文学》有关论述）其次，教师应做诗意的“导引者”，尽管教师、学生和作者都有其主体性，其主体性因语境的不同而各具个性差异，但语文教育是有目的的行为，挖掘教材的诗意既要合语文教育的规律性，也要合语文教育的目的性，因此，教师应该立足此在，以开放的教育视角，采取去蔽的、全息感悟的方式，透过众人注目的焦点对教材所包含的社会、自然种种物象进行穿透性的哲理思考，透过纷繁复杂的文本信息把握语文教材的诗意。

二　生活性原则：辩证处理生活知识、生存技能与生命意义的关系

遵循生活性原则，指的是教师以立足于现实与可能生活的行为经验与规则作基础，通过对教材所包含的生活知识、生存技能以及生命意义进行诗意化的处理。当然，这并不是把教材简单地还原生活的场景，从而消解语文教育的教育目的性，而是试图表达这样一种教育理念——让学生通过教材的学习去用诗意的眼光审视生活，引导学生对可能美好生活的追求，从而使得语文教育的过程成为作为生活主体的个体诗性之自主生成、自我

建构的过程。比如，处理人教版第一册教材《阳光》一课时，教师首先认识到一年级学生学习语文与生活的关系，认识到学生已有的生活知识、生存经验以及对生命认知的水平，把诗意点确定为“生活中的阳光”，在此基础上，设置“在哪里有阳光？哪里有阳光，那里/这里怎么样？什么是我们的阳光？”等问题，让学生逐层认识自然阳光以及生活阳光的不同内涵，同时领会阳光的生命意义。学生自然说出“蓝蓝的天上有阳光，小鸟飞得更矫健了；妈妈的眼睛里有阳光，我生活得更快乐了”、“在我们工整的作业里有阳光，那是认真负责的阳光；在‘老师，您早’的问候声里有阳光；那是关爱的阳光”、“老师，您是我们的阳光”等富有个性、饱含情趣的话语，自然而然地学会用诗意的眼光审视生活，学会运用来自现实世界的生活经验去理解教材。就这样，学生就不仅真正领会了课文里所蕴含有关阳光知识的内涵，而且不知不觉地掌握了生活的技能，乃至领悟生命的意义。

三　审美性原则：辩证处理自然诗意、社会诗意与自我诗意的关系

遵循审美性原则，就是指教师主体通过艺术化的手法与手段，着力挖掘语文教材这一客体所包含的自然、社会、自我内容及其关系进行艺术性的改造，然后把教材内容美、教学活动美、教学形式美的欣赏和创造和谐统一起来，引领学生浸润在诗意般的教学情境与氛围之中，对人与自然、人与社会、人与自我关系进行融通性的理解与建构，从而在学习过程中进一步确证作为学习主体的地位以及精神力量，升华人生境界。比如，在处理人教版四年级下册第六组《麦哨》一课时，宁波市镇明中心小学傅璟璟老师根据诗意语文教学的理念，把着力点放在麦哨的自然、社会与自我诗意以及它们彼此之间关系的领悟与理解上，按照“设置情境，感受自然麦哨的物象（What）；诵读体味，体验课文麦哨的情象（How）；展开想象，领悟社会麦哨的意象（Why）；物我互化，创造自我麦哨的形象（Way）”的思路进行教学，学生获得的大自然、人类社会以及自身的诗意就会整体地渗入“我”的生命里：首先，初读文本，透过描写麦哨声音的句子，并结合作者对麦哨的介绍，来理解自然归真的麦哨，把握麦哨声优美、柔和的特点。其次，开展“这麦哨仅仅只是声音吗？还是什么呢？”的言语实践，让学生挖掘、理解麦哨是乡村孩子把麦哨当做一种纯天然饮料、游戏时一种器乐的质朴情感。再次，通过多种形式的阅读，紧抓重点词“你呼

我应，此起彼落”，以点带面，辐射全文，理解麦哨蕴含的乡村孩子亲密无间、天真活泼的社会诗意：这一声声的麦哨是美好的风景，是快乐的生活，更是乡村孩子们对生活的热爱。最后，让学生展开想象，促使他们置身于美丽的田野间，听着这一声声的麦哨，抒写自己独特而美好的心愿，从而达到自然表达自我诗意的目的。总之，语文教材所包含的内容人与自然、人与社会、人与自我彼此之间复杂关系的解构与建构是处理教材的焦点和重点，社会诗意和自然诗意都是以自我诗意为内在基础，并以自我内在诗意为最高境界，人与自然、人与社会关系的解构与建构其实最后在自我诗意中达到统一和谐状态。

四　系统性原则：辩证处理课程内容、教材内容、教学内容的关系

语文教学是由多种要素相互联系构成的系统，其中语文课程内容、教材内容和教学内容是构成这个系统必不可少的要素。按照系统论的观点，要使一个系统和谐，就必须对系统要素进行有机整合与层次要素进行合理排序。李海林老师认为，课程内容主要作用在于语文课教什么、学生学什么等问题；教材内容起一个载体作用，回答“语文课用什么去教”、“学生用什么来学”等问题；教学内容主要强调“老师干什么”、“学生干什么”等内容。无论课程资源的开发和利用，还是教材的处理都是为教学内容服务的。所谓遵循系统性原则，就是要求教师在挖掘教材的诗意点的时候，做到使课程内容、教学内容、教材内容等要素服从语文教学这个系统的安排，在正确把握教材的原生价值的基础上，着力于教学价值去挖掘诗意点，同时有机联系生活，引入生活的课程资源整合成教学内容，使这些要素在相互关联、相互制约、相互作用的过程中获得最佳教育效果。比如苏教版第九册《在大海中永生》一文，教材的内容并不难理解，主要记叙把邓小平同志骨灰撒入海的过程以及催人泪下的场面。然而，小学生缺乏对邓小平爷爷足够的了解，缺乏有关送葬的感性经验，这就给教学带来一定的难度，如果从课程内容和教学内容上下功夫，把诗意点确定为“大海与邓小平爷爷”审美关系的理解与构建上，教学内容自然就围绕邓小平同志的人文情怀以及所作的贡献而展开，通过多媒体再现历史情景（比如实况录像），同时辅以悲壮哀婉的音乐，学生自然感悟“邓爷爷，您像一棵大树，庇护一株株幼苗；邓爷爷，您像一盏指路明灯，照亮了中国人前进的方向；邓爷爷，您来自大海又回归大海，大海就是

母亲，大海就是您深爱的人民，您在大海中永生”。总之，课程内容、教学内容、教学内容从审美的角度相融，就能形成整体结构，从而发挥系统的整体功能。

五 实践性原则：辩证处理工具实践、精神实践与言语实践的关系

教育是一种培养人的活动，培养人的活动应在实践中进行。语文教育实践不同于其他社会实践，它是直接发展人力的实践活动，是创造性运用语言符号的活动，这种创造性运用语言符号的活动其实就是言语实践活动。所谓遵循实践性原则，就是教师挖掘教材的诗意点应以学生的现实生活和社会实践为基础，以实践活动为主要形式，强调学生的亲身经历、自主参与学习，通过“做”、“考察”、“探究”等一系列的活动去接触和感知各种人和事，在真切地体验和感受生活过程中，获得与人交往，探究问题的能力以及正确的情感、态度与价值观，发现和解决问题，发展创新能力。请看古诗《送元二使安西》的教材处理，李娟益老师采取“请你也做回诗人”的方式，让学生为朋友饯行，学生在敬酒、饯行的过程中进入诗境——

学生问“元二”：“安知千里外，不有雨间风?”

“元二”喟然道：“也许渭城这儿春雨绵绵，安西那儿黄沙漫漫。”

学生端起酒杯：“我的祝福都融在这酒里，舟车劳顿，请你一定要保重身体，这是一杯祝你一路顺风的酒。”

学生再次端起酒杯：“渭城这儿有饮不尽的甜甜的故乡水，听不完浓浓的家乡话。我的深情都酿在这酒里，请干了这杯酒，这是一杯珍藏友谊的酒。”

诗意语文既是一种“动之以情”的熏陶式的教育，同时更是一种把语文工具性与人文性寓于“言语实践”活动的教育，只有在这样的活动中，学生才会自致其知，自启其智，自悟其情，乃至自健其德，其为文富有鲜明个性，其为人富有生命的激情与文雅的气质。

第二节 例谈语文教材诗意点的挖掘

人教版《义务教育课程标准实验教科书·语文》七年级下册课文《爸爸的花儿落了》节选自台湾女作家林海音的小说集《城南旧事》。这是一篇反映出儿童心灵成长的故事，故事里氤氲着浓厚的亲情，对于引导初中

学生如何面对人生的变故、勇敢地承担家庭的责任具有很好的指导意义。然而，大多数教师在处理教材的时候，通常把“花落”理解成：其一，爸爸养的花儿凋落了；其二，爸爸生命的结束。这种理解是从旁观者的角度来审视文本的，给人的感觉过于理性而缺乏生命的质感。如果教师从熏陶诗情的角度去深刻挖掘教材中隐含的情感信息，把它作为语文教学的诗意点来处理，以此作为教学的楔子，激起学生的情感体验，学生对“花”的理解以及“花落”的意蕴会有真切的感受，自然也就产生不一样的教学效果。

“夫缀文者情动而辞发，观文者披文以人情。”“人禀七情，应物斯感，感物吟志，莫非自然。”刘勰把情感看作文艺创作中最主要的因素，文艺是情感的表现。任何文本都是客观事物的反映，作者反映客观事物，必然经受了生命的感动，借助具体的物象来寄托自己的真情实感。一般而言，在文艺创作中，创造主体多为具有丰富情绪记忆和相当情感的人。但其情感运动的层次、水平并不完全一律，而是呈现出相当的差异性，我们根据创造主体在创作中情绪情感的有无与强弱，把情感运动分作三个层次：以心观物、以物观心、心与物化。因此，挖掘教材的诗意点也应该从这几个方面入手。

一　以心观物，与文本对话，把握文本的物象

所谓以心观物，就是指教师以自身的情感、意志、行动方式等去理解、衡量文本中描写的客观事物。在这里，我们主要指教师在阅读《爸爸的花儿落了》这篇文章的时候以己之“情”度“花”，即赋予“花”平等的地位，使之具有与自身平行的对话权利，同呼吸，共命运，仿佛“花”也是人，也有悲欢离合。所谓“物象”，是文本作者注目、发现的能够表达“意念”而选择的相应的自然景物，是作者在作品里借助语言形式表现的客观物质和人文的类存在物，由具体名物构成。“心境万物生”，作者的感情活动不可能抽象地进行，必须“神与物游”，附丽于物。《爸爸的花儿落了》文本作者之所以选择“花”作为物象，其根本原因在于“花”融入了她的思想情趣，或者说“花”是林海音寄托情思的承载体，因此，它不是一般意义的“物”，而是一种鲜活的生命体，一种可以触发生命感动、体验的生命体。

本文直接或间接写花的地方很多，“花”在文章的作用是不可忽视的。

文章由“我的衣襟上有一朵粉红色的夹竹桃”，引出夹竹桃的来历和妈妈的嘱咐，它是“妈妈从院子里摘下来给我别上的，她说：‘夹竹桃是你爸爸种的，戴着它，就像爸爸看见你上台一样！’”作者又从“妈妈”的嘱咐进而交代，“爸爸病倒了，他住在医院里不能来”。文章至此，开始进入对“爸爸”第一次回忆。然后，重点回忆父亲对我的责罚以及劝我闯练两件小事。父亲责罚的结果是我学会学习，学会“夏天的早晨站在校门前，手里举着从花池里摘下的玉簪花，送给亲爱的韩老师……”；随后回忆爸爸爱花、种花的点滴生活，爸爸是一个爱花成痴的人，无论寒来暑往，都会在院子里根据季节的变化而种上夹叶桃、石榴、茉莉以及菊花什么的。而当我独自勇敢地完成去银行寄钱的事情后，文中还提及蒲公英。就这样，文章由记叙爸爸用心灌溉而开出“又红又大”的花再到“垂下了好几枝子，散散落落的，很不像样”，将看似零散的生活片段串联起来，“花”是文章的珠链，也是触发作者情思和寄托旨趣的物象。如果我们教师从“花”着眼，把它看成是和自己一样有生命的对话主体，赋予“花”以人格化的情感、意志、感觉、行动把握花的特征，那么，学生也就会由自然之花升华开去，真切感受爸爸的手中培植的自然花、眼中关爱儿女之花以及心中生命之花的内涵与意义，“花”也就成为拨动学生心弦的动情点和诗意点。

二 以物观心，与作者对话，把握文本的意象

所谓以物观心，就是从文本所写之物的角度，与生活对话，在直接和文本作者主体展开对话的过程中，揣摩作者情感运动的轨迹，从而客观地分析文本所包含的意象。所谓“意象”，指的是“有意义的形象”和“有形象的意义”的统一，是在某个物象的基础上渗透作者情感的有机结合体。所谓“意”，指的是作家由客观景物感发的主观情感、思想、哲思等；“象”指的是作家的主观情思对客观景物进行改造、创造出来的不同于原有景物、情境的事象、物象、景象等。二者的和谐统一、相互交融就是意象。作家把主观之意寓之于象后，“如水中之盐，无痕有味”，含蓄蕴藉，细嚼品味方可领悟。挖掘教材的诗意点，除了把握情感的触发物以外，还要认真品味作者是如何将情与物融合的，也就是和作者进行真诚对话，品味文本作家主观之意怎样同客观现实之境和谐统一以及这种和谐统一所传达的言外之意，象外之旨，味外之味。这个过程就是教材诗意“神韵”获

得的过程，也就是“性灵”品味的过程。

在文本中，爸爸的生命之花确实凋落了，也确实表达了因为父亲的去世那种忧愁与怀念之情。但其情感发展与变化不是抽象的，而是有情感的附着物，即花。让我们看看花与情是如何结合的，其过程是通过五次回忆表现的。第一次回忆从“英子”坐在“新建的大礼堂里，坐满了人，我们毕业生坐在前八排，我又是坐在最前一排的中间位子上”开始的。“英子”回想起“昨天”“去看爸爸时候的情景”，“爸爸”因为病情严重而伤心地表示自己难以如愿，只是叮嘱“英子”“不要迟到”，“没有爸爸，你更要自己管自己，并且管弟弟和妹妹”。而母亲“今天”在我出门前在我的衣襟上插上一枝粉红色的夹竹桃，这是作者情感与“花”（夹竹桃）的第一次融合，花既包含了“英子”对父亲莅临毕业典礼的期盼，同时也是一种精神寄托，是父女亲情的结合体。第二次是“下大雨”，自己“赖在床上不起”而受责罚，“爸爸”在“英子”班级里上课的时候，送去了“两个铜板和花夹袄”，这件事件的结果是“英子”学会送“玉簪花”给尊敬的老师，这里的花其实是理解之花和感恩之花，包含对严父的理解和自己学会学习的欣喜之情。第三次是由“妈妈眼睛的红肿”引出了红色的“石榴和夹竹桃”，同时还引出了爸爸因为“叔叔给日本人害死的事，急得吐血”，接着又由刚才的“石榴”引出了“石榴花”、“菊花”以及爸爸插到瘦鸡妹妹的头发上的“茉莉”，这里的“石榴和夹竹桃”、“石榴花”、“菊花”、“茉莉”，无一不是“英子”懵懂少年成长时的困惑、希冀、喜悦与忧愁的寄托物。第四次是“英子”完成了“爸爸”交给的任务——给“在日本读书的陈叔叔”寄钱，看到东交民巷街道中的花圃种满了“蒲公英”，它的出现标志着“英子”闯练的成功，其实也包含对“英子”的良好祝愿，做一棵生命力顽强的“蒲公英”，这无疑对教育当代少年如何面对人生的磨难具有积极的意义。到了文章的最后出现“夹竹桃”散散落落、父亲撒手人寰，我不但没有惊慌失措，反而显得十分镇定、沉着，这就不难理解了。总之，与作者对话，更容易把握情感变化与花这一物象紧密相连的运动轨迹，从而使教材诗意的挖掘更富有层次性。

三　心与物化，与生活对话，把握文本的心象

所谓心与物化，即教师通过自主阅读，领悟文本物与情结合的心象。

以心度物是情感运动的初级阶段，也是我们处理教材的第一步，在这一阶段，情与物是自立的，二立的；以物观心，是高一级的活动，但情与心仍是相对存在的；心与物化则不同，这时的情已与物水乳交融、浑然一体，情物两忘，情即是物，物即是情。所谓心象指的是存在潜意识中的心灵、性灵和语境的结合体，是欣赏者借助再创造的想象力、联想力和感情移入，进入艺术境界之中，构成欣赏者和作品即审美主体的心境和审美客体的艺术意象相统一、相复合的境界。心象境界里的“心”，实际上意味着心灵、性灵，它处于无意识之中，已经超乎一般的表象、记忆和感知的范围，它是作者性灵和灵感的产物。另外，作家作文往往喜欢追求“意在言外”“言有尽而意无穷”。这就使文本具有广阔的想象空间，欣赏者可根据自己的人生经历体验、审美认识深入品味。因此，和生活进行真诚对话，透过物象去看待、挖掘教材的诗意点，能够把握作者的情感运动轨迹，突破文字和形象的表面才能领悟到文本的“句中有句，味外有味”。

《爸爸的花儿落了》是一篇结构怪异的小说，文章的明线是围绕毕业典礼展开的，暗线是“我”成长的心路历程；而串起明暗线索的就是作者凭借的物象“花”，而花之所以能够推动情节的发展，又与情感意识的自然流动有关。如果我们要真切地把握作者的情感运动轨迹，必须从花的兴盛荣衰去看。文章多次写到花，每一次写花，都是作者的一次情感渲染。比如“英子”带着母亲摘下来的夹叶桃去参加毕业典礼，由于花的触动，自然回想起昨天“去看爸爸时候的情景”，“英子”希望爸爸能够参加她的毕业典礼，当爸爸表示因病情严重恐难以如愿，只是叮嘱英子“不要迟到”，“没有爸爸，你更要自己管自己，并且管弟弟和妹妹”的时候，小说写出“英子”此时的心理感受是不舒服，而不舒服的感觉又来自“六年前的那一次”因迟到而受罚的记忆。果真如此吗？我们从作者的角度看，尽管父亲已经离世，但记忆中的“花”却久久地开在心里，成为感情的寄托，因此，回忆起来，尽管有些苦涩，但父亲的严厉与温情却与记忆中的“花”一样永恒。再如，“英子”由妈妈今早的眼睛的“红肿”自然想起红色的“石榴和夹竹桃”，想起爸爸因为“叔叔给日本人害死的事，急得吐血”，由“石榴”想到了“石榴花”，又由“石榴花”想到“如果秋天来了，爸爸还要买那么多的菊花，摆满在我们的院子里、廊檐下、客厅的花架上吗?”这一系列的联想与想象，看似杂乱无章，其实真切地体现作者意识与无意识自然的活动，其中“石榴和夹竹桃”、“吐血”都是与“红色”有关而引起的意识，而由“石榴花”想到秋天父亲种花的场景，无疑是作者对幸福生活憧憬感情的自然表达，这里的“花”们成为作者情感意识流中的音符，是作者内心情感波澜起起伏伏的象征。

杜甫有诗云“感时花溅泪”，花因时局的动荡自然流泪。其实，自然之“花”是无所谓悲欢离合的，花之所以流泪，无不是作者情感迁移的结果。从花的角度去审视小说的人物内心活动，我们不难发现作者的心路历程，正如作者在小说序言里所云：“让实际的童年过去，心灵的童年永存。”花其实是心灵之花，是生命之花，尽管文中爸爸的花落了，但爸爸的生命、精神，乃至希望仍在女儿、在作者心中开放，爸爸生命之花坠落之时，正是心灵之花开放之时。

语文教学就是这样，教师在处理教材的时候，如果停留在语象境界里，关注的只是没有灵魂与血肉的语言符号以及厕身独立的客观存在物；在物象世界里，教师直接观照“象内之象”，能够透过“物”的屏障去触摸作者情感的脉搏；只有深入心象，才能超越文本，将文本化作自己的本文，领会“象外之象”，正如爸爸的“花”永远不会凋落一样，语文文本已化作活着的生命。

第三节　语文诗意点寻找的基本策略

所谓“寻”，《说文》的本义就是张开两臂；所谓“找”，即用手拾起像戈一样的器具。人生如天空的云朵，总是变幻莫测。等待幸福如同期待晴天，左右命运的是不测的风云。我们可以展开两臂，拥抱八尺范围内的温情。当我们在人生的左岸彷徨的时候，可以拾起一叶桨，划向理想的右岸；当我们彳亍人生苦雨的时候，可以张开一把伞，相遇一个丁香的故事。幸福就这么简单，张开双臂去拥抱，弯下腰来拾起。语文教学同样如此，诗意语文从寻找诗意点开始！

一　诗意点寻找的基本思路

语文教育家范祥善在《国文教授革新之研究》中说道，“宜善用教科书而不为教科书所用。教科书，死物也。教授过问，舍而用之固不可，用之不当，其害立见”。而践履新诗教，营造诗意的语文教学课堂，我们就能试图改变“搬运工式”处理教材的方式，使钻研教材过程成为充满诗意的创造过程，同时，让自己诗意地栖居在人类的灵魂殿堂，成为人生之河的导引者。因此，“如何挖掘语文教材中的诗意点，设计体现诗意点的主问题”成为课题组的实践研究主攻内容。所谓诗意点就是文本内容言说什么、文本形式怎样言说、作者为什么言说以及学生如何言说的关键处、精美处、深刻处、疑难处、知识内容丰厚处、手法巧妙处、意义隐含处等“有嚼头”的地方，以达到陶冶诗情、启迪诗思、进行言语实践的目的。文本的诗意，即在具体作品中所呈现出的语言诗意（包括内容与形式）；作者的诗意，即作者在作品中表达的富有诗意的思想、情感、志向等；学生的诗意，即教师引导学生通过阅读所领悟到的为人与为文实际意义。三个层次既有差别，又互相依存。诗意点是“知、情、意”与“真、善、美”的巧妙融合。其结构示意如下：

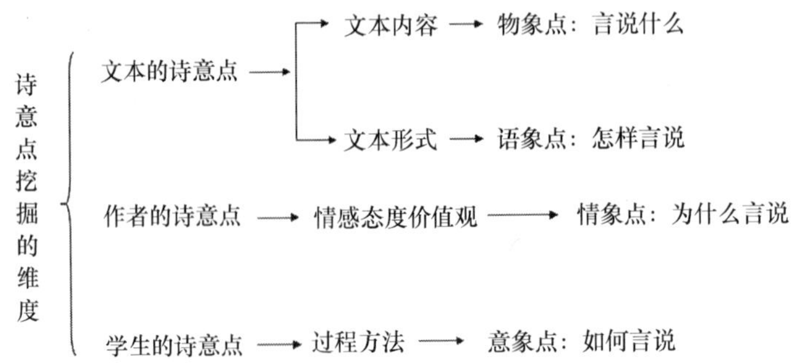

二　诗意点寻找的基本策略

（一）词语诗意点的寻找

词语是构成文本的基本要素，更是学生语文素养发展的基础。然而，受应试教学的影响，中小学语文词语教学受考试制度束缚，考什么教什么。词语考试主要题型以记忆词语字形为主，例如，听写、抄写词语、看拼音写词语、填空、照样子写词语、将词语补充完整等，较少涉及词语理解和运用。这说明词语教学目标定位认识不清，缺乏词语教学言语实践训练的意识。词语教学如何跳出“单纯认读字音、识记字形”的圈子，使静态的文字符号动态化，让所学的词语在学生的心中活起来？从诗意语文的角度审视，词语教学要焕发诗意的魅力，首先教师要善于寻找并确定词语教学的诗意点。所谓词语诗意点教学，是指在教师有目的有计划地引导学生抓住文本关键词语，然后以此作为言语表达的训练点，让学生协同多种感官，结合词语出现的具体情境，联系上下文来获得词语归真、求善、至美的理解，训练典雅语言表达能力的言语实践活动。

词语诗意点寻找的内容如下：其一，词语名词活用为动词的点。比如《猴王出世》可以抓住猴王的“跳”，让学生去和人类、和一般动物比较，在自我比较与言语实践中把握猴王的跳既是动物本能的跳，也是人类良善品质的跳，还是具有神魔力量的跳，这样自然就把握了吴承恩塑造猴王所蕴含的动物之猴王、人性之猴王、神魔之猴王的真意。其二，语言的图景点。任何词语均体现了生活的图画与景致，还原生活的镜头，就可以让学生感受词语内蕴的情致。比如，人教版小学语文六年级下册的课文《灯火》一文的第十段：“后来才知道，在这千钧一发的时刻，是郝副营长划着了火柴，点燃了那本书，举得高高的，为后续部队照亮了前进的路。”“千钧一发”一词比喻万分紧急的时刻。这无疑是抽象的、晦涩的。如何让词语鲜活起来，教师可以先让学生自己回忆《司马光砸缸》的故事，巧妙点出所要教学的词语——“千钧一发”。接着引导学生带着情感去朗读，一步步深入地体会“千钧一发”的紧迫感，人物焦灼的内心。在此基础上，呈现千百年来为国家和民族利益革命先烈们在千钧一发的时刻奋勇牺牲的图景。这个词语也就从书本上跳跃了起来，摇身变成了一个学生可以触摸的立体丰满的图景，自然也就慢慢地品味词语所蕴含的高尚情怀。其三，组词成画点。即根据文本陈述对象对词语进行分类，然后分类把握词语蕴含的诗意。比如《燕子专列》一文就可以将文本的词语分为“天气、燕子和瑞士小镇人们”三类，然后分别开展三类词语的言语实践，让学生运用词语去认识天气、认识期待救援燕子以及瑞士小镇人们救助燕子的行为。

总之，正如浙江著名特级教师王雷英老师所言：词语好比水中的鱼儿，捞上来以后你如果不管，它就变成了鱼干。我们的目的不是把它变成鱼干，我们必须让它回到水中活起来，捉鱼放鱼的过程就是在文字里出出入入的过程，就是反复咀嚼品味的过程。让孩子们亲手把它们放回去，带着孩子的感悟，带着孩子的想象，带着孩子的情感，重新回到水里，“此鱼已经非彼鱼”了。当我们面对散布于文章每一个角落的词语时，应该意识到每一个词都与作者有着精神上的相通，有着丰富的诗意内涵，它充盈着生命的呼吸，它与文本的脉搏和谐共振。一旦我们能够在咬文嚼字中把握每一个词语传递给我们的丰富信息，体会到这些词语传达出的独特意蕴，或许我们就能从这里打开向文本感悟的一道门、一扇窗。

（二）文本句子诗意点的寻找

句子是由词和词组构成的，能够表达完整意思的语言单位。所谓句子的诗意点，是指教师引导学生抓住含义深刻、结构有特色的句子，采取言语实践的方式，让学生借助句子表达了解作者关于客观事物的性质、状态、运动变化情况以及事物之间的关系。即通过句子表达来说明“是什么”、“怎么样”、“谁做的”、“做什么”、“如何做”，“何时做”等语义关系。对句子诗意点的处理，通常可以采取“加减修饰语”、“变换句子的语境”、“仿写改写句子”等方法，让学生在言语实践中去品味句子所蕴含的内在情思与意旨，同时训练学生创造性表达运用句子的能力。请看笔者指导学生设计的《草原》句子教学片段。

该案例由四个环节构成。第一环节为“自主读句，整体感知”。教师用课件出示原文句子：那些小丘的线条是那么柔美，就像只用绿色渲染，不用墨线勾勒的中国画那样，到处翠色欲流，轻轻流入云际。在学生自由朗读的基础上谈谈对这个句子的感受并筛选句子里描写草原风景优美的“线条柔美，绿色渲染，翠色欲流”词语。第二环节为“再读有情，品味词语”。首先，品味“柔美”这个词语。“柔美”是比较抽象的一个词语，五年级的学生有了自己一定的积累和理解能力。教师先展示波浪、田野等图片，学生心中有了实物的图像，自然对小丘“柔美”有了一个初步的概念。再回读课文中的句子，看看作者的描述，教师适时地引导——柔美就是柔和美好的意思。这自然可以帮助学生准确到位地掌握词语。在此基础上，开展“夜色柔美，黑色覆上大地；月光柔美，____________；舞姿柔美，____________”的言语实践。学生自然将自然景观的“柔美”深入到人文社会中的“柔美”，让学生理解这个词的不同引用。其次，感悟“渲染”这个词语。教师引导学生自己画画的过程谈感受，并采取小组合作的方式对“渲染”一词进行释义。改变老师串讲词语的传统教法，让学生在自主、合作学习中自己探究理解，进而达成共识：渲，是在皴擦处略敷水墨或色彩；染，是用大面积的湿笔在形象的外围着色或着墨，烘托画面形象。接着，教师让学生回忆在宣纸上用绿色渲染的时候会发现什么？当学生汇报“绿色慢慢地向周围渗透”的时候，教师适时地引导学生活用“渲染”这个词语：“晚霞把天空渲染得金碧辉煌，月光把大地渲染得________，大家的参与把气氛______得热烈。”前两句言语实践是与课文相同，是自然景物的体现；最后一句则是“渲染”在社会中的运用，主要是讲一种气氛的渲染。最后，感悟“勾勒”这个词语。教师采取比较的教学方法，选课件出示图片，一张是中国画，第二张是油画。让学生在比较中明白：中国画的画法主要是，用水墨或淡的色彩涂抹画面，以加强艺术效果。然后，聚焦课文“为什么不是墨线勾勒，而是绿色渲染”？学生在反复观摩、比较中不难理解“不用墨线勾勒”，指的是小丘和平地之间没有截然分明的界限；渲染则是好像绿色的颜料滴在了草原上，然后绿色就一点一点晕染出去。第三环节为“联系语境，三读有味”，即感受句子的生命力，体会诗意语言的韵味。这个环节主要是要学生在教师所创设的情境中，结合前文所说的和教师的引导体悟，深入体会“翠色欲流”，并且感受其中蕴含的寓意和生机。也就是让学生感受到，生活中的每一处都可以让我们感受到一种生机。句子的学习不仅仅是表层的学习，教师还要注重引导学生深入探讨。在这个环节，教师以“绿色的草原一望无际，与天相接，仿佛翠色流入了天际；蓝色的大海一望无垠，与天相连，仿佛________________”、“如果我是一棵小草，我愿意把我的绿色奉献给人类；如果我是________，我愿意____________”等言语实践的形式，对课文中的句子进行了拓展，在这其中渗透了中国传统文学中的“不积跬步，无以至千里；不积小流，无以成江海”的一种积少成多的积累，以及延伸出去的团结意味，告诉学生不论是草原中的小草，还有海洋中的水滴，都是以微小力量的积累造就了自然的奇观，这有助于塑造学生积极人格，引导学生乐观向上，即达到了诗意语文的“求善”境界。第四环节属于“圆融自我，至美表达”。在此环节中，教师延续前面的言语实践，仍然从一棵小草出发，渗透了小草的奉献精神，让学生去感受一份奉献的美好。接着让学生从小草的角度到人类的角度，去看这个美丽的世界。从小草到水滴，从草原到江河。它们很微小，很容易被摧毁，但是它们又很坚强，正是由它们组成了这个世界，所以我们要去保护这个世界。

该案例根据“渲染—翠色欲流—草原”这条主线进行了教学设计。在这条主线中，教师加入了“柔美”一词的简单教学，让学生感受到草原的线条。在“渲染”的部分，则进行了“勾勒”和“渲染”的对比教学以及“渲染”和“涂染”的词语辨析，从而让学生对草原的充满生机和活力加深认识，并且在这一过程中学会对渲染的运用。根据“渲染”引出的“翠色欲流”则是着重于“翠”。将其与《翠鸟》中的翠进行对比，表现一种勃勃生机。而在其后，教师简要地介绍了句中矛盾的写法，关于“翠色欲流”和“轻轻流入云际”进行了说明。接着，根据草原是由一棵棵小草组成的特点，教师将句子教学的内容拓展为感悟并体验微小的事物的力量，通过简单的言语实践进行了过渡，让学生体会到世界的美好，潜移默化地让学生加深对自然生态一草一木的关爱。

（三）文本内容诗意点的寻找

除了词语诗意点与句子诗意点以外，文本内容言说了什么均是诗意点考察与寻找的范围。主要策略如下：

第一，教材的“不在场信息”挖掘诗意元素。北大哲学教授张世英说：“就一事物之当前显现的方面来说，它是‘在场的东西’，就与一事物相关的背后的隐蔽的方面来说，乃是‘不在场的东西’。在场与不在场、显现与隐蔽相互构成一个境域。”因此，课题组教师还深入钻研教材，透过文字本身，努力找寻文字背后的诗意元素。陈静老师在执教《槐乡的孩子》这一课时，就根据槐树、槐米等在场信息呈现，将教材知识图景化，再让学生透过在场的图景去想象、揣测槐乡孩子生活等不在场的信息，让学生分析槐乡孩子热爱槐树的情感原因。并抛出“假如你是槐树，你会和孩子做什么，你会对孩子说什么?”的话题，让学生左右大脑协同效应进行创造性的思维。在此过程中，学生自然地物化为槐树，与树共舞，与花同乐，成了槐乡孩子的亲人、朋友，课堂也自然成为孩子们畅游诗情画意的天堂。

第二，教材的空白处挖掘诗意元素。诗意很大程度上取决于读者的创造性想象。因此，挖掘教材中意犹未尽或是需反复意会之处，并从这些有意或无意的空白处展开诗意教学，也应成为课题组教师的思考点和切入点。张泽佳老师在执教《黄鹤楼送孟浩然之广陵》时就设计了这样的诗意训练点，教师先引导说：当李白站在江边目送孤帆远去的时候，他的脑海中浮现了一幅幅曾与朋友在一起的美好画面：“是啊，那时的我们，一起玩耍，那时的我们，会……”学生的脑海中开始勾勒一幅幅画面：“那时的我们曾一起寒窗苦读，那时的我们，曾一起把酒当歌……”和着音乐，孩子们用诗一般的语言把我们带进了诗句所不曾呈现的美好回忆当中。

第三，在教材的重组中挖掘诗意元素。在钻研教材时，如何使文本中一句句浸满着情与爱的字符，诗意地流淌进孩子的心灵也一直是我们关注的研究内容。为此，我们尝试了从对教材内容进行重组中挖掘诗意元素。陈静老师在执教《搭石》这一课时，将课文中描写“人们走搭石”的句子改用诗歌的形式呈现出来：每当上工、下工/一行人走搭石的时候/前面的抬起脚来/后面的紧跟上去/动作是那么协调有序/清波漾漾，人影绰绰/给人画一般的美感。教材内容呈现方式变成了诗，再配以优美的乐曲，通过多种方式的朗读，学生的情感一下子调动了起来，感悟到文中蕴含着的“只可意会不可言传”的美妙诗境。

第四，文章德性的主题升华处挖掘诗意元素。升华课文主题处挖掘诗意元素也是进行诗意教学的有效途径。它能在体现教材人文性的同时，抓住师生情绪的高涨时刻，更好地利用诗意的语言表达内心情感。例如《花的勇气》一文，教学时以诗意智慧的图景思维作为凭借，在引导学生了解课文内容、理清情感线索的基础上，提出“在冷雨中，小花为什么傲然挺立，它们为什么如此骄傲和神气”的问题，然后出示投影显示“我骄傲，因为我……；我神气，因为我……”的语言训练点，让学生品味雨中花所蕴含的精神品质。学生的眼前自然就会浮现出一幅幅栩栩如生的画面：五颜六色的纯洁、娇小而又鲜亮的小花在冷风冷雨中竞相开放、傲然挺立，令人肃然起敬。教师顺势提出：“老师仿佛看见你们就是那一朵朵傲然挺立的小花，那么骄傲的你们会向大自然发出什么挑战?”接下来出示投影引导学生变雨中小花为自我的小花，以花的口吻，采取“我要向（________）发出挑战，……”的言说方式表达自己的德性。

第五，与文本的对话中挖掘诗意元素。在阅读教学中，引导学生和作者、文本进行多元互动对话，学习、揣摩、领悟对话内容，诗意元素定能自然地散发在课堂里。黄义老师在执教阅读教材《驯养》一文时，先让学生认真品味课文重点句子的含义。接着提出“驯养容易吗，它需要什么”的问题。学生先后给出“驯养不容易，它需要耐心、仪式、责任、智慧”的答案。黄老师又让学生把自己虚拟成作品中的人或狐狸，联系自己的生活，谈论驯养的作用与效应，学生最后得出自己的结论。

（四）文本结构诗意点寻找

文本内容是言说什么的诗意？那么，文本的形式呢？文本形式是文本内容的组织构造和综合表现的物化形态。包括语言、结构、体裁、表现手法等因素。主要指出谋篇布局的结构特征与表现手法特征。复旦大学章培恒教授认为，正确地认识形式与技巧的重要性，在这方面必须打破内容第一、形式第二这种流行已久的观念。在文学作品中，内容不但不能脱离形式而存在，甚至可以说在文学作品中所有的内容是已经转化为形式了的。因此，重视文本形式诗意点的寻找，不仅有助于理解文本内容，更有助于学生创造性思维训练。其基本思路如下。

1. 教材的文体上挖掘诗意元素

教材中许多文本的语言优美，意境美好。课题组教师为了让学生更深刻地感受语言文字带给我们的震撼力，时常通过引导学生对文体进行改编的过程，延续孩子们对教材中诗意元素的理解与感悟。如将散文、将古诗改编成诗歌等。余运群老师在执教五年级教材《阿里山的云雾》时，通过指导学生反复诵读课文，引导学生入情入境，品读文中的优美词句，尝试指导学生进行改写训练，取得了较好的效果。其中任宇昕同学是这样改写的：阿里山的云雾/时隐时现/时浓时淡/时风起，时平静/起风时，翻滚涌动/平静时，如一文静的女孩/这就是阿里山的云雾/这就是神奇的大自然。

2. 教材的文本结构挖掘诗意训练点

文章的结构大体有三段式结构、复叠式结构、圆环式结构、对称式结构等划分。比如《一个小村庄的故事》原文就是一个正反对称式结构：一个美丽的小山村与一个破坏的小山村形成简单的对比。如果遵循原文的结构，不做任何开拓，语文教学很容易限于环保主题的教学，学生的思维训练难以提升。湖南一师一附小陈静老师在执教时，变对称式结构为圆环式结构，将原文加一个环节，即“一个希望的小山村”。教师这样引导：“如果历史可以改写，故事可以重来，如果你就是那个砍过树的农夫，如果你就是看着父母砍树的孩子，你会怎么做?”学生纷纷发言后，陈老师继续追索：“让我们用诗意的眼睛看看，那么小村庄将会有什么?”孩子们顿时开启了诗思，迸发出诗语。有的孩子说：“会有我，一株美丽的野菊花，我要把我的芬芳传播给辛劳的人们。”有的孩子说：“会有我，山中的一株小草，我要将自己的绿色奉献给山村。”有的说：“会有我，林中的一只小鸟，我要把自己最美丽的歌声送给善良的山村人们……”于是，孩子们用诗意的言语燃起心中美好的期望，为那个小村庄的故事填写了富有深刻含义的一笔。

第八章

诗意语文教学过程论

第一节　语文教学过程该走什么“路”

古希腊著名的哲学家赫拉克利特说过一句很有名的话：“人不能两次踏入同一条河流。”说的是任何事物都是不断运动变化着的。不过，任何事物的运动都有一定的先后次序，沿着它的程序，运动就会加速，反之则延缓，甚至欲速而不达。我们语文教学也不例外，它是运动的事物，运动的过程就是我们俗称的教学过程，也叫教学流程。自20世纪80年代初期引入苏联当代教育家巴班斯基的“教学过程最优化”理论以来，我国语文教坛掀起了优化语文教学过程一阵又一阵的改革浪潮。但是几十年过去了，我们的语文教学仍被人指斥为“误尽苍生”、“少慢差费”。原因何在？当然是多方面的，其中最主要的就是没有遵循语文教学自身的教学规律。

一　语文教学过程建构如何

目前，我国中小学语文教学过程改革成果层出不穷，但认真梳理，大都离不开如下基本模式。阅读教学过程一般分为四个阶段：预习（感知）—讲习（理论、评价）—练习（应用）—复习（巩固）。在这个基础上产生了很多的变体，如“八步教读法”（潘凤湘创）、“三主四式语文导读法”（钱梦龙）、“课堂六步法”（魏书生）等等。作文教学过程的一般模式有：“命题—指导—批改—讲评”；“观察—思考—构思、表达—修改”；“作文前指导—作文后指导”等等。读写结合的模式有：“读—写—改—评”，“写—初评—再评—改”等等。

从上面所列语文教学过程基本模式看，每一种模式也有一定的运动轨迹。运动的目的，要么是培养学生自主读书能力；要么是培养自主作文能力。落脚点也在自学能力上。为什么会高耗低效呢？为什么会少慢费差呢？我们比较一下数学教学，不难发现问题之所在。数学老师所设计的教学模式一般为：举一个例子——从个例归纳出一般原则、普遍原理或某种方法——让学生做同类型的题目——再做变式练习。数学老师的眼光不止停留在个例分析上，首先让学生归纳弄懂个例所涵盖的规则、原理、方法。然后通过常式和变式练习，促使学生由一个思维模式走向另一个思维模式，形成敏锐的领悟力，从而形成自主读书的能力。

由于长期对语文教学本体论的漠视，对训练目的的忽视，我们的读写训练长期在同一条河流上跋涉。教师如同知识之船上的舵手，错误地把语言训练认同为思想教育的工具，把从有丰富人文精神内涵的言语作品里分析归纳出的思想内容作为知识之船驶向的彼岸。方向是教师确定的，航道也是教师开创的，学生只要坐在船上就行了。教师以自己的意志为核心，把学生的思维、语言乃至教学过程均纳入教师的控制范围。阅读教学只能停留在一篇篇文章的讲讲议议练练上，上一篇课文介绍背景，分析结构，归纳中心；下一篇周而复始，按部就班；作文教学变成填空式的文字游戏，景物描写“A、B、C”，记叙人物“甲、乙、丙”，议论写作“引论、本论、结论”。每一步均有规则，每一篇都有要领。学生只需储存这些规则要领就行了，学生缺乏自己活动的空间，没有参与的机会，更不能在自我读写探索中获得创造的快乐，不能在读写训练中掌握形同数学解题的普遍原理以及方法，更不知语感是何物。

二　语文教学过程因何建构

一个合理的教学过程设计应该具有本体论、价值论和方法论基础。其中本体论基础是最根本的，决定和产生它的价值论层次和方法论层次的。它最大的特点是超越教学层次，主要是回答语文教育一系列最本质的问题。比照西方教育理论，夸美纽斯的理论就具有“公理”化的特点，它是采用由“本体原理”—“本质论”—“价值论”—“方法论”的思路论述和得出教学过程的基本要素和基本程序，而我国对语文教学设计的探讨，刚好反其道而行之，由“方法”—“原则”，对“本体论”的探讨，目前还留下许多空白。比如“读写结合”，有人认为是“教学方法”，有人认为是“教育原则”，这种认识就缺乏令人信服的理论根据。

如果追究其理论渊源，支撑语文教学过程设计的基础性理论的不外乎

“写作学”、“阅读学”和“文章学”。中国是一个文章大国，文章之学的研究历史也有一千六百年的历史。但人们所做的工作，不过是对文章文体的分类及类的特点进行研究，人们致力于研究文章的一般构成要素，各类文章的形式和源流演变。关注阅读学，是为阐释文章形态找到读者方向的依据，关注写作学，那是为文章的具体形态寻找作者方面的原因。严格而言，文章学研究的范围相当狭窄，没有从广阔的视野和更深的层面系统地剖析文章现象。本身还存在严重的理论缺陷，充其量只能算作文体之学。

写作学的研究，大都停留在经验介绍的阶段，远没有达到具备完善的写作教学，尤其是中小学作文教学过程理论体系的高度。它研究的内容主要是文章的生成过程（即整个写作活动），把揭示写作规律和一般的写作原则、方法作为自己的任务。它也注意阅读的研究，那是为了帮助作者懂得如何选择更恰当的表达方式和表现手法。它也注意文章学的研究，以便写作成果更具有文章风范。阅读学和写作学是文章学的辅助学科。至于阅读学，20 世纪 80 年代才得以重视，一切还处于萌芽状态，名为阅读学，并没有以阅读现象作为研究对象，实际上脱不了文章学的底子，只是从阅读的角度来看待文章学而已。

就实质论，语文教学过程是语文教师的教与学生的学相结合且通过教师的作用，让学生自主求知、启智、健德和发展各种语文能力和形成个性品质的过程。从语文的基本性质看，语文既具有工具性，也具有人文性，人文精神的熏陶、人格的教育应与知识的传授水乳交融地结合起来。然而，在实践中，往往忽视人的存在，忽视了在语文教学过程中让学生自主接受典范人文精神的陶冶与教化。

就设计看，一个完善的科学的教学过程设计应该由哲学基础、教学原则、教学方法、教学控制等层次构成。其中哲学基础层次是最根本的，决定和产生它的教学原则层次和教学方法层次。我国语文教育界所设计的语文教学过程大多出于体验感受而不是逻辑分析，大多停留在教学方法，教学原则的分析层面上，缺乏“公理”、“原理”性的理论基础。在某种程度上而言，充其量只能算作经验总结。主观色彩很浓的经验总结是很难把握语文教学的客观规律和教学实际的。

就控制而论，教学控制就是对整个教学过程进行调控、管理。它保证教学设计的每个步骤得以顺利实施。有效的管理不但能提高课堂教学效率，而且是提高语文教学质量的必要步骤。可是，我们在设计教学过程时，往往对调控手段重视不够。简单地把教学控制等同于提问、测验。满堂问及琐碎的测验，其实质就是教师以自己的意志为核心，把学生的思维、语言乃至教学过程均纳入教师的控制范围，粗暴地抑制学生学习语文的灵性，破坏了优美的言语作品和谐的人文精神。

就结构而言，任何语文教学过程都不是一成不变的僵死的东西。它必须因受教育对象、教学内容、教学阶段等因素的影响而变化。构成教学过程结构的要素也不是僵死不化的。有的必须依靠教师的悉心指导，有的必须放手让学生自己去发现、去探究。就认知过程设计而言，有时可以偏重思维发展的序列，有时则注重识记、操作序列。不可一概而论。

按照巴班斯基的理论，所谓“最优化”，指的是“用最少的时间，花最少的钱，取得最好的效果”。其中教学效果主要体现在“每个学生按照所提出的任务，于该时期内在教养、教育和发展三个方面，获得最高可能的水平”。换言之，优化的最终目的就是促进学生更好地发展。由于长期对教学过程理论的漠视，对训练目的的忽视，我们的读写训练长期在同一条河流上跋涉。教师如同知识之船上的舵手，错误地把语言训练认同为语文教学的任务，把言语作品里分析归纳出的思想内容作为知识之船驶向的彼岸。方向是教师确定的，航道也是教师开创的，学生只要坐在船上就行了。学生缺乏自己活动的空间，更不能在自我读写探索中获得创造的快乐，更不知语感是何物。这种刻板的训练过程其实质是重结果，轻过程；重教师，轻学生；重课内，轻课外；重接受，轻发现；重知识，轻能力。这就形同于教师在岸上教游泳，然后推学生下水。

如今，社会进入了网络化、信息化时代，不仅出现了“知识爆炸”现象，而且知识更新的周期越来越短。在这样的时代，如何发挥学生的主体地位，变单纯地接受语文学科知识的教学为创造性运用语言符号的主动学习自然成为当今语文教学的必然选择。

三　如何认识读写训练的目的与任务

语文学科的名称虽经叶圣陶先生确定为口头语言为语，书面语言为文。但自古以来，无论是过去的“八股取士”，还是现在的“中考”、“高考”选拔考试，受“应试教育”的影响，语文教学往往急功近利，读的是文，写的也是文。语文教学演变成为应付考试而读写文章的教学。无论是读还是写，把能够理解或写作某一种文体的文章作为衡量教学质量的标准。教材编排的是一篇篇文章，教师们就围绕这一篇文章转，学生们把掌握这些文章通过考试取得好成绩作为学习目标，写作能力的测试是要求写特定题目、特定体裁的文章，于是教师就研究出种种文章体式以及所谓的写作技巧。语文教学把阅读和写作的客体条件作为奋斗目标，这就从根本上误解了读写训练的目的和任务。

另外，把读写关系的理论模式的教育理想建构在“社会本位”的基础上，极少关注个体的发展需要。“社会本位”至上，造成教师思维定式，束缚了教师的创造性，使语文教育泛政治化，教师对教学内容的阐释和评价，无一不受社会意识形态的挟制，形成刻板的教学模式，读写训练异化成政治思想的识记与理解训练，读写教学严重脱离学生的生活实际，造就和培养了学生的虚假人格。

这样一来，读写训练的核心就只能是思想主题的赏析与提纯。阅读围绕主题转，写作盯着主题生发。“主题”统率整个读写教学系统。阅读教学分析作品往往思维单一，评价简单，常常抽象地概念化地贴标签，缺乏立体感。不会从多角度、多方位、多层面去剖析，形成“千人一面”、“千人一腔”的模式。导致了学生思路狭窄，思想贫乏，缺乏独立见解，人云亦云，对人生、对生活感性不深，理解不透，反映在写作上，常常使学生作文缺乏真情实感，作文题材雷同，所写内容杜撰虚构。

叶圣陶先生生前曾多次指出：“教，是为了达到不需要教。”“语文教学的成功，在于学生自能读书，自能作文。”叶老反复强调的要旨是读写教学要培养学生的自学能力。深入思考下去，我们知道思维能力是自学能力的支柱，思维能力的内涵极为丰富，培养思维能力也不是语文独有的任务。语文读写训练是以语言文字材料为依托的，学生对语言文字有敏锐的感受力是思维能力培养、自学能力形成的基础和前提，因此，读写训练最直接最根本的目的是培养对汉民族语言、文字的敏感。

如果我们能认识到读写训练的目的就是培养“语感”——创造性运用语言文字符号的智慧，那么很多实际问题也就迎刃而解了。针对“读写关系”来说，我们学习课文不是学写作模仿的例子，读是为了理解、丰富、形成语感，写是为了表达、发展、提高语感，它们的关系不仅仅是模仿、借鉴的关系，也不是简单的分分合合。

第二节　读写关系该如何处理

一般看来，听、说、读、写是语文教学应培养的四种能力，也是教学过程建构必须认真对待的重要因素。而阅读、写作、听话、说话，虽各有训练目的、训练内容、训练方法，但在某种意义上而言，听话是用耳朵去“读”，说话是用嘴巴去“写”，阅读是用眼睛去“听”，写作是用笔头去“说”。由此可见，在继续重视听说训练的前提下，中学语文教学的主要任务可以简化为培养学生的阅读和写作能力。读写训练是中学语文教学最根本的起点，重视读写教学是提高中学生语文素质的根本。

读写关系是国内外语文教学的一个长期争论不休的话题。无论是从人类读写活动或语文教育发展的历史进程看，还是着眼于当今知识经济信息时代人类世界的全部关系性特征分析，语文读写活动之所以得到特别的关注，就在于它们始终和人类生存状态与社会发展密切相关。我国语文读写活动源远流长。我国古代语文中的“注”、“笺”、“疏”、“述”、“评”、“论”等等，无一不是人类读写活动的足迹和记录。

人们对读写关系进行了不懈的探讨和研究，构建了多种理论模式。但对读写关系的处理无论是“分”还是“合”，二者一直没有很好地协调起来。人们构建的理论模式，大多注重读写形式上的联系。读是理解与吸收，写是运用与表达，两者是相互联系，相辅相成的。通过阅读学习，积累语言材料，提高理解能力，掌握写作方法，学生才能较好地运用语言文字表达思想。通过写作活动，也可以促使学生认真地阅读课文和其他文章，巩固和深化阅读中所获得的知识。

目前，语文教学无论是阅读还是写作陷入形式主义的泥淖不能自拔，严重脱离学生生活体验和社会实践，以“割裂”为美，将有着深刻人文价值和精神意蕴的言语作品肢解成知识的拼盘，注重阅读与写作的技术训练，阅读和写作训练盲目随意，形成刻板的教学模式，严重地束缚学生的思维，抑制学生的创造性，个性得不到应有的重视，学生进行读写活动根本无快乐可言。

针对语文教学走入困境，读写能力普遍低下的情况，人们对读写关系的研究，开始将视角由读写内涵的理解转向读写的广阔外延。在研究中，国内外有关学者发现：读写能力的获得可以不通过教学，作文不一定以阅读为基础，同时也发现不同背景中的读写训练会对认知能力产生特殊的影响。在新发现的理论基础上，人们也开始着手构建新的理论模式，比如有人主张“阅读教学茶馆化”，“作文教学生活化”，“展览馆式教学”，“阅览室式教学”等。

在知识经济的时代，新的知识以几何的速度无限的增长。现有的读写关系理论模式已经跟不上我国大开放、大改革、大发展的时代节拍。为了提高语文教学效率，提高语文教学质量，使之适应素质教育人才的发展需要，我们有必要对读写关系理论模式重新审视且作出深层次的探讨与构建。

一　现有读写关系理论的考察

古往今来，在语文教学实践中存在多种读写关系理论模式。笔者根据已掌握的资料从人们看待“读”与“写”的主体地位这一角度分析，认为在语文教育发展过程中人们对读写关系的研究产生了如下几种主要理论模式：

（一）多读多写模式

多读多写模式适应中国语文蕴含丰富的特点提出来的，强调读写实践的作用，具有朴素的唯物主义思想。这种模式的倡导者认为，“多读”，其实就是扩大知识面，促进理解能力的提高；“多写”，即积累写作经验，促进表达能力的加强。读写能力的形成是反复实践、熟能生巧的结果，读多了自然会写。这种模式对读写关系的认识是朦胧的模糊不清的。

古代语文教育家大多主张多读多写。如“读书千遍，其义自见”，说的就是多读达到熟读成诵的地步，自然而然就能理解语言含义，把握语言规律。又如《东坡志林》上记载：“宋时有人问欧阳修怎样才能写好文章，他说：‘无他术，唯勤读书而多为之，自工。’世人患作文字少，又懒读书，每一篇出，即求过人。如此少有至者。”宋代陈师道在《后山诗话》里也有相似的记载：“永叔（欧阳修）谓为文有三多：看多，做多，商量多也。”如此等等。

多读多写模式为后代多种模式的研究奠定了扎实的理论基础，换句话而言，这种模式对中国语文学习和语文教学有深刻的影响。鲁迅先生就说过这样的话：“文章怎样作，我说不出来，因为自己的作文，是由如多看和练习，此外并无心得或方法的。”

（二）读为基础，或写为中心模式

这类模式试图从多读多写的理论模式中，逐渐剥离出读或写单方面的因素加以强调，首先侧重读的作用研究。他们认为读是写的基础，只有多读、熟读、读透甚至读破，才会在内容和形式等方面对写作有所裨益，读是写的前提。没有读的“耕耘”，也就没有写的“硕果”。而写要有收获，又是通过模仿借鉴所读内容和形式得来的。

汉代扬雄强调：“能读千赋，则能为之。”唐代杜甫云：“读书破万卷，下笔如有神。”韩愈则说：“学以为耕，文以为获。”宋代程端礼在《程氏家塾读书分年日程》里阐述读的基础作用既详尽又形象：“读书如销铜，聚铜入炉，大蒲扇之，不销不止，极用费力。作文如铸器，铜既销矣，随模铸器，一冶即成，只要识模，全不费力。所谓劳于读书，逸如作文者，此也。”清人唐彪在《读书作文谱》一文里阐述更为明了：“文章读之极熟，则与我为化，不知是人之文，我之文也。作文时，吾意所欲言，无不随吾所读，应笔而出，如泉源，滔滔不竭。”

到了近代，人们更多地注意到了读向写的直接迁移或奠定基础的功利作用。吴增祺、姚铭恩等人从文章学的角度阐述读法和做法关系时，尤其肯定了读的基础作用，他们认为读在形式上有吸收文字、文章之力，在内容上有启迪思想感情之能。他们十分重视仿写。为此，1922 年《新法国文教授书》就有学生模仿写课文进行写作练习的任务。张志公先生《读是写的基础》一文里也说：“多写，这是完全必要的，不过写必须以读为基础，没有正确的、充分的读作基础，光写是不行的。”① 这些论述文字或简略，或繁复，或含蓄，或直露，均充分肯定了阅读写作的能动作用。

因为读对写有借鉴作用，任何学写作的人都得经过模仿的过程才能作文。因此，有些语文教育家、文字工作者和相当一部分语文老师在“读为基础”论的基础上进一步提出了以写为中心进行读写教学的观点。著名散文家、语文教育研究家吴伯箫先生认为“读是为了写”。这是从语文阅读教学目的角度来看待读写关系的。而著名美学家朱光潜先生从激发学习动机总结写作实践体会时说：“为了写，学习起来就认真些。”

20 世纪 50 年代至 70 年代，以北京景山学校周蕴玉老师为代表的一大批语文老师在这些理论的鼓舞下，对此开展了教改实验。从而形成了“写为中心”的教学模式。该模式的主要特征有：其一，把作文放在语文教学的中心位置上，以作文为中心组织语文教学；其二，把学生作文能力的提

---

① 张志公：《张志公语文教育论集》，人民教育出版社 1994 年版，第 520 页。

高作为衡量语文教学效果的主要标尺；其三，结合课文培养学生的写作能力。联系课文出作文题，对课文进行重写、改写、扩写或缩写。

这种理论模式的出现对于当时语文教学陷入“政治思想中心论”、“文学讲读中心论”起到了扭转作用。同时也有效地解决了阅读教学目标无所适从、满天撒网的问题。针对“读是基础”论的不足，弥补了“读写很多，提笔重千斤”的缺陷。

以上两种理论模式都合理地继承了多读多写模式的基本原理，并在具体操作上对多读多写理论作出了重要发展，它试图明确读写模糊关系，以一方为主，另一方为从，显示了人们对读写关系的研究由感性认识上升到了理性认识的高度。

（三）读写并立模式

在人们对读写关系谁主谁次的地位进行探讨的同时，人们也对读写的个性特征进行了研究。人们关注读写的普遍联系，也看到了它们各自的主体地位。

针对重写轻读，重读轻写听说的现状。叶圣陶为此专门发表了题为《听说读写都重要》的文章。强调听说读写的能力都必须予以重视，并且反对把这四种能力分成主要的和次要的。1950 年在中央人民政府出版总署编辑出版的语文课本的《编辑大意》里，强调指出了“听说读写四项不可偏轻偏重”。1963 年制定的《全日制中学语文教学大纲（草案）》提出了读写教学的具体要求和任务。1986 年及以后的大纲均以适当的篇幅、适当的位置对阅读和写作教学提出了明确的界说和要求。至此，读写并驾齐驱，它们的关系不再有主次轻重的区别。这种模式宣扬的读写关系可视作“双主体”说。

在读写全面发展的理论指引下形成的读写并立理论模式具有如下特征：

第一，读写各自的主体地位得到了前所未有的重视。许多大学语文教学法专著将“听、说、读、写全面发展”提到了教学原则的高度。

第二，在语文教学研究的基础上掀起了并形成文章学、阅读学、写作学的研究热潮，人们经过不同途径，不同角度对读写的内涵和外延进行了不懈的探索研究。

第三，在教材编排上，出现了读写分离，自成体系在各自轨道上运转的现象。影响较大的实验教材有：人民教育出版社根据《全日制六年制重点中学教学计划》（试行草案）的精神编辑了《阅读》和《写作》两种重点中学语文材料；中央教科所教改实验小组编写的分科型实验教材，也分《语文》和《作文》两种；上海S本将每册教材分为“阅读”与“表达”两部分；辽宁本按听、说、读、写四种能力形成四条训练线平行展开，把教材分成《阅读》教程和《写作》教程；湖南师大附中邓日主编了《阅读》、《写作》实验教材以及1996年人教社“三省市”高中语文教材实验本。它们各自的侧重点有所不同，但不约而同地把写作从阅读体系中分离出来，尊重了阅读和写作自身独有的规律与序列。

第四，语文教学方法的改革呈现出一派蓬勃生机，诞生了许多具有青春活力的大师级语文教师。如钱梦龙和他的“三主四式”导读法，魏书生和他的“四遍八步读书法”，潘凤湘“六步读书法”，钟德赣的“五步三课型反刍式单元教学法”等，这些人研究的这些方法在阅读教学上放射出夺目的光彩。作文教学法的探索则相对逊色得多，比较有影响的是湖南杨初春的“快速作文法”。

读写并立模式是在新知识“激增”，对能力的要求尤其是对阅读能力的要求越来越高的形势下产生的。

（四）读写结合模式

阅读、写作分道运行，造成教学任务相当繁重，大多数教师一肩挑四项任务，穷于奔命，难以应付，在实际操作上演变为阅读一枝独秀，听、说、写黯然失色。信息时代又赋予读写训练新的重任：内容要不断拓展，程度要不断加深，速度要不断加快，方法要不断创新。总之，这一切决定了语文教学，必须在有限的学习时间内寻找事半功倍的办法，充分发挥读写功能，于是读写结合模式应运而生了。

这种模式主张：通过阅读范文提高理解语言的能力，吸收思想和写作营养，通过作文练习表达。阅读是吸收，写作是表达，二者结合，可以互相促进，互为补充。它们的关系可视为“互为主从体”。

当然，探讨读写结合的问题不是近年也不是中国语文教育研究才有的事情。夸美纽斯在《大教学法论》里说过：“阅读和写作应当结合在一道。哪怕学生们初学字母，他们也应当写写那些字母，以便掌握它们。”1924年，黎锦熙在《国语的作文教学法》一文里提出了“作文与读法教学联络”的思想（引自《中国近现代名家作文论》，文心出版社1992年版，第536页）。语文教育专家叶苍岑教授在他主编的《中学语文教学通论》里，用不少笔墨为读写结合正名："阅读为写作提供借鉴和模仿范例，同时可以丰富学生的语言材料，使学生从阅读中学会写作；另一方面，通过写的练习，也可以促进学生对范文的学习，提高阅读能力。"1978 年《全日制十年制学校中学语文教学大纲》（试行草案）及 1980 年修订版在"附录二"里正式谈及读写关系时称："读是写的基础，不重视培养读的能力，想很快就学会写，是不对的。写作能力的提高要经过反复的艰苦训练，不重视写作训练也是不对的。写作实践又可以促进阅读能力的提高。如果把阅读训练和写作训练适当地结合起来，联系学过的课文，弄清楚写作的一些基本原则和要求，这样对学生会更有启发。"

读写结合取得巨大成绩，引起广泛关注则是近年的事。卓有成效的有如下代表：上海陆继椿老师的"分类集中分阶段进行语言训练"的"得得教学法"，广东潮州市浮洋区六联小学全国特级教师丁有宽老师设计的"以记叙文为主体的读写结合五步系列训练法"读写结合模式。1988 年 10 月王运遂老师在《语文学习与研究》杂志发表"读写改"教学实验报告。1999 年 1—2 月号《中学语文教学参考》发表的汕头市"读写创"教改实验方案和济南市"读写一体"的教改报告。

这些老师进行的教学改革抓住了读写对立统一规律，以提高语文教学质量为宗旨，大力推进素质教育为目标，逐步上升到了开发学生的智力，培养学生的创造力的高度，这可以说是对读写关系研究深化的标志。但我们也应当清楚地看到，"读写结合"这种理论模式也受到普遍的质疑甚至排斥。有人认为，"读写结合"只不过是把读物当作写作的样本，作为一种仿效的对象，它们结合的实质仍是以写作为中心，阅读只不过是写作的附庸；一味地强调读写结合，其后果是既挤走了精心指导学生阅读的时间和空间，又使相当一部分的学生写作思路偏狭，"读"与"写"结合的结果是两败俱伤。对这种意见，我们暂且不作评论，但从中也可以看出，人们对读写关系的理解仍存在分歧，反映了读写结合这种模式仍存在许多亟待我们去探索、去认识、去解决的问题。

二　正确处理读写关系的意义

（一）有助于认识语文教学教育观念

教育作为人类自觉的、有目的地培养人的社会活动，它总是受一定的社会价值追求的影响与控制。因此，有什么样的教育价值观就有什么样的教育观念，而教育观念又会影响到教学目标、课程教材、教学手段、教学方法、教学评价体系的确定。这一切均打上了教育价值观念的深深烙印。对阅读、写作关系的处理而形成的各种理论模式，就是教育价值观念变化的一个个路标。

我国古代的泛语文教育大致由三个阶段构成，开头是以识字教学为中心的启蒙教育，接着是进行读写的基础训练，然后是进一步的阅读训练和作文训练。无论处在哪一阶段，语文教育始终贯穿以“德”为本，以“仕”为目标的价值观念，“德”指的是我国奴隶社会、封建社会的伦理道德，其中主要又指儒家学说。由于儒家自汉以后便成为官学，所以儒家主张的教育观念便成为社会教育的指导思想。

孔子认为，教育的目的是为了培养能够推行“德治”的士和君子，同时以“仁”的思想来“教民”。使之“志于仁，无恶也”（《论语·里仁》）。孟子以“明人伦”作为教育目的，即明父子、君臣、夫妇、兄弟、朋友之五伦。孟子认为，三代学校所论之学就是“明人伦”，所以在教育中应贯彻儒家的伦理思想，把教育纳入到道德教育的轨道。这就为语文教育的思想性奠定了扎实的理论基础。“仕”指的是进入仕途。这种观念主张把追求功名利禄作为教育目的，为此，把学习语言文辞诗赋和儒家经典作为一种手段，其目的在于升官发财，以谋发达。始于隋代的科举制度及隋后出现的“八股文”，对这种价值观念的贯彻实施起到了推波助澜的作用。科举所考的内容，主要是儒家经典及其注疏，又由于科举注重文辞，这样决定了士子们自小就必须养成多读、多写的能力。

“多读”，遍数要多，“读书千遍，其义自见”。而要达到“文字须熟乃妙”，且“利病自明”的境地，唯一的办法就是多写。“多读”，继承的是前人的衣钵，“多写”，写的也是前人的见解。当然，“多读、多写”模式也有它合理的因素。它把“修己治人”教学、知识教学、审美教学融为一体。符合汉语特点。汉字属于表义文字，以字为本位，汉字可以灵活地组合，在不同的词序、不同的语言环境里字义有不同的含义。又由于中国人崇尚儒家文化，处世讲中庸之道，中国人崇尚的是整体思维，这一切表现在语文上，文章讲究“义理”和“辞章”：遣词造句求“神韵”，布局谋篇有“形态”，语音语调有“音律”。只有多读、多写，才会融会贯通。这种模式受教育观念的支配，培养的人才只能是“道德型人格”，束缚了人们的手脚，扼杀了受教育者的创新精神。在当今信息时代，不可能给予学生像古人那么多的时间去多读多写。这种模式对二者的关系认识只是一种直观感受，对读写关系的描述也只能是朦胧模糊的。

五四运动前后，是我国传统语文教学向近代语文教学逐步转变的时代。受西方教育思潮尤其是以杜威为代表的实用主义教育思想的影响，要求改变封建社会旧的教育观念的呼声日益高涨。蔡元培针对科举时代“读书为应试”，“学文为中举”的流弊，提出了读书为应用的观点，他希望“全国的人都能读会写”以适应生活、工作、学习的需要。他主张根据新的教育方针来革新语文教育，使之成为贯彻新教育方针的重要途径。沈仲九、刘大白、夏丏尊等人主张语文教学应以讨论人生为中心，把学生的视野从古代引向现代，关注日常生活、关注现代社会问题、增强人的主体意识。这些人的教育观念以点显面表明：传统语文教育死记硬背、揣摩谋篇，视阅读为写作范例，读书为作文，作文为应考，代圣人立言的“多读多写”模式逐渐被新的模式取代。所读的不一定是所写的，所写的也不一定是所读的。读写并立，读写的主体地位得到了重视。在这种“为社会”、“为人生”的观念影响下，白话文代替文言文是我国语文教育史上一个根本性的改革，也是语文读写关系理论的重大发展。

随着21世纪的到来，知识经济的出现及计算机技术的普及，我们的语文教育也应适应现代社会的价值观念。在发展学生语言过程中注重学生悟性、灵性，激发他们的创造性，培养他们搜集、处理、录译信息的能力和尊重多元文化的态度，为学生的发展、为他们终身学习、工作、生活奠定基础，这种新的教育观念必然引导和左右读写关系理论模式的构建。

因此，探讨读写关系理论模式的变化，实质上是探讨教育观念的变化，从教育观念不断变化的轨迹里挖掘出语文教育合理的和不合理的因素，有助于我们把握语文教育规律，更好地开展工作。

（二）有助于认识教学方法的创新

语文教学方法是师生为实现教学目标而采取的相互作用的方式，手段和途径。语文教学方法是语文教学动态系统中的一个动态要素，毫无疑义地要受到教学思想、教学目的、教学内容、教学对象的影响与制约。读写关系理论模式也是影响教学方法革新与创立的重要因素，因此，无论是选择运用，还是改革创新教学方法都必须充分考察读写的关系。每一代人对于如何设计他这一代人的教育，都有一种新的愿望。教育实践中教学方法的改革能否应付急剧变化着的社会现实需要的挑战，是每一个从事教育实践的人所面临的时代使命。

孔子针对多读多写的理论模式提出了“博学于文，约之以礼”（《论语·颜渊》）的教学方法。“博学”就是广博的学习，主要学习间接经验。荀子是用“积”来概括博学的，他认为，人们只要努力去积学，都可成为圣人。韩愈、柳宗元十分推崇博学，韩愈提倡“读书不患多”（《赠别元十八》），柳宗元要求门生“读百家书”（《与杨京兆凭书》）。而“约”指的是学贵专精，怎么求“精”呢？方法是以礼约之。礼即理也，也就是遵循“天理”作为博学的目的。在此基础上，孔子又提出了学思结合、启发式教育和温故知新的教学方法。他认为教师应积极启发学生思维，调动他们学习的自觉性，在反复温习的基础上促进新旧知识的相互转化。这种方法的确立，无一不包含多读多写模式的精神。

阅读和写作是相互作用紧密联系的，通过阅读可以为学生写作提供谋篇布局，遣词造句的范例，通过写作，也可以促进学生认真地阅读课文及其他文章，巩固和深化阅读中所获得的知识。读写是可以相互促进的。在这种理论模式的指引下，人们构建了种种富有创意的方法。如上海格致中学高润华、华东师大一附中陆继椿老师等创立的“得得教学法”，就是在阅读范文的基础上，指导学生模仿课文某一特点或某些特点进行写作，力求“一课一得”，“得得相连”。又如，黄浦区教师进修学院陈钟梁老师引导学生对课文作片断、局部的改写，还有运用比较法将同题材同类型课文放在一起让学生写出分析文章的“比较教学法”等。这里面尤以广东潮州市小学特级教师丁有宽创设的“以记叙文为主体的读写结合系列训练法”最有特色，体系比较严密。

（三）有助于语文教材编写与处理

“教本，教本，教学所本”，语文教学的主要凭借是语文教材。任何教材都是一定历史条件下的产物，都要凭借一定的理论，针对一定的对象编写。其中，理论是依据也是基础。可以说，有什么样的理论指导就会有什么样的教材出现；对象是目标，归宿；教材只是一种凭借而已。

从内容而言，语文教材是人类文明文化的重要载体；从功能上说，语文教材有认知功能、教育功能、审美功能，进行语言训练、思维训练的功能。一言以蔽之，语文教材是落实语文教学任务的工具。编排语文教材应释放哪些功能，或者说应起到什么样的作用，起决定作用的，不是教材本身，而是社会对教育的期望和要求，以及所教育的对象。语文教材的编写既要适应社会的发展，又要满足个体发展的需要，这二元价值如何落实，如何协调，其关键又在于读写关系问题的处理。在某种程度上而言，根据读写理论模式编写的教材是体现二元价值的指南针。

古代语文教育，根据张志公先生的考订，主要由三个阶段构成。首先是启蒙阶段，以识字教育为中心；其次是进行读写的基础训练；最后是进一步的阅读训练和作文训练。无论在哪一个阶段，古代语文教育家编写了一整套体系相对完整的教材。蒙学教材有纯识字的读本，如《百家姓》；有介绍伦理道德的，如《增广贤文》；有学习名物常识的，如《幼学琼林》；有介绍历史知识的，如《十七史蒙求》；有作文基本训练的，如《声律启蒙》；还有综合性的如《三字经》。这些读物尽管种类多多，但有一个共同的特点，均属于韵语读物——从形式上而言，句子短小精悍，句式整齐对仗；从声音上说，和谐顺畅，朗朗上口，铿锵悦耳；从内容上而论，或连类而及，或同类相比，或义反相衬。这些教材便于孩子朗读、记诵，为阅读教学做好了铺垫，用张志公先生的话概括："韵语知识读物是跨越白话、文言文那条鸿沟的一座桥梁。"①

在读写基础训练阶段，主要编写了如下几种教材：其一，读儒家经典著作，代表作有《四书》、《五经》；其二，配合读经，教学生阅读简短的散文故事和浅易的诗歌，如《书言故事》、《日记故事》、《千家诗》、《训蒙诗》、《神童诗》等；其三，为配合"习字演文"教学而编的属对类读物，如《对类》等；其四，教给学生浅近的文字、音韵知识类读物和工具书，如《文字蒙求》、《字学举隅》、《文字辩伪》、《切字捷说》、《平仄易记略》等。在进一步的读写训练阶段，作为阅读写作训练的主要教材是古文选注评点本。特别流行的教材有《昭明文选》、《四书集注》、《古文观止》、《古文释义》和《古文笔法百篇》。这些教材的编排方式大致有三类，一是按时代先后由古至今排列，同一时期又按作家排列。二是按时代由近及远分段排列，每段再按由古及近编排，并且兼顾体裁。三是按文体兼顾作家作品的时代先后次序。

这些教材无论采用何种编排方式，从形式上而言，它们的侧重点不在于文体，而在于文范，即文章的典范性。所编入的文章均应利于施教对象易读易学。从内容上而论，古代语文教材要适应封建统治者对人才的规范

① 张志公：《传统语文教育初探》，上海教育出版社1962年版，第79页。

与要求，具有选拔功能。因此，所选文章大都体现儒家学说。比如，自科举制度的创立，《四书集注》之所以成为应试教材的范本，完全是封建科举制度和程朱思想相结合的结果，科举考试内容，专从《四书》、《五经》中命题，文章内容略仿宋经义，模仿古人语气，形式注重程式，多用排偶。这就决定了古代读书人如果想步入仕途，就必须饱读诗书，用心涵泳，亦步亦趋。除了“多读，多写”别无良策。古代语文教材之所以采用“多读多写”模式，是协同社会需要，个体发展这二元价值的具体体现。

自语文独立设科以来，随着人们对读写关系认识的深入，人们尝试采用不同的理论模式编排教材。从20世纪30年代开始，在“读写结合”理论模式的影响下，人们尝试把读写方法知识系统地编进一般文选型教科书，使教材成为一个或整或散的读写知识系统。比如孙良工尝试以“文章作法”为线索，组成读写结合的综合单元而编成的初、高中《国文教科书》（上海神州国光社1932年版），就是典型的代表。而广为流传的，至今仍为人称道的叶圣陶、夏丏尊先生合编的《国文百八课》教材。它的显著特色是以文章学的理论统摄全书，以一般文章理法为题材的文话为中心组织单元，充分突出了写作的主体地位。是“写为中心”理论模式用于教材编写实践而取得成功的典范。

中华人民共和国成立以后，尤其是新时期，1986年开始，国家教育主管部门提出逐步实行教材编审分开、一纲多本的政策，人们在“读写并重，全面发展学生语文能力”的理论指引下，人们积极探索，形成了教材编写空前繁荣的局面。除人民教育出版社编辑的中、小学语文通用教材外，人民教育出版社、中央教科所以及北京、上海、江苏、浙江、辽宁、四川、湖南、广东、广西等地数十个科研单位、学校和个人编制了各种各样的教材。这些教材尽管有风格、体系等诸多因素的差别，但基本上都是在“读写分合关系”上做文章，明显地受不同的“读写理论模式”的影响与制约。分编型教材以20世纪80年代中央教科所编写的《语文》、《作文》初中语文实验教材和欧阳代娜主编，辽宁教育出版社出版的《初级中学语文阅读、写作课本》作为代表。读写分离，自成体系。《阅读》或称《语文》教程，着重训练学生听、读能力，解决阅读能力培养问题，《写作》或称《作文》，着重训练学生说、写能力，解决表达能力培养的问题。综合型教材以人教社90年代出版的《九年义务教育初中语文教科书（试用本）》和1987年陕西省西安市六中董敏堂主编的《初中语文实验教材》

等作为代表作。这些教材虽然将读写训练合编在一起，但仍然充分地考虑了读写的主体地位。“读写并列”理论模式得到了充分的体现。

探讨读写理论模式，可以从另一个侧面也能反照教材编写的功过与得失，更有利于编写出教师有所依，学生有其本的契合语文教学本质的语文教材。

三　读写比照关系的认识

阅读与写作具有异质同构关系，它们之间存在天然和必然的比照关系。阅读中，学生的心智活动经历了从局部到整体，又从整体到局部的过程。学生首先感知言语作品的语言文字，逐步读懂字词、句、段、篇，理解它所表现的主旨，然后根据已掌握的主旨去赏析作者怎样选材、谋篇、造句、遣词，不断地从作者创作思路的“原型”得到启发。第一个过程侧重识记、理解，第二个过程侧重鉴赏、运用。学生写作时，心智活动也经历了双重转化。第一重是学生积累的感性生活表象和学习到的材料向主体观念、情感转化，第二重是学生感悟的观念、情感向语言文字表述的转化。阅读的第一个过程和写作的第一重转化相似，都是为了获得某种认识，而阅读的第二个过程与写作的第二重转化相近，都致力于认识语言的外化。

阅读不仅仅是吸收，写作也不仅仅是表达。阅读教学其实就是让学生感知、领悟作品的言语，感受、体验作者的思想感情，在领悟、学习作者的感知方式、思维方式的过程中形成丰富的语感。脑科学研究表明：中国人的思维偏于右脑，而右脑主管的是具体、综合、类推、直觉和整体诸种能力。汉语注重意会，讲究神韵，侧重感受和体验。这就决定了我们的母语教学必须致力于语言的品味、意蕴的咀嚼和内在规则的体认，决定了我们母语的习得离不开感性的体验。而写作是帮助学生组织人生经验、强化生活感受、梳理个人思想最有效的方法和途径。

有待成熟的学生，他们需要借助一定具体的心智“原型”，仿照熟悉的言语和思维材料，才能完成读写任务。他们需要适合他们语言情境的组块，根据相似关系去对照、去类推、去重组，而对照类推重组的过程就离不开左脑理性思维的开发和培养。因此，读写之间存在比照关系，读写训练也就离不开双脑协同。

第三节　诗意语文教学过程设计

恩格斯在《自然辩证法》中认为：“运动就最一般的意义来说，它包括宇宙中发生的一切变化和过程，从单纯的位置移动直到思维。”任何事物都是运动的，静止只是相对的。语文读写教学也不例外，读写理论模式也是运动着的事物。我们构建的“读写比照，双脑协同”理论模式也不是一成不变的刻板模式，它是变化的、丰富的、多样的；但是，多变性里又有不变性，那就是它总要或长或短、或多或少、或明或暗地包含三个基本过程：形象感悟过程、问题思索过程、理性点拨过程。灵活运用“读写比照，双脑协同”模式的关键在于，要将新知识与旧知识联系起来，阅读和写作联系起来，感性认识和理性认识协同起来。总之既要开发左脑也要开发右脑。在实际操作中根据读写教学的具体内容对基本结构可以作出灵活机动的变通。

一　从阅读角度楔入的诗意语文教学过程

在保证基本步骤的前提下，可以灵活地补充如下程序。我称之为“四步读书比照”法。

第一步，略读比选材，明确 What。即引导学生弄懂阅读材料里包含的“是什么”的知识。培养学生筛选信息和短时记忆的能力。在这一步骤里，教师可以灵活地加基本结构里的或 A、或 B、或 C、或 ABC 步骤。目的在于调动学生的生活储备，诱发学习主体阅读协同写作的学习动机。学生略读阅读材料获得了整体的直觉的感受，又洋溢着创作的激情。

第二步，精读比构思，明确 How。即理解阅读材料里包含的“怎么样”的知识。理解材料所展示的形象有什么特征，理解语言单位组合及语言单位组合之间的关系。比照的重点可以放在思路上。教师应重点协同 A 和 D 步骤。在比照中充分感受和认识所读的和所写的事物的共性和个性。

第三步，点读比情志，明确 Why。即分析阅读材料里包含的“为什么”的知识。主要培养学生理性分析问题的能力。在理解阅读材料的基础上，对读物所包含的情志作出判断，分析作者在行文过程中心情态度的变化及变化的原因。明确作者写作的目的。凡是要学生发现接受的信息，不能限于知其然，更应使学生知其所以然，弄清作者描摹人生，抒情显志的意图，这样一来才能使学生真正由阅读的理性认识上升到写作的理性认识上。当然情志的分析离不开形象分析，也需要形象思维和情感的积极参与，教师在这一环节上也要做好“激情—析情—定情”的工作。这样一来，学生观之有趣，读之有味，思之有理，学之有得，学生从阅读中获得的知识才会自觉地迁移到协作中去。

第四步，赏读比形式，明确 Way。即鉴赏“怎么写”的知识。鲁迅先生说过这样的话，凡是已有定评的大作家的作品，全部说明着“应该怎么写”。我们在理解特征，分析情志的基础上，对言语作品的构思技巧、抒情方式、语言风格等写作形式细细咀嚼、吟味。从阅读材料中发现和归纳出规律性的技巧和方法。形成一个又一个符合学生认知结构的组模。有利于他们由此及彼地进行尝试模仿到自主创作。这里 C 和 E 步骤的协同就显得格外突出。

二　从写作角度揳入的诗意语文教学过程

第一步，有的放矢，诱发态势。比照 Why。主要确定写作主体的情志，明白为什么写。在这一步骤里，教师应很好地设计过程 A，诱发他们产生写作冲动的内驱力，并且和赏读时产生的优势兴奋中心联结，通过比照搭桥，借鉴所阅读的言语作品的作家联系生活确定针对性的方法比较类推到学生熟悉的社会、家庭、学校生活。从而达到写作有的放矢的目的。

第二步，按图索骥，快速构思。比照 Way。主要解决谋篇布局的问题，弄清怎么写。这里要重视过程 C—过程 D—过程 E 的训练。教师的责任在于应有意识地将学生所阅读的材料的思路模式化、程序化、具体化，引导学生由“一个”到“一类”地进行抽象概括，引导学生和作者进行“角色互换”，跟随作者的足迹去描写自己的生活图景，在比中理解，在照中变通，在变通中发散，在发散中又加深了对阅读材料的理解，在此基础上达到创造性学习的目的。当然，根据具体情况，可以去掉过程 D，直截了当地由过程 C 过渡到过程 E，反复练习。

第三步，融情入境，快速贯通。比照 How。主要解决意境问题，明白意和境怎么结合。入境，就是深入作者描写的意境，阅读时，只有入境才能真切地体会到作者的真情实感，才能与作者产生共鸣。而写作里的入境是指写作时的心境。学生敛气凝神，思不旁逸，全身心地投入到创作中去，从而在头脑中形成写作佳境，借助想象和联想将酝酿好的思路外化为文章之境。学生越投入，入境越顺利，贯通也就越迅速。教师的职责就是做好过程A—过程E的搭桥工作，激发学生的情感体验和心灵感触。激情的方法可以是借“石”攻“玉”，抓住阅读材料的动情点，诱发他们生活中的动情点，与作家产生共鸣；也可以显“丑”扬“善”，张扬作品的优点，罗列学生作文的缺点，两相对照，达到去伪存真、锦上添花的目的。

第四步，精雕细刻，品评吟味。比照What。主要解决修改问题，体会写什么。“文章如同百工冶器，几经转换而后成。”（梁章矩《退庵论文》）言语作品必须在反复修改中去粗取精、去伪存真、辨清优劣才会有进步。在此环节，教师可以设计过程D—过程F的程序，也可以设计F—F的程序。根据学生写作中出现的实际问题去设计比照点。采用的方法应能发挥学生的主观能动性。

运用“读写比照，双脑协同”理论模式进行教学的楔入方式也可以多种多样，具体情况详见“读写比照，双脑协同”示意图以及“现代文知识点能力点分布结构”示意图。

运用“读写比照，双脑协同”理论模式进行教学，无论处在哪一个阶段，均离不开学生的自学、讨论、质疑，也离不开教师的示范、点拨、释疑，更离不开及时的反馈评价。读与写的比照不在于面面俱到，比什么，照什么，以学生读写需要为参照，比照点应是学生“心求通而未能，口欲言而勿达”的重点和难点，学习应处于“愤悱”状态。教师引导学生进行比照一定协同左右脑，动员视、听、触、运动等各种感觉器官，思考问题时头脑中应有画面、情景、旋律。我们引导学生学习教材，应充分落实教材是思维体操的例子功能，帮助学生画“脑图”。例如：（以记叙性材料为例）

阅读思维流程	写作思维流程
Which，写了什么事？	Who，谁：我为谁写？
What，用了哪些材料？	Why，为什么：我为什么写这些内容？
How，材料有什么特点？	Way，思路，方法等：以何种方式组织思想？
Way，用什么方式组织材料？	How，怎样：我可以怎样将想法分类？
Why，作者为什么写？（情志）	What，什么：我知道些什么？（头脑风暴）
提出问题——比较、对照——解决问题	

我们还应认识到“读写比照”存在一个显性比照和隐性比照的问题。显性比照主要从微观角度而言，指眼前看得到的即学即用的读与写的知识点，大都指形式上的借鉴。而隐性比照则从宏观而言指战略性的、长远的、潜移默化的比照，比如说感受生活、积累素材、思维图式等。在平时的教学生活中，应把这两者很好地协同起来。

下面以笔者设计的人教版七年级上《走一步，再走一步》为例阐述该教学过程的运用。

第一步，略读归真比选材，明确 What。即一方面引导学生归于作者真实的言说语境，弄懂文本里作者所表现的“是什么”的知识；另一方面归于学生真实的生活，调动学生的生活储备，诱发学习主体阅读协同写作的学习动机。比如人教版七年级上册教材《走一步，再走一步》，文本里的“走一步，再走一步”是莫顿·亨特处于险境时父亲对他说的话，而学生的真实生活可能是3000千米长跑精疲力竭之时同学们的鼓励，也许是学习困顿之时的自我提醒。教师顺势布置“当__________的时候，你会走一步，再走一步；当__________的时候，你还会走一步，再走一步……”句子，让学生自我表达并与原文比照，学生不仅读懂课文作者的处境，更触发自我的心灵感动。

第二步，精读求善比立意，明确 How。所谓求善，即理解阅读材料里包含的“怎么样”的社会意义。既把握材料记叙、描写对象的形象特征，也让学生思考自己创作时所选材料的价值。比如把握了文本的基本内容，教师再布置“当__________时候，走一步，再走一步是__________”的言语实践去把玩原文的哲理，同时获得自我创作的立意。这时纷纷写出这样的句子：当攀登高山，体力达到极限时，走一步，再走一步是坚持；千里之行始于足下，不积跬步无以至千里，走一步，再走一步，是积累；当遭遇挫折，面对人生困境之时，走一步，再走一步，是永不言弃。在比照中学生充分感受和认识所读的和所写的事物立意的共性和个性。

第三步，点读至美比情志，明确 Why。所谓至美，即走在追求美的路上，让学生所读与所写发生切己的联系，读到文字背后的图景，触摸到文字背后的温度，抒发自己切己的感受，从而理解阅读材料和自我创作“为什么”的知识。比如，莫顿·亨特通过记叙自己童年受困、脱困的经历获得了“着眼于那最初的一小步，走了这一步再走下一步，直到抵达我所要到的地方”启示，那么，生活中，学生遇到相似的境遇又会获得什么样的切己的感受呢？教师布置“倾听内心的声音”的言语实践，让学生写出至美的独特感言：我被困住了，无数个声音对我说“不可能”，我会告诉自己，走一步，再走一步，这是我战胜胆怯后的果敢行动。

第四步，赏读圆融比构思，明确 Way。即鉴赏“怎么写”。在分析情志的基础上，教师引导学生对言语作品的构思技巧、抒情方式、语言风格等写作形式细细咀嚼、吟味，从阅读材料中发现和归纳出规律性的技巧和方法。比如《走一步，再走一步》一文是典型的感悟式构思，基本的思路就是“冒险—脱险—人生感悟”三个步骤，借助这基本的步骤，让学生进行创造性的改造，学生会圆融到自己的创造中，得出“自我感悟—叙事—叙事”等一个又一个符合学生认知结构的变式来，变机械的模仿为自主的创造。

三　凸显学生主体性的自读自悟阅读教学过程

所谓“自读自悟”阅读教学模式是指依据新课标准教学理念而创设的，改革旧的阅读教学耗散性讲析模式，通过多种形式的自读，充分发挥学生自主学习的积极性，全身心体会文章的内涵，从而达到培养语感、积淀文化素养、熏陶人文精神、培养创造力等目的的语文阅读教学基本理论和操作的基本程序。

通过“自读”课文，可以培养语感，锻炼口才，从中学习说话的技能技巧；通过“自悟”可以与文本进行对话，融会贯通地理解作品里的人文精神，将阅读变成自己个性化的行为，强化语言理解与运用能力。在一定的意义上来说，自读自悟的过程是一个实际的语感积累过程，这是一个动态的过程，亦即阅读主体对课文认知不断深化的过程。这一教学模式也是构建与实施，对于改革“师本”阅读教学模式的弊端，实现以“生”为本的历史性转换，对于提高中小学语文教学，尤其是小学语文阅读教学的效率与质量具有切实的指导性意义。

其基本模式为“初读有声—点读生疑—精读悟神—赏读出形”。

（一）初读有声，字音准，自主感知写了什么（What）

在这个环节里，教师指导学生进行朗读的要求是：明其言。就是要求学生做到：辨认书面符号（即识字），再凭借口语经验对书面符号进行“意义组合”，然后逐步达到读得字字响亮，不可误一字，不可少一字，不可多一字，不可倒一字，不读破句，并能依据课文内容注意朗读速度适宜、节奏显明、声音抑扬顿挫。学生从整体把握文章的语言形式，初步疏通文章的语音、词汇以及句子的特点，自主“读准字音、分清节奏”，以亢奋的激情进入作者设计的语境。

对于那些儿童比较生疏的书面语言，可能出现读破词语或句子的情况，教师无须越俎代庖，用不着领着学生一句一句地读，而应该用鼓励性的语言引入竞争机制，采用“你读我听”的形式，让学生自主正音、自主评价。通过自主疏通字、词、句，学生对文章的材料、作者的思维过程也就有了一个大概的了解。

此是第一步。在这一层面，学生主要是对课文语言形式进行整体感知，就像在某个城市的上空搞“航拍”，拍出的是这个城市的全景。因为重视了朗读出声，很自然地吸引了学生的注意力，激发了学生的求知欲，语文的工具性智慧的培养让学生在反复自主朗读中完成，改变了单纯的机械训练带来的乏味和沉闷、学生被动接受语言训练的局面，学生学习自然也就非常投入。

（二）精读悟神，情感真，自主吟味把握写得怎样（How）

汉语是一种意合性的文字，汉语文化是意合性文化，它的特点在于重视心灵的体验和“悟”。离开体验，离开悟，就背离了汉语的特点。精读，即针对文章精彩的片段或句子，让学生自力品文，“自求得之”。“吟味”指的是在感知语言形式的基础上，把握文章的情意。所谓情意，即文本语言、情景、情节和主旨密切结合的统一体，包括作者的情感态度和写作的价值取向。它是语言、自然、社会和人的统一，情意是情感和意义的结合体，是文本信息输出者和文本信息接受者情感和思想的汇合与交流。神，既指文之神韵、之灵魂，也指学习者的神采。

例如有的老师在教《狼和小羊》的过程中作了下列安排：让学生用自己喜欢的方式再读课文中喜欢的句子或段落，边读边想怎样才能把自己的感受读出来。教师顺势引导学生自主揣摩，读出情味，悟出神韵。教师首先激发学生读书的兴趣，“羊在河边喝水（贴小羊的剪贴画），这时狼也大摇大摆地来到小河边（贴狼的剪贴画）。现在我们来自主读读课文，看看能不能读出味道来”。然后让学生“以读促悟，再通过读来表现悟”。有的学生喜欢读第一自然段，学生自主朗读后，教师让学生谈谈喜欢的原因，接着让其他同学品味，学生回答“想到小羊很危险，应该读出紧张、危险的味道”。教师进一步要求学生用朗读表现自己的感悟。采用的策略是

“比一比，赛一赛”，充分激发学生的好胜心理，通过朗读“看看谁能让大家感觉到危险正在一步步地靠近小羊”。有的小朋友喜欢读狼的话，学生自由朗读后，让学生比较“你把我喝的水弄脏了。”和“你把我喝的水弄脏了!”的差异，让学生自主评议总结得出“应读出气势汹汹，蛮不讲理的语气”的结论。从而领悟狼一看见小羊，就想吃小羊，故意找碴儿，态度凶狠狡猾的本性。课文的难字、难词的学习以及重点片断的赏析，均可以引导学生通过自主朗读，领会情意来实现。

这个环节，基本上以情感为主线，利用情感机制组织学生学习。其基本程序是“激情—析情—定情—悟情”。情感渗透到训练的整个过程，学生由感知作者设计的话语语境进入文章特定的深层的人文情境，通过亲身的情感体验，感受作品中的真、善、美与假、恶、丑。“情”与“象”交融，“心”与“物”同构。这有利于训练学生感知、直觉思维能力，有利于语感的形成，更容易激发和保持学生学习的“内驱力”。因为注重学生的独特感受，教学过程是流动的、变化的、起伏的、曲折的，也是热烈的、充满激情的。

（三）点读生疑，意义清，自主探究为什么这么写（Why）

点读，顾名思义，就是让学生带着疑问有目的地读，有方向地悟。主要方法是在学生认读课文后，或由老师提出重点问题、重点片段，引导学生读，或者学生质疑，老师启发学生读。疑，即疑问，通过读书引发疑问，读进懂的东西，读出不懂的东西，学贵有疑，小疑则小进，大疑则大进。疑是探索的动力，是诱发兴趣的源泉，也是创新的前提。宋代理学家朱熹曾说:“读书无疑者，须教有疑。”“自主探索”，强调的是学生在自己主动探究的过程中，通过不断地揣摩、联想、梳理、归纳、推断、概括、实践等活动，从中领悟到文本的本质和解决问题的新方式、新方法，或领悟出某个道理、规律，同时也获得新的思维方式且形成科学的学习态度。

孔子说得好，“学而不思则罔”。若是像小和尚念经那样，口到心不到，即使读上千遍，“其义”也不能“自见”。学生对文章有了初步的感知，要激发他们进一步对文章探究的欲望，用“是什么?”“有什么特点?”“为什么?”“假如……，该怎么样?”启发学生学会“提问”，敢于发现问题，勇于提出自己的见解。

特级教师王裕舟执教的《草船借箭》一课是值得学习的范例。首先王教师注意了设境质疑，触发探究。王老师的导语是这样设计的：“同学们，前些天，有一个问题始终困扰着王老师。王老师想来又想去。为了解决这个问题，我把《草船借箭》这篇课文整整读了25遍。你们想知道是个什么问题吗？（学生大声回答：想！）我暂时不告诉你们，请你们先仔仔细细地读读课文，猜猜困惑王老师的会是一个什么问题？看谁有水平，猜得准。”在王老师的引导下学生兴趣盎然地自读课文，自主思索发现问题。在自主阅读的基础上学生探究出了许多很有价值的问题，例如：(1)三天怎么能造好10万支箭？(2)为什么诸葛亮向鲁肃借船这件事儿不能让周瑜知道？(3)诸葛亮的计策妙在哪里？(4)曹操为什么不射“火箭”？(5)鲁肃是周瑜的下人，为什么不向他报告诸葛亮借船的事？……然后，王老师在高度赞扬学生的探究精神后，用诙谐的语气透露谜底“诸葛亮在跟周瑜立军令状之前，到底想过些什么”。这一问题也就形成了自读自悟的主线，王老师建议学生反复读书，认真思考，自主探究。然后采用合作学习的方式，每个小组中的人员分好工：先是一人读课文，其余同学边听边想课文中哪些材料与解决这个问题有关；读完课文后互相交流，讨论，一人准备汇报，其余同学准备补充。

这个环节的基本程序是“生疑—质疑—读议—解疑”。其特点是借疑激趣，因疑启智，让学生在自主的言语实践历练中进入语境，教师的作用主要体现在创设启思情境，为学生探索作品的语象铺路搭桥。所谓启思情境，亦即孔子所言的“愤”、“悱”状态、“不愤不启，不悱不发”的实质就是教师要充分调动学生学习的积极性和主动性，选择最佳时机，诱导学生启动全部思维，激励学生自我探索。

（四）赏读出形，韵味足，自主创造学习如何写（Way）

赏读，以品评，鉴赏的态度去读，其目的在于使学生产生学习的愉悦感和培养创造力。它是一种自由的舒畅的阅读。形者，形象、形式也，即样子、表现。出形，就是要求用外在的动作模拟作品里人物的情态，然后触类旁通、举一反三地将作品包含的人文情怀和自己的生活经验紧密联系起来，以超然的精神状态，使存在潜意识中的心灵、性灵得到充分的张扬。自主创造，即通过赏读，在自主的体验和“悟”的基础上直接和文章展开对话，把握文章所蕴含的人文精神，从而充实学生的人生经验，自由提升生命信念，让学生的思想、情感、意志往更高、更广、更深的方向发展。

阅读活动十分强调“寻言以明象”，嘴巴读出来，就要迅速在脑海里浮现出生动可感的画面来，展开想象的翅膀，以亢奋的心理状态心驰神往于文章所创造的意境，敏捷地把语言形象转化为视觉和听觉形象，使学生感受到作品中的整个生活场景形象地呈现在眼前。脑科学研究表明动作智慧在智能的发展过程中占主导地位，在语文教学过程中，如果让孩子的所有感官器官全方位地接受声音、颜色、气味、形态、手势、表情和形体传递的信息，使他们的大脑各个区域都积极投入到学习活动中去，势必促进学生大脑的发展，而且对学生的情感、意志、态度以及各个方面的能力发展也起到至关重要的作用。

比如学完了《狼和小羊》一文，教师让学生全身心地投入通读全文，边读边做动作，学生通过有声的朗读和有形的表演，一方面，加强了对文章的了解；另一方面，满足学生实现自我价值的需要。孩子们的动作虽然质朴、夸张，甚至有点滑稽，但无一不是孩子们创造智慧灵性的体现。有的老师往往不失时机地抓住孩子们学习的动情点，培养学生的创新能力。通过赏读，可怜的小羊被狼吃掉了，孩子们禁不住产生了惩罚恶狼，救助小羊的良好愿望，有的教师抓住时机提出“怎样才能不让狼吃掉小羊”的问题，引导学生展开想象，续编故事。孩子们大胆创新，编出了许许多多富有童趣的故事。“我手写我口”，故事是自己编的，表演起来也就十分的自然、真切。

这个环节，因为教师尽可能调动学生的眼（看）、耳（听）、口（诵、说）、手（演）、脑（思）等感觉器官的功能，让视觉学习、听觉学习和动觉学习形成一个有机的整体，那么学生就容易忘记自我的存在，由先前的“有我之象”进入到“无我之象”，学习处于超然的状态，充分激发创造欲望。总之，窥一斑而知全貌，牵一发而动全身，从读写关系理论模式的审视与构建中可以折射出语文教育活动一系列的问题。要构建合理的科学的读写关系的理论模式，任重而道远，需要理论工作者和语文教学实际工作者协同作战，进行不懈的努力。

第四节 诗意语文“三路合一”的教学过程设计

一 诗意语文“三路合一”教学过程的基本模式

诗意语文教学过程是指语文教与学的实施过程，是语文教师有目的、有计划、有组织地指导、组织学生运用言语实践的机制师生协同掌握语文基础知识和基本技能、发展语文情商与智商的圆融统一的过程，是教路、学路、文路统一的过程。叶圣陶先生在《语文教学二十韵》里说道“作者思有路，遵路识斯真”。如何建构合理的小学语文教学过程？如何做到教路、学路、文路相统一呢？

所谓文本的文路，指的是文本作者创作文本的思路。作为语言运用的具体产物，任何言语作品产生的过程是：物—意—思—文。对一个创作者而言，他进行言语作品创作，首先是生活中具体的动人的形象打动他。使他内心里有了一定的思想认识，然后才通过生动的形象提炼出对生活的理解。这种创作无疑是作者形象思维、抽象思维统一于言语实践本体协同作用的结果。从语文教学的本质特征分析：语文 = 言语行为 + 语言结果；而言语行为 = 言语实践 = 言语活动（听说读写） = 言意转换；言语实践结果 = 语文素养 = 语文能力 + 语文知识 + 语文情商 + 语文智商 = 语感（诗语：典雅汉语）。

所谓学生的学路指的是学生学习语文“思考接受、活动探究、生态体验与合作交流”的基本过程。“思考接受”重在学习基本知识；“活动探究”重在言语实践；“生态体验”重在通过想验和亲验的方式体验自然归真、社会求善、自我审美三重诗意的圆融效应；“合作交流”重在相互研讨、比较，把内化为自己的知识外化表达给他人以增进思维的深入与内涵把握的透彻。学生读写言语作品，其实是对原作品协同作者再创作，他们理解和运用语言也应遵循“形象思维—语言—抽象思维”的路子。他们阅读作家言语作品，首先是利用形象思维感知作家塑造的表象，根据已有的知识经验去领悟表象，再上升到理性思考的层面，挖掘作品刻画的社会意义。将这个过程具体阐述一下，主要包括如下几个因素：作者写了什么，我知道些什么—陈述对象有什么特点，我怎么表述这些特点—这些内容怎么组织起来的，用了哪些方法——作者为什么写这些内容，有什么意义。这个过程也必须凭借言语实践才得以实现。用英文字母表示则为：What—How—Way—Why。

所谓教师的教路指的是教师教学遵循诗意语文思维规律进行教学的过程。重点在于动之以诗情、晓之以诗理、启之以诗思、导之以诗行。“动之以诗情”重在陶冶诗意情怀，让学生在审美立美中提升境界，体验情感、态度与价值观；“晓之以诗理”，重在启发学生领悟世事物理，对自然、社会与自我活动融通性的感悟与理解；“启之以诗思”，重在应用图景思维，领悟过程与方法，培养学生的创造性智慧；“导之以诗行”，重在引导学生践履诗意的法则。当然，诗意语文教师的教路设计尽量与作者的文路和学生的学路保持一致。如阅读语篇训练，可以设计如下程序：略读感知—精读明路—点读析理—赏读悟情。这样学生在文路历练中思维能力才有所增强，学生才会学会作者的运思方法并且用到写作实践中去，才会在语言文化的熏陶中获得人文素养。“文路”、“学路”、“教路”的统一，实际上在教学过程中就表现为如何使形象思维与抽象思维保持协同发展。借鉴查有梁教授的科学化教学过程建构，结合诗意语文的教学特质，我们的诗意语文“三路合一”的教学过程建构如下：

学生的学路 文本的文路 教师的教路	a 思考接受	b 活动探究	c 情感体验	d 合作交流
A 动之以诗情	Aa. 动情：接受—言语实践—积淀诗语	Ab. 动情：探究—言语实践—积淀诗语	Ac. 动情：体验—言语实践—积淀诗语	Ad. 动情：交流—言语实践—积淀诗语
B 晓之以诗理	Ba. 晓理：接受—言语实践—积淀诗语	Bb. 晓理：探究—言语实践—积淀诗语	Bc. 晓理：体验—言语实践—积淀诗语	Bd. 晓理：交流—言语实践—积淀诗语
C 启之以诗思	Ca. 启智：接受—言语实践—积淀诗语	Cb. 启智：探究—言语实践—积淀诗语	Cc. 启智：体验—言语实践—积淀诗语	Cd. 启智：交流—言语实践—积淀诗语
D 导之以诗行	Da. 导行：接受—言语实践—积淀诗语	Db. 导行：探究—言语实践—积淀诗语	Dc. 导行：体验—言语实践—积淀诗语	Dd. 导行：交流—言语实践—积淀诗语

脑科学的研究表明：中国人的思维偏重于右脑，而右脑主管的是具体、综合、类推、直觉和整体诸种能力。汉语注重意会，讲究神韵，侧重感受和体验。这就决定了我们的母语教学必须致力于语言的品味、意蕴的咀嚼和内在规则的体认，决定了我们母语的习得离不开感性的体验。有待成熟的学生，他们需要借助一定的具体的心智“原型”去仿照熟悉的言语材料；需要适合他们的言语情境的组块，根据相似关系去对照、去类推、去重组，而对照、类推、重组的过程离不开左脑理性思维的开发和培养。因此优化语文教学过程离不开双脑协同。

大脑的各部分能分工，更能合作，当左右脑协同考虑问题时，其效能是惊人的，创造潜能容易得到激发，为此，我们引导学生进行言语实践活动时，应动员他们的视、听、触、运动等各种感觉器官全员投入，思考问题时让他们学会画“脑图”，头脑里有画面、情景、旋律。这样全脑动员，使他们感受言语表现力的同时也体验到创造的快乐，有利于学生构建完善的“认知结构”，从根本上培养学生分析问题、解决问题的自学能力。

我们进行语文教学也应遵循思维规律进行教学，设计的教学程序尽量与作者的文路和学生的学路保持一致。如进行输入型语感训练，可以设计如下程序：略读感知—精读明路—点读析理—赏读悟情。而输出型语感训练则为：有的放矢，诱发态势—按图索骥，快速构思—融情入境，快速贯通—精雕细刻，品评吟味。无论进行哪一种形式的言语实践活动均离不开如下几个过程：形象感悟—定向思索—尝试练习—理性点拨—自主练习—反馈评价。这样学生在文路历练中思维能力才有所增强，学生才会学会作者的言语运思方法并且用到写作言语的实践活动中去，才会在典范言语的熏陶中习得人文素养。“文路”、“学路”、“教路”的统一，实际上在教学过程中就表现为如何使形象思维与抽象思维保持协同发展。

现代心理学的研究表明，一个人的成功，有20%依赖于智力因素，即智力商数水平的高低；而其余的80%依赖于非智力因素，在其中非智力因素里最关键的是“情绪智力因素”，俗称“情商”。

人脑分为左右两个半球，从下到上又可分为本能脑、情感脑和大脑皮层三个部分。情感在协调左右脑的功能中起着不同凡响的作用。大脑在完成一个特定任务时，如果只有一个半球产生优势兴奋中心，只有抽象的、概念式的“唯理智教育”，而忽视生动的情感教育，在言语实践过程中漠视、扭曲和阻碍学生的情感发展，根本不把学生当作一个有感情的人看待，把他们当作操作演练刻板模式的机器，那么必然会影响右半球的激活与兴奋，伤害学生的灵性，压抑，损伤学生的学习积极性，甚至造成学生内在的精神世界的残缺不全。

真正好的言语作品，都是情与理的高度结合，情感是言语作品的生命。其写作过程，事实上就是情感倾注的外出。而我们对言语作品进行解读，主要也是通过对艺术形象的感知，借助想象与联想唤起学生相类似的生活感受，在情感上产生共鸣。通过对言语作品情感的感知、领悟，达到提纯学生情感的目的。

因此，诗意语文教学过程必须利用情感机制。在双脑协同的基础上倾注情感的因子，在教学过程中设计“激情—析情—定情—赏情—悟情”的教学机制，使情感渗透到训练的整个过程，有意识地对学生情感心理进行积极的培养和储备，并且和学生的认知情境巧妙地结合，从而达到平衡、协调左右大脑的功能，有利于训练他们感知、直觉思维能力，有利于语感的形成，发展他们的创造力，更容易激发和保持学生学习的“内驱力”。

二　诗意语文“三路合一”教学过程的变式

（一）诗意点“三路合一”圆融式

如前文所述，诗意点是能够触发学生生命感动的文本内容所包含的关键处、精美处、深刻处、疑难处，文本形式所体现的语言、结构、手法巧妙处；作者在作品中表达的富有诗意的思想、情感、志向等“有嚼头”的地方，它是“知、情、意”与“真、善、美”的巧妙融合。所谓诗教与阅读教学诗意点圆融式教学，指的是以“诗意点”为核心，以形式多样的操作方式为圆环，在赏析中理解认识诗意点，拓展延伸中掌握诗意点，创作中运用诗意点的言语实践活动，从而达到阅读教学与诗教圆融目的教学方式。主要步骤体现在如下几个环节：

第一步，引入诗意点：将学生注意力集中到文本、作者、学生学习的知识能力、情感态度价值观等教学目标聚焦点，也称为“导入点”。比如《珍珠鸟》一课的诗意点就是文本形式展现的人与鸟交替互动的方式，即交替式构思诗意点。再比如《湖心亭看雪》中的“雪”意象。

第二步，揭示诗意点：紧扣教学目标，结合文本相关信息，在教师提示、举例或示范的言语实践中陶冶诗情、启迪诗思、领悟诗意。比如《湖心亭看雪》一文，结合文本“崇祯五年十二月”、“大雪三日”、“湖中人鸟声俱绝”、“天与云与山与水，上下一白；湖中影子，惟长堤一痕，湖心亭一点，与余舟一芥，舟中人两三粒而已”等信息，设计“这是一场（　　）的雪，这场雪下得（　　），下得（　　），下得（　　）”的言语实践，学生在老师的提示下，学生自然能够写出这样的句子：“那是1632年冬天，雪下在了前朝。雪下了三天，下得杭州遁入空门，下得天地寥无人迹。十万里西湖嫁给了苍茫，世界空了，西湖终于属于我独自享用。”

第三步，延伸诗意点：提炼诗意点的关键词，沿着关键词，牵连出若干相关或相邻知识、能力训练点，从而使诗意点延展成线、成面、成体。

在《湖心亭看雪》上一环节教学的基础上，教师可以引用《诗经·采薇》里的“雨雪霏霏”、柳宗元《江雪》里的“千山鸟飞绝”、白居易《夜雪》里的“夜深知雪重，时闻折竹声”以及毛泽东《沁园春·雪》里的“万里雪飘”等意象，让学生把玩、吟味，从而获得“雪”相对完整、立体的意象。

第四步，圆融诗意点：教师设计若干紧扣诗意点的言语实践，让学生分析判断并动口、动手表达、运用，教师根据学生的言语表达、反馈的信息进行点评，达到理解文本、陶冶情操等教学目标。在《湖心亭看雪》的这一步，教师无须多费口舌，让学生在“这是一场（　）的雪，从这大雪，我读到了诗人（　　）”的言语实践中自读自悟，学生内心有所触动，自然会表达出“这是（千里冰封、万里飘扬）的雪，从这大雪，我读到了诗人（对雪的痴迷）；这是（湖天茫茫、万籁无声）的雪，从这大雪，我读到了诗人（内心的孤寂，雪国无声）；这是（威严无比、层染世俗）的雪，从这大雪，我读到了诗人（遗世独立，永远生活在明朝那些事儿中）；这是（天寒地冻、人鸟无声）的雪，从这大雪，我读到了诗人（梦的温度，故国的怀恋）……”

第五步，反思诗意点：教师引导学生对所学习的诗意点进行理性反思，整理与该诗意点相关的知识能力点，或情感态度价值观点，或学习策略、思维方式等过程方法点。力求一课一得，得得相连。

（二）随机菜单三路合一式

所谓菜单随机渗透模式，就是在遵循阅读教学基本规律且不改变正常的阅读教学程序前提下，根据学生学习的需要，罗列教材蕴含的言语训练点，形成餐单，让学生自主选择进行语言表达训练。菜单的编写遵循主体性、目的性、实践性与系统性等原则，辩证处理教师主体、学生主体、教材文本作者主体的关系，课程内容、教材内容、教学内容的关系，工具实践、精神实践与言语实践的关系，语文知识能力、情感态度价值观与过程方法的关系。教材的菜单可以是文本内容补白处：课文中的省略号、人物对话的言外之意，等等；也可以是总分式、转折式、递进式、承接式、并列式、因果式、概括具体式等段式的仿写；还可以是人物外貌特点、人物语言描写、人物心理刻画、人物动作表现等人物专题菜单。菜单运用方法与步骤如下：

第一步，随文随机列举菜单，激发兴趣：根据学生的学习兴趣，选取课文材料与学生创作的知识点构成训练菜单，供学生选择。在课前研习可以列出如下预习内容：其一，圈出本课的重点字词，借助工具书读准字音、弄懂字义，并尝试按照课文所写的内容（陈述对象）分类，然后运用词语写句子；其二，有感情朗读课文，熟读成诵；思考课文写了一个什么样的人或一件什么样的事？其三，画出文中你最喜欢的语句或句段，反复研读、思考，然后仿写或者改写这个句子（不少于两句）并写出欣赏原句及改写句子的理由；其四，画出有助于理解全文内涵的句子，尝试按照“从……这个词（这句话里），我读懂了……”概括你读到的感受；其五，提出1—2个有价值的问题，并参考考试出题的形式，自己出题自己检测，附上答案及评分标准；其六，概括本文写作上的收获，按照“从课文里，我学到什么手法，我将在写什么作文的时候加以运用”。

第二步，建立诗意的视角，初步训练：由文本自动迁移写作，让学生多角度去透视学习菜单，找到自己的感动点、训练点，进行简单的模仿练习与单句创作。比如笔者学生徐佳慧设计《爱莲说》一文的教学时，首先让学生熟读课文，筛选作者描写莲的词语，然后生长环境、莲花体态、莲花气味、风度气质进行分类。接着，让学生结合这些分类，任选一个视角谈谈自己面对着一池莲花时的感觉，并把自己的感受表达出来。学生因为融入了自己的感受，自然表达出这样的典雅句子：莲生长于水中的淤泥里，但它却出落得亭亭玉立，你看它的叶是那么的翠绿，像婷婷的舞女的裙，你看它的茎是那么的笔直，支撑着莲花在风中摇曳，它的花是那么的纯洁与高雅，随风飘来的淡淡的清香让人心旷神怡。在这基础上，开展初品莲花的言语实践让学生快速认知：这是一株怎样的莲花？学生自然获得这是一株“亭亭玉立的莲花”、“在清风中摇曳的莲花”、“散发着淡淡香气的莲花”、“让人生不出亵玩之意的莲花”等独特感受。

第三步，展现人生的美丽风景，变式训练：采取人与自然、人与社会、人与自我的顺序，让学生感受彼此之间切己的关系，变简单的单句训练为创造性多句创作活动，变简单的模仿为自主变式创作。在这一环节教师先让学生结合描写莲花品性的词语，化抽象的概念为具象的表达，演绎出莲花所具有品性的具体形象。教师示范表达出这样的语句：“出淤泥而不染——莲的根深埋于淤泥中，黑暗而充满污秽，但她的花却开得那么明媚，散发出悠远的清香，沁人心脾。”学生在教师的引导下，自然也能写出类似的语句：“濯清涟而不妖——莲经清水的洗涤，并没有妖娆不庄重，反而是水灵、洁净”、“可远观而不可亵玩：莲在淤泥里待了那么久，一朝长成，并没有轻浮而妖娆，反而高洁而端庄，让人生不出亵玩的心思”、“花之君子——君子高洁而温润，明哲保身而不同流合污，莲的品质就如同花中的君子，不和淤泥一样同流合污，不轻浮不妖媚，保持着高洁而洁身自好的姿态”。学生化抽象为具象，其实就是变作者描写的“莲”之品性为直观的美丽风景，想象自己是一颗莲花的种子，在深埋土里到展叶开花的这段日子里，会经历什么。学生慢慢走进莲的内心，探究莲之善性。学生表达的口吻与角色自然由欣赏风景的看客变成莲之化身：我是一粒种子，深深地沉睡在地底，淤泥将我深掩，黑暗将我窒息，日复一日，年复一年，我不曾见过光明。但我却在坚持着，最终冲破重压，以中通外直的身子长出了亭亭净植的模样，用细细的茎，开出层叠的花，不染污浊。等待了那么久才见阳光，才遇清风，我却不轻佻不随意，一般的淡然着，优雅着。受莲花种种具象的感染，再让学生面对一株莲花，深入思考这是一株怎样的莲的时候，学生对莲花的认识自然也就有了深刻的变化：这是一株“在淤泥里等待了许久”的莲，是一株虽扎根于淤泥却不同流合污，而是洁身自好的莲；是一株生长于淤泥与黑暗，但却依然清洁而明媚的如花中君子般的莲。如何让作者笔下之莲与学生的生命律动发生联系呢？徐佳慧同学的聪明之处在于，没有串讲作者的情意，而是将课文的相关语句进行演绎，比如“这世间有千千万万种花，晋陶渊明独爱菊。自李唐来，世人盛爱牡丹。予独爱莲之出淤泥而不染”，在教师的再次示范下，学生可以将课文的语句移用到自己眼中或心中的风景：这世间有千千万万棵树，有的人爱松柏的凌雪长青，有的人爱柳树的妖娆婆娑，而我独爱梅树的千姿百态，当花开时幽香弥漫，当花落时体态万千。再比如“予谓菊，花之隐逸者也；牡丹，花之富贵者也；莲，花之君子者也”一句，学生还可以进行创造性改写：菊是隐逸之花，陶渊明“采菊东篱下，悠然见南山”；牡丹则是富贵之花，刘禹锡“唯有牡丹真国色，花开时节动京城”；莲花则是君子之花，李白“清水出芙蓉，天然去雕饰”。

第四步，圆融文本理解，自动化训练：比照原文，反复比照、打磨、实践，既欣赏原作，又自能自发地选择相对应的训练点进行言语实践，在言语实践中不落痕迹地把知识、能力、过程方法等训练点融为一体。还是以《爱莲说》为例，徐佳慧让学生比较、判断、总结出本文的“托物言志”的表达方式，简化为以“我爱……+物体的品质”的句式进行逐步自动化的言语实践。在简单表达“我爱蜡烛，用火光点燃自己，用生命照亮他人”这样的语句基础上，放手表达心中“至美”之莲的意象进而自然而然演绎成课本诗。

总之，语文教学本应该是师生生命的重要历程，是创造性运用语言符号表达生命感动的活动，然而，当下中小学语文课堂教学还较多存在灌输式的知识掌握、条分缕析式的内容讲解，缺乏过程性的、非线性的感悟自得，更缺乏对语言文字本身的尊重。这背离了《义务教育语文课程标准》（2011 年修订版）“语文课程是一门学习语言文字运用的综合性、实践性课程”、“语文课程致力于培养学生的语言文字运用能力，提升学生的综合素养”等精神。因此，诗意语文教学强调，无论是哪一种融合方式均应做到从语言出发，又回到语言，落实读写生成。改变传统语文从“言”直接释“意”的单向道灌输文本已有信息的做法，转为重视“寻言观象—寻象观意”的言语实践过程，强调学生自主的“阅读体验”是阅读教学的起点，“立象悟意”与提升阅读体验是关键。即倡导并践履“言、象、意”一体化的教学。要求教师，善于寻找文本的诗意点，或主问题，侧重于诗情、诗理、诗思、诗语某一个维度，在课堂的师生互动对话中，动之以诗情、晓之以诗理、启之以诗思、导之以诗行、积之以诗语。

第九章

诗意作文课程教学论

在课程改革的催动下，中小学作文课程建设流派纷呈，教学模式层出不穷，但受传统作文教学观念的影响，作文实效性低下的局面仍未得到根本的改观。从课程论的视角审视：倘若创造智慧成为根本目标，诗意生成确定为有价值的选择经验，言语实践回归为本体存在，积极语用悦纳为评改指标，那么中小学作文课程建设或许能够创造别样的风景。

第一节　课程论视域下的作文教学定位

正如张志公先生所言，中小学作文教学是语文教学的“老大难”。在新课程改革不断推进与深化的今天，尽管“绿色作文”、“本色作文”、“生活作文”、“童声作文”诸多有价值的教学观念或教学模式不断凸显，但作文“老大难”的问题仍未得到较好的解决，作文教学的实效性仍难尽如人意。究其原因，套用上海师范大学吴忠豪教授的话来说，中小学作文教学的问题不是出在教学层面，不是教师问题，不是教学问题，而是出在课程论层面。[①] 无论是课程形态、课程目标，还是作文教学的课程观念以及教材均存在目的性与规律性难以统一的问题。

作为主观的作文教学目的如何切合客观的学生作文以及作文教学规律，这是摆在研究者和一线教师面前的现实问题。从课程论审视，所谓的中小学作文教学课程应该是教师有目的、有计划引领学生学习用语言文字表达内心感受的进程。“现代课程理论之父”泰勒认为，一门学科能够称之为课程需要考虑如下因素：学校应力求达到教育目标？要为学生提供怎

---

① 郭利萍：《谈中国语文课程的现状与改革——访上海师范大学教育科学学院教授吴忠豪》，《中小学教材教学》2006 年第 10 期。

样的教育经验，才能达到这些教育目标？如何有效地教学好这些学习经验？我们如何才能确定这些教育目标正在得以实现？表面看来，中小学作文教学课程开发似乎只要落实“确定教学目标”、“选择学习经验”、“组织学习经验”、“评价学习结果”四个要素就可以，实质内蕴着习作教学因何而教？如何而教？怎样而教？如此等等。这一切离不开作文本体论、价值论与方法论的课程建构与实践。

一　创造智慧：中小学作文教学课程建设的根本目标

目标是指预期的学习结果，它决定教学活动的方向，并确定教学评价的依据。作文就是运用语言文字进行表达和交流的重要方式，是“认识世界、认识自我并表达认识结果”的过程，即作文的过程就是认识的活动过程。这是我们目前通用的定义。将作文定位为认知活动，作文教学自然就沦落为手段而不是学生生命成长的本身，自然也就上升不到翻新和教授倡导的“我写故我在”的高度。受应试作文的影响，这种认知性的作文教学又沦为审题、立意、谋篇布局等纯粹作文技法训练的活动。人类的发展经历了蒙昧时代、文明时代向信息时代发展等历程，每一次时代的变革均意味着教育，无论是教育的理念，还是教育的方式方法随之发生变化。以苹果来隐喻，在亚当、夏娃所处的蒙昧时代，苹果意味着人类意识的觉醒，意味着人类凭借感觉去触摸世界，目的在于感受；在牛顿所处的文明时代，苹果成为理性的代言物，意味着人类的写作依赖的是理性去表达世界，目的在于认识；而当今时代，是属于乔布斯们的“苹果”时代，那种感受世界、认识世界写作方式的旧船票能否登上时代的航船呢？显而易见，乔布斯的“苹果”之所以受到受众的热捧，主要的原因，该产品是创造的代名词。我们的作文教学自然要跟得上时代发展的列车，创造智慧的培养是课程建设的逻辑起点，自然也就成为中小学作文教学的根本目标。

在当今信息社会的时代，要使中小学生有一个良好的生存、发展空间，创造智慧的培养自然成为时代的主要命题，而创造智慧的核心在于创造性思维。中小学生作文普遍存在咬着笔头、皱着眉头的“痛苦”现象，我们归因的时候往往归结于“写作失语”、“生活缺位”以及“思想贫乏”等等，这一切现象的背后，无一不是“思维凝滞”所致。不会思维，意味着不会有效地把握世界；不会创造性地思维，意味着作文就不会创造性表达。将中小学作文课程建设的目标定位为创造智慧培养，这意味着中小学生作文的目的不是为了机械的应试，不是简单地复现客观的世界，而是在创造性运用语言符号去对话世界、认识世界，从而在对世界、生活创造性解构与建构的过程中达成相对理想的存在。受知识、能力本位认识论的影响，中小学作文教学往往被定位为写作知识经验单向度传输以及写作技法能力程式化训练的活动，导致作文“千人一面”。倘若作文课程建设的目标回到创造智慧这一原点，坚持作文是生成的而不是现成的价值取向，鼓励学生独立地感悟并思考，独特地发现并表述，独到地见解并交流，把作文存在扩展为学生主体创造性发挥人的生成性本质去确认自我价值和选择个性化表达方式的实践活动，这可能是我们克服当前中小学作文教学瓶颈的一个有益的尝试。

二　诗意生成：中小学作文教学课程建设的价值经验

将中小学作文教学课程建设的目标定位为“创造智慧”，那么，提供什么样的教育经验，才能达到这一目标呢？教育经验的选择从本质而言就是课程内容的建设问题，这一问题自然受到语文学科性质观的影响。受语文工具性或人文性观念的影响，作文教学自然也存在工具性与人文性统一的问题。当然将从属于语文学科的作文教学的根本属性等同于母体学科的属性，本身就违反了逻辑问题。作文工具性论把作文以及作文教学看作师生、生生互相交际、交流思想，以及认识事物、表情达意等方面都必须掌握的工具，作文教学以及课程建设的内容自然离不开写作知识、技法以及修辞等要素；人文精神性论则强调全面贯彻以人为本思想，以人的存在和全面而有个性发展为理论基础，教学的目标、逻辑起点均指向促使学生在作文学习以及作文的过程中充分开发人的潜能，发扬人的个性，作文课程内容自然强化人生命成长的主题，尤其离不开道德教化的要素。而“工具性和人文性统一”的性质论将作文的工具性和人文精神相结合，既关注到让学生学习和掌握语言工具，又促使学生开发潜能，张扬个性，培育德性。但从价值论的视角审视，任何本质属性的认识离不开事实判断和价值判断，本质的认识是合目的性与规律性统一的活动。从事实的维度看，作文与语言显然不是同一概念，语言只是作文的一个因素或者说一个凭借，工具性只能部分或局部反映及作文的局部或者个别属性；同理，人文性是作文内容的属性之一，自然也不是作文本体的属性。从规律性的维度看，任何本质属性均是本体的外显，本质是本体的本质。

作文的本质是什么？回到人的发展这一原点上，人首先是一种不确定的存在，作文的时候自然就是以自身的不确定性和“自然、社会与自我”这三个世界进行碰撞、对话、表达、融合，自然会生成许多新的不确定性。人还是诗意的存在，看待世界能够将现实与非现实、理智与情感、时间与空间都凝缩于自己的身心之中，将自己旺盛的生命力化作同情、感动、感恩，分赠给世界万物，不仅赋予世界以诗意，更赋予自我生命以无限可能。因此，中小学作文课程需要提供的课程经验自然就是围绕诗意生成性这一本质展开，而不是人为地框定考试的主题立意、谋篇布局等静态的写作经验。正如杜威所言，当知识信息只是作为知识信息被大量地提供并保存起来时，那么他会倾向于与具有生机活力的经验分层。而当知识信息进入活动中，成为活动的一个因素，为了知识本身而追求知识时，无论这种知识是作为手段还是拓宽目标和内容，都会有启发作用。直接的洞见与被告知的知识就会融会贯通起来。从这个视角出发，作文课程提供的经验，应该是超越经验本身，是经验背后的有关人生、生命的情感、态度、价值观等信息的解码与编码，是一种创造性的智慧活动，即“思维体操”的经验。

三　言语实践：中小学作文教学课程建设的本体存在

如何有效地教学好“思维体操”的经验？如何让抓耳挠腮也写不出精彩文章的孩子感受到创造的欢乐，感受到作文的过程就是创造性运用语言符合创造“魔方”的过程？这需要作文课程的开发者和实践者定位好作文的本体。作文教学与语文教学一样，其存在的本体是作文本质、作文价值及一切作文现象“在者”所以为“在者”之“在”，或一切“是者”所以为“是者”之“是”，是作文教学形成、发展的终极原因或统一根源，是生成和构建作文乃至语文本质的根本原因。作文之所以发生发展的根本原因又是什么呢？追根溯源，从词源的角度说，《诗经·小雅》有言“作此好歌”，从字面上讲，作文之作是“记写、制作”的意思，人类为什么要记写呢？那是因为人类在诸如“砍砍伐檀兮”的劳动实践中自然生发人生的感动；“子为我听而文之。”（《韩非子·十过》）所谓的“文”，是花纹、文饰的意思，用于作文，就是用心记写与创造。把两字连起来，所谓的作文是指把对生活的感受创造性地运用语言符号用心记写下来。因此，作文的本体是实践。作文教学之所以发生，发展，其原因是多方面的，既有人的潜能、需要、愿望的内在要求，也有人类经济、政治、文化等外部相定性的推动，而这些复杂的原因综合发生作用的根本原因在于教学实践。作文教学实践不同于其他社会实践，是直接发展人力的实践活动，是创造性运用语言符号的活动，其实就是言语实践活动。也就是说所谓的作文不外乎就是学生在经历生命感动基础上创造性运用语言符号进行言意转换，认识自然、社会、自我，从而进行合理表达的言语实践活动。

"道非文不著，文非道不生。"（元·郝经《陵川集·原古录序》）作文教学当然有训练学生掌握语言表达工具的责任，也有陶冶情怀，实施道德教化的人文精神培育的义务，但二者如果脱离言语实践这一本体，自然就容易成为"水中之浮萍，空中之楼阁"。朱光潜先生认为，我们不能把语文看成在外在后的"形式"，用来"表现"在内在先的特别叫作"内容"的思想。"意内言外"和"意在言先"的说法绝对不能成立。[①] 苏联心理学家维果茨基从思维—语言的关系角度科学验证人所特有的高级心理机能是以社会文化的产物——符号为中介的，"思想不是在词中表达出来，而是在词中实现出来"[②]。推而广之，学生的道德水平、运用语言文字的能力也不是教师"教"出来的，而是在言语实践中动态生成的。因此，从课程论的视域审视，中小学作文教学如果从既定的知识、技能、技法的经验框架超脱出来，中小学作文的结果应该是语言符号创造的欢歌，而不是愁眉不展的哀叹。作文教学意味着从教作文"规则"转向习得语言，意味着作文的过程是言语智慧萌发、提升的过程。

四　积极语用：中小学作文教学课程建设的评价焦点

如何才能确定创造智慧的作文教学目标得以实现呢？这涉及作文评价问题，包括教师的批改、讲评。目前，众多中小学语文教师仍局限在消极语用的评改方面：其一，忽略批改的主体。批改的对象指向学生成品的"作文"，而不是学生的"为人"。教师瞩目的焦点习惯于聚集在批改如何省时省力，如何不挫伤学生积极性等方面，却很少去研究怎样才能逐步提高学生的创造智慧，尤其是创造性运用语言符号表达的能力。其二，窄化作文语用功能。有的老师为了批改省时省力，作文之始就预想了作文行为

---

① 朱光潜：《我与文学及其他谈文学（增订本）》，中华书局2012年版，第227页。

② 王尚文：《语感论》（第三版），上海教育出版社2006年版，第246—247页。

发生后的结果，于是规定题材，统一写法，提供例文，让学生依样画葫芦，套写改写，其结果自然是学生日复一日，年复一年重复着别人的思想，机械模仿写作技法却没有表达自己的思想，在不断循环的“识记，保持，再现”过程中消磨了作文的灵性，更消磨了作文之于人生命成长的意义。其三，降低语用品质。作文本质上是诗意生成性的创造表达，教师批改往往根据自己的经验注重所谓规范、既定的“已说的”功能作为评判的标准，死抠语法，死抠词义，忽略语言表达还有的“能说的”功能，不能有效引导学生创生意义，有效迁移。学生每一次作文接受的是“定在”而不是“创生”。

如何呵护学生创造性诗意生成的幼芽？美国教育家唐纳德·纳普提倡找“作文的优点”。主张在学生的作文上不作任何表示错误的标记，努力发现他们的长处，并且用最鲜艳的红色标出作文中的出色部分，或者在空白处写上鼓励的话。[①] 这其实是积极语用思想的有效运用。受此启发，中小学作文课程建设能不能以积极语用作为批改的理论指导思想？所谓积极语用，是表达主体基于独立人格和自由思维而以个性言说、独立评论和审美表达等为形式特征因而富于创造活力的主动完整的表现性言语行为。[②] 学生个体不仅是作文表达的主体，也是批改的主体，更是交流的主体。教师倘能尊重学生的主体性，就会充分发挥学生个体及群体的作用，一方面开通循环写作机制，让学生个体与群体开展接力作文、合作作文、网络作文回帖、书信日记等活动，调动群集的力量，吸纳他人的智慧；另一方面建立循环阅读机制，改变学生“被阅读”的状态，教师变作文本为作文纸，每次作文也不要急于将所有的作文收好后放到办公室，直到下一次作文时才拿出来，而是先将作文纸张贴教室或分组传阅，学生在阅读之后，均对自己欣赏的创造性的表达写上简单的评语，签上自己的名字和阅读时间。更为重要的是教师以欣赏的眼光审视学生的文本语用，以积极的心态悦纳个性语用，以鼓励的感情激励学生的创意语用，在作文教学与评改中始终坚守“言语实践”本体论，让学生走在语言的路上，走在创新的路上。

---

① 赵连红：《国外作文教学的策略和启示》，《语文教学通讯》2007 年第 12 期。

② 潘涌：《积极语用：21 世纪中国母语教育新观念》，《北京师范大学学报》（社会科学版）2011 年第 2 期，第 16—26 页。

第二节　诗意作文教学的基本原理

一　诗意作文教学的基本内涵

目前，中小学生作文面临的主要问题是“有内容写不出，有技法不会用”。正如一个中学生所言：“每次听到写作文，我的脑子里就会想起老师指导的那些结构啊、技法啊、主题啊……想起这些我就头昏脑涨。所以每次面对习作题目，我都不知如何下笔……”追根溯源，造成这个现象的原因大概有如下几点：其一，作文教学指导理念落后，存在“抄、套、编、背”的做法，注重作文的形式，缺少对习作者为人品质的指导；其二，作文教学对象的主体作用认识不足，没有从小学开始起步，回归语文的言语实践本质，进行有层次、有序列的训练；其三，作文教学方法沿用“教师命题—学生写作—教师批改”的“三部曲”，习作过程缺乏实地观察、启发诱导、互动交流等有效手段；其四，作文教学指导由抽象到抽象，忽视了学生的思维特点；其五，作文教学评价存在“重共性轻个性”的现象，讲评时基本超脱不了“总述习作情况—分述优缺点—评点一两篇学生习作”的路子。

扪心自问：我们是否分析过，孩子为什么抓耳挠腮也写不出精彩的文章？我们是否反思过，舍本逐末式的作文技法、技能训练的后果是什么？当传统写作教学已经令孩子痛苦不堪的时候，我们是否有必要再用传统的方式逼迫他，抑制他，扼杀孩子与生俱来的灵性与诗意？《义务教育语文课程标准》认定：“写作是运用语言文字进行表达和交流的重要方式，是认识世界、认识自我、进行创造性表述的过程。”中小学生习作就是练习把自己亲身经历的事情，把自己看到、听到、想到、感受到的事情，用恰当的文字表达出来。[①] 写作，从字面上讲，含有“记写、制作”的意思。《诗经·小雅》：“作此好歌。”“作”即用心创造。《韩非子·十过》：“子为我听而写之。”“写”即记写。把两字连起来，是指把用心创造的东西记写下来，即写文章。写作是人们运用语言文字进行表达和交流的重要方式，是认识世界、认识自我、进行创造性表述的过程。而习作教学就是教师引导学生在经受生命感动的基础上运用语言文字进行表达和交流的综合

---

① 王守恒主编：《小学语文教学与研究》，人民教育出版社2006年版，第211页。

性实践活动。作文者，将自己的生命感动进行反思性表达也。小学生作文就是练习把自己亲身经历的事情，把自己看到、听到、想到、感受到的内心的感动，用自己的语言文字创造性表达出来的言语实践活动。

所谓“诗意”，指的是人在经受生命感动后进行言语实践获得的情思、意旨、想法。涉及情、思、理、语、行。诗意作文教学就是根据中小学语文学科的特点，以“德言同构”为灵魂，以“个体+合作学习”为基本形式，系统利用小学语文习作教学中动态因素之间的互动性，促进学生的语言个性表达的言语实践活动，是以一种符合人性基础的以善统真、以美促善的“诗”般的方式去教学。诗意作文教学是让丑小鸭翱翔思维的翅膀，品味生活韵律后的真情倾诉；是对生活的自然歌唱；诗意作文教学是言德同构的个性化表达；是积极人格的典雅语文的外现。

二 诗意作文教学的基本要素

从诗意作文教学的内涵看，构成这个教学系统的要素主要有如下几个：其一，诗意的主体，主要指教师和学生构成的主体间关系；其二，诗意的情境，即教师营造的能够触发学生心灵感动的作文教学场；其三，诗意的情怀，指的是教师引导学生在赋予自然、社会、自我三重生态以诗意的观照；其四，诗意的智慧，主要体现在作文意义的把握和文章结构的创造；其五，诗意的语言，指的是语言表达体现写作者的鲜明个性（见图9—1）。

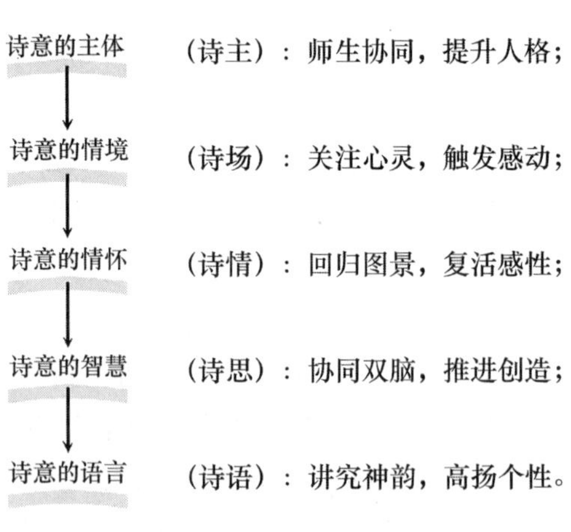

图9—1 诗意作文教学示意图

（一）诗意主体的培养

1. 诗意主体培养内容

写作，是激情的葡萄美酒；写作更是道德品质的夜光杯。学生所写的每个汉字都带着温暖的体温，每篇作文都是学生道德品质的展现。它们站在门口带着期待的眼神，像导游一样期待与你一起漫游心灵的秘密花园，在行旅的路上带你发现美丽的景致。《义务教育语文课程标准》指出："在写作教学中，应注重培养观察、思考、表现、评价的能力。要求学生说真话、实话、心里话，不说假话、空话、套话。"这其实就是要求中小学语文教师把作文的为人训练放在首位，因为作文如同做人，学生的为人决定作文的水平，也决定作文的高度，决定作文的立意。孔子主张："志于道，据于德。""道"指理想的人格或社会图景，"德"指立身根据和行为准则。老子的"道"指事物运动变化所必须遵循的普遍规律或万物的本体。"德"指具体事物从"道"所得的特殊规律或特殊性质。道德，是指以善恶评价的方式调整人与人、个人与社会之间相互关系的标准、原则和规范的总和，也指那些与此相应的行为、活动。中国历代贤明的领导者均注重"以德治国"，历代有识之士在教育领域尤其注重"立德树人"，那么中小学作文教学就应该根据诗意语文教学合目的性与合规律性统一的原则做好"德言同构"。

从内容上而言，培养学生成为一个诗意的主体，其实质就是让学生在处理自然、社会、自我关系的时候做一个有道德的人、一个具备诗意情怀的人、一个拥有高级趣味的人。借用国学大师季羡林先生的观点来说，中小学作文教学首先要引导学生要处理好"人与天、人与人、人的内心与外在行为"三大关系。其中，"天人关系"就是人与自然的关系，做到"敬畏"和"感恩"；"人人关系"就是人与社会的关系，做到"诚"（以诚相待）和"忍"（包容之心）；"人的内心与外在行为"就是人与自我，人的内在修养与外在行为的关系：做到文质彬彬。

2. 诗意主体培养策略

美学家朱光潜先生认为，写作有三修养：一人品，二学识经验，三文学本身之修养。人品排首要位置。而人品的训练秘诀在于"入乎其内，化乎其中，迁移运用"，如何"入乎其内，化乎其中"，这就需要做好本行之内的功夫：从人情世故和物态事理中学习，讲究本色当行。玩味生活、探索自我；以及本行之外的功夫：须处处留心玩索，才有深厚学养。

诗意主体的培养策略主要体现在如下几个方面：其一，阅读养心：在读一流作品中寻找语言德性的光芒。常和大气文亲近，你也能大气起来：读司马迁文，胸常生人间正气；读凡·高传记，会提高人生境界，原来苦难也是财富；读范仲淹文，忧国忧民在心头萦绕；读苏东坡文，天地沙鸥任逍遥；读圣经佛书，常有醍醐灌顶的顿悟。其二，诗意熏陶：在诗意文化滋养中涵养德性。教师有意识地整理课程资源，可以发挥古今中外道德故事感染作用，也可以演唱孝亲歌曲对学生进行道德熏陶；最重要的策略还在于让学生品味平凡人物、日常生活蕴含的道德韵律。其三，对话养脑：在讨论与思辨中获得道德教养。常读常思，高贵的心灵需要高贵者才能感受。让学生和名家对话，在对话中感知为人的高度和道德品质的厚度。其四，走访养思：在生态体验中涵养为人的情趣。走访源头养思，常走常积淀思想。开阔眼界，需要在名山大川沉默，到黄河大江边倾听，到长城的砖头触摸历史的余温，到大海边上狂奔与呼喊，走近独巢老人端详那孤独的眼，摸摸老城墙上如祖母一样细细皱纹般裂缝的太息，感慨月光下旧城河上永恒的光与影……其五，诵读吟味：听得见自己德性的声音。让学生每一次作文均做好诵读工作，在字斟句酌中听听感动自己的声音，更品味字里行间的德性。

（二）诗意情境的营造

1. 诗意情境营造内容

作文是人的主观感受的个性表达，是内心情感的自然流露，是个人见解的智慧展现。作文教学指导就是要引领学生获取人生独到感受、体验生命自在价值，品味人世至真情感，进而将人生感受、生命价值、世人情感转化为一种智慧、一种表达，最终丰富学生自我的精神世界。因此，作文教学的过程，是学生精神享受的过程，是为学生的精神生命铺垫底子的过程。营造写作的情境也就成为中小学作文教学的前提。所谓诗意的情境，就是教师在作文教学之初为了诱发学生的生命感动而创设的富有情感性、生成性、弥散的教学图景。

诗意的情境是饱含情感的。作文教学怎样才能吸引学生？除了教师厚实的作文知识储备以及娴熟的作文技巧辅导，最重要的就是让学生内心深处的感情，能够在教学情境的浸润、点染或暗示下缓缓流淌，或涓涓的溪流，或滔滔的江河，或惊涛的浪花，或汹涌的大海，或平静的江面……鲁迅先生说过，从喷泉里流出来的是水，从血管里淌出来的是血。

诗意的情境是能够生成的。让情感河流的水汽，弥散在字里行间的土壤里。好土好地，就来自水长期的默默滋润。一个优秀的教学情境绝对不是一成不变的“定在”，而是教师智慧的创生，如同一个看似无形却又无所不在的情感场，像磁铁一样吸引人。学生会用有诗意之眼去对接自然、对接社会、对接心灵的宇宙，“一粒沙里看世界，一瓣花上说人情”，一字一世界，一语一天堂，看似平凡、细小、微不足道的事物，甚至一首乐曲、一张卡片均会衍生出无限的情节、无限的人生趣味，仿佛“从最破最旧最平凡的处所，走进极乐世界”。

诗意的情境是弥散诗意的。诗意的情境自然是饱含诗意的，诗意也许是看得见风景的望远镜，也许是撞得内心扑通扑通直跳的钟声，更是弥散在字里行间的氧气；诗意有时在细节的描述里藏着，有时在生活的慢镜头里播放着，有时在人物的肖像外貌、神态、语言、动作、心理等描写里暗示着……还有那些矛盾的人物对话，那些难隐的内心忏悔，那些触动灵魂的伤痛，那些柔软人心的感动，那些催人泪下的伤悲，那些内心隐忍的自尊，那些生死疲劳的感慨无一不弥散诗意的情愫。

2. 诗意情境营造策略

营造诗意的情境主要目的在于：其一，营造诗意氛围，激活写作欲望。目的在于解决学生“脑子里一片空白”的问题。其二，引导细心观察，诗意感受生活。主要解决“写什么”的问题。教学的情境应该是点到为止、恰到好处，要留足够的空间让学生自由发挥。管建刚老师认为：“五分钟解决指导。如果五分钟还没讲好，证明这个话题不适合学生。”① 情境创设是否合适，花多少时间是合理的？这应该因材施教，没有绝对的标准，但诱发学生的生命感动，让学生愿意写，自然的表达确是诗意情境创设的基本要求。

怎样达到这个目的？这需要运用诗意情境的营造策略：其一，创设直观性情境，即用看得见、摸得着、闻得到的身边的事物创设生活情境，激发学生作文兴趣。比如让学生写一个生活中的人物，中山纪中三鑫双语学校的张浩老师就把给自己家装修的工人老钟推介给学生，让学生对比装修前后的家居，然后对老钟进行模拟性的采访，自然激发学生的好奇心与写作的冲动。其二，创设体验式情境。即在课堂上创设功能性的生活情境，

---

① 管建刚：《让作文教学的魅力显现》，《小学语文教师》2011 年第 3 期，第 12 页。

让学生现场观察、发现情境里蕴含的科技原理和人生哲理。比如笔者曾在高中的作文课堂上模拟《拔萝卜》的童话，颇有情趣地引导学生从老爷爷、老奶奶、小孙女以及小耗子的主体去审视“拔萝卜”这一件事情，学生发表的观点个性而独特，改变了千篇一律的“人多力量大”的“公共话语”宣讲。其三，创设画面式情境。即通过图片、录像或多媒体还原生活画面，唤醒已有的生活经验，进行联想性表达。比如想象类作文《魔指变变变》，教师设计一个富有科幻性质的情节：彩虹森林发生地震，森林里的小动物们决定搬迁到美雅森林，通往目的地的唯一关卡有一头怪兽把守，他要求每一个动物用自己的手变换奇妙的手势才可以通行。于是，同学们或个体、或小组表演各种各样的手势，并进行解说。在变换手势的基础上巧妙引导学生观察生活中的手势以及牵手所蕴含的诗意。其四，创设描述性情境。即教师用语言把有些不能在课堂展示的生活情境生动地模拟出来。

（三）诗意情怀的陶冶

1. 诗意情怀表现内容

正如第二章所论述的，诗意精神培养离不开诗意情怀的陶冶，诗意情怀的陶冶离不开诗意情感的品味。诗意情怀，不是指知觉、感应、体验一类普通情怀，而是能够将自我感情移植到客观事物上，通过客观事物反观自己，即中国传统文化里倡导的“民胞物与”情怀，是一种艺术化审美情感的运用。

> 外公离世时，流水已开始冰冻。而他的“五七”结束后，时已近新春。
>
> 人们急切地挂上红灯笼，贴上红对联，金色的福寿字样在深冬里缓缓流动光泽。世界渐被抹成朱红与金黄。而刚退下惨白孝衣的我们一家，面对着这一切，尴尬而不知所措。家里仍有淡淡香烛气味，炷香散出的团团灰白烟雾也似乎永远无法散尽。

作文情感表达有三原则：其一，不夸张，所写内容符合生活的逻辑，不夸大也不缩小；其二，不失实，符合生活的真实，经得起推敲，给人真实感；其三，不矫情，符合生活的情理，符合人之常情，感情自然流露，不牵强。《从花谢到花影》这篇中考优秀作文就符合这三原则。外公去世，不得不悲；新春佳节，不得不喜，这是情感的真；悲与喜，如何协调？作者内心的感情就在追诉外公的往事之中悲伤逆流成河，眼看着“焰火的窜起，炸裂，盛放和凋零”的新年，尽管百感交集，但感情表达不矫情；新年的朱红与金黄和丧事的惨白对比鲜明，描写符合实际情况。作者的诗意情怀就是这样在矛盾中对比、纠缠、流动，辗转反复地对比、纠缠、流动，毫不吝啬地对比、纠缠、流动，抽丝剥茧地对比、纠缠、流动。文字干练而精准，作者驾驭了文字，也就驾驭了情感。驾驭了情感，就陶冶了读者的情怀。

诗意情怀的表达离不开诗意情感的品味与酝酿，主要内容和层次有：其一，温饱类情感。酸、甜、苦、辣、热、冷、饿、渴、疼、痒、闷等，仅仅表达这个层面的情感，很难打动人，因为这类情感，类似于人的本能情感。其二，安全与健康类情感。舒适感、安逸感、快活感、恐惧感、担心感、不安感等，比第一层次的情感有了烈度，容易同感。其三，人尊与自尊类情感：自信感、自爱感、自豪感、尊佩感、友善感、思念感、自责感、孤独感、受骗感和受辱感等，烈度明显加强，让人容易共鸣。其四，自我实现类情感：抱负感、使命感、成就感、超越感、失落感、受挫感、沉沦感等，烈度强烈，容易撼人灵魂，产生强烈的共鸣感。

2. 诗意情怀表现策略

诗意情怀的表达总的原则是：让学生内心的情感自然流淌。主要策略有如下几个方面。

第一，赋——自述衷肠感人心。即采用书信、日记等内心独白的形式，以细腻的心理描写和直抒胸臆的抒情方式让“我”敞开心扉，倾吐自己的心声，抒写个人真切感受或体验，触动人心最柔软处而引发共鸣。例如学生的作文《天上之母》。该文作者文字朴实无华，字里行间直接而自然地表达丧母之痛。“……晚上还有道场上的很多事等着我去做，这里只有我一个人披麻戴孝，但我不觉得孤独，因为我总觉得，她在看着我呢。”“昨天抬她进来的人，又再次抬起她，走进了火葬室，我站在门口，突然就哭得不可抑制，但我想我是为她的解脱而感到高兴吧。”这些文字无须技巧、无须文字铺陈，感情直抒胸臆，自然力透纸背。第二，比——借助意象巧载情。即不直接表达情感，而是借助某个意象，所要表达之情寄寓在这个意象上，借助此意象加以含蓄巧妙表达。比如《让记忆之花盛放在泛黄的纸片上》，作者借助“院子里的紫藤花开了，散发着清幽安宁的香气”去比拟奶奶的独特丰姿，“紫藤花清悠的香气让她陶醉在与爷爷相识的点滴岁月里”串联奶奶的人生风景。花与人相映成趣，交相辉映。第三，兴——融情于景情更浓。不直接表达情感，而是借助景物描写渲染烘托人物心情。比如《荒山种茶人》，文中荒山及绿意盎然的茶园等环境描写无不自然流露文章主人公“父亲”热爱家乡、耕耘希望的诗意情怀，也巧妙传达自己对父亲、对家乡的热爱之情。第四，针砭时弊明爱憎。从社会现象入手，然后追根溯源，分析事物的本质原因，表明自己的喜怒哀乐。

（四）诗意智慧的启迪

1. 诗意智慧启迪内容

从哲学的角度来说，我们面对的无非是两个对象——人与世界，三个关系——人与自然、人与社会、人与自我。观看世界的情怀的不同，自然观看的方法以及衍生的智慧也就不同。文教学也是这个道理。人类观看世界的态度与方法有“以我观物”和“以物观物”这两种。“以我观物”属于人与世界的主客二元对立的方式，主体的“我”的主观性是观看客体事物的出发点和评判者，在物上看到“我”，用的是“六经注我”式逻辑批判的方法；“以物观物”主客体界限消失，“我”亦物，物亦物，万物齐一，用的是回到事物本身的诗意智慧方法。中小学作文教学，十分注重写作技巧与技能的训练，往往忽略作文的本身——智慧的启迪。“作文者，将自己的生命感动进行反思性表达也”。感动是前提，反思是关键，如何让学生在感动中反思，反思中感动，这里面就包含智慧的启迪。这是作文教学的“牛鼻子”。而这个牛鼻子又不是进行思维知识教学与技能训练所能达到的。中小学生作文教学，需要从思维训练，尤其注重从诗意思维训练入手。

正如前文第三章所论述的，诗意智慧是建立在感性基础之上的，以画面感为依托，通过想象对自然、社会、自我进行超越式、融通式领悟的具有创造性的图景思维活动。所谓图景指的是左脑的符号、文字、语言等抽象信息与右脑的行为、图像、情境等形象信息进行时空对接、圆融结合而形成的有情节、有画面、有故事的“充满生命律动的场景”。它是依托画面感的“物物相容，物我合一”图景的思维活动；是将自我圆融生活，让生活图景一一展现的图景思维活动；也是通过想象、联想进行创造以及通过概念、意象进行推理的图景思维活动。从内容上而言，诗意智慧的启迪体现在中小学作文教学的方方面面，尤其需要在文章立意、思路开阔以及文章结构形式定调和创新等方面加以重视。

2. 诗意智慧启迪策略

第一，文章立意的诗意智慧启迪。文章立意是学生为人水平的体现，同时也是智慧的体现。如何指导学生立意？倘若抓住诗意智慧的内容，让学生从不同的主体所面对的人生图景就会得出立意。比如，《分享的真谛》作文指导，郑板桥曾经说过："为人处，即是为己处。""栽什么树苗结什么果，撒什么种子开什么花。"教师从分享的主体入手，提出"（谁）分享（　）"的言语实践，让学生自我表达，学生不难写出"田野里的花朵听到春姑娘的召唤，于是分享自己的美丽，装点五彩斑斓的大地。""森林里的大树看到萎靡的小草，于是分享自己的阴凉，唤回了小草的勃勃生机。""虚弱的小马在炎热的沙漠找到了一片绿洲，并没有独享，而是召唤饥渴的伙伴，共饮甘甜的生命之水。"从分享的客体入手，开展"分享（　）"的言语实践，学生又会得出"分享需要有豁达的心胸"、"坦诚的态度"、"分享需要一点策略"、"分享是一种大智慧"等结论；从横向扣住"分享的范围"展开，开展"谁在（　）分享，能够（　）"的言语实践，学生的表达又会得到"分享既帮助了别人，也给自己带来了愉悦；失去了一些，得到了更多"等观点；从纵向入手，扣住"分享的意义"展开"谁分享（　），获得（　）"的言语实践，"人类能够分享、善于分享，才脱离了野蛮与蒙昧，走上了科学与文明的时代"、"有了分享才有了今天科技突飞猛进的发展"、"奔月航天器里吟唱的是合作的歌，人类基因组计划中抒写的更是共享的诗"等富有创造智慧表达立意纷纷呈现。

第二，文章思路的诗意智慧启迪。要点在于"让学生看得见生活的慢镜头，同时从原点出发，回到原点"。比如《等待》作文指导，笔者按照"归真，看得见生活的慢镜头，明确等待什么"——"求善：悟得出题目的内涵，把握谁在等待，理解为什么等待"——"至美：听得见内心的声音，确定等待不是什么，等待是什么"这样的程序开阔学生的思路，学生的构思自然诗意盎然。请看教学片段：

（1）等待什么？

师：同学们都有过等待的经历吧，想一想，在"等待"的横线上可以填上什么？

生：等待开始。

生：等待一个人。

生：等待一个机会。

生：等待亲爱的伙伴。

师：（出示 PPT）请大家一起朗读。

生：等待飞翔；等待成熟；等待理解；等待支持；等待希望……

（2）谁在等待？为什么等待？

师：请问同学们，谁在等待？为什么等待？（板书：谁）

生：我在等待。

生：他在等待。

师：我改成“他”，聪明！

师：好，就是这个“我”，大家来思考一下。我只是一个单个的个体吗？还可以是谁呢？请看老师的例子：种子深埋大地，那是在等待春天。这个种子是不是“我”？请继续思考。

生：乳燕小巢振翅，等待飞翔。

生：角落的一个旧皮球，等待主人再打几次。

生：（响亮、清楚地）：农民挥洒汗水，那是在等待丰收。

生：燕子栖息树枝，那是在等待春天。

生：雪松弯曲身体，那是在等待再次挺立。

生：花儿藏于绿叶，那是花在等待开花的艳丽；果实牢挂树枝，那是果实在等待成熟的颜色。

师：大家谈的“我”大都是动植物，还可不可以从古今中外人物去想。如“孙中山移居海外，那是等待重振山河推翻腐朽的政权”。

生：人类一生奋斗，那是在等待成功。

师：人类。你把这个“我”变成了整个人类。这个对我的解读好！由小我变成了大我。还有吗？

生：毛泽东独立寒秋，那是等待浪遏飞舟主宰生命的沉浮。

生：周恩来刻苦学习，那是在等待新中国崛起。

师：哦，你由孙中山想到了周恩来，好，因为我们有一条理想路，一路过来，大家都在等待。

生：海伦·凯勒在黑暗的世界之中，那是在等待用自己的智慧来寻找光明。

师：活学活用！掌声！（学生鼓掌）她能把语文课本里的例子变成自己作文里的思想，好！

生：勾践卧薪尝胆，那是在等待东山再起，报仇雪恨。

师：很好！你能够回到过去，从历史人物中找到等待的榜样。

（3）等待不是什么？等待是什么？

师：同学们的思维打开了，你会发现——作文就这么简单。现在，我们来挑战自我。搞清了“谁”等待，等待“什么”，“为什么”等待，事实上还要回到问题本身，“等待”到底是什么意思。我们反向思考：等待不是什么？（生动笔写，师巡视。）

师（一分钟后）：好，请快速作答。（推小火车形式）

生：等待不是忍耐。

生：等待不是期待。

生：等待不是泪水。

师：可以加上一个词——不是“痛苦”的泪水。

生：等待不是沉默。

师：等待不是沉默，表明在沉默中有行动，在沉默中是自己有更好的策略去解决问题。表面看来，这是同学们对“等待不是什么”的理解，其实就是对“等待是什么”的理解，反过头来，我们再来看看等待是什么呢？你可以这样想：等待像什么。（学生动笔写，师巡视。）

生：等待是伴随。

生：等待是铁杵磨在石头上。

师：铁杵磨在石头上，等待磨出锋利的、锐利的思想来。

生：等待是期待。

生：等待是天空中的……（说不下去）

师：是天空中的阳光，还是天空中的星星？

生：天空中的阳光。

生：等待是智慧。

生：等待是结果。

生：等待是持之以恒，是一心一意。

师：简单一些，等待是毅力。

生：等待是沉默后的灿烂。

生：等待是人生独有的风景。

师：同学们，我们把大家的方言归纳一下，咱们看看等待是什么。（显示图片4）看到这个手势，大家认为等待是什么？（手握拳头，扬一扬）

众生（谨慎地）：是胜利，是坚持。

师：我的理解是坚守，信念，相信。

生：等待是一种信任。

生：等待是风雨过后的彩虹。

师：由此可见，等待是一种忠贞，等待是一种智慧，这位同学说过，等待也是一种美德，等待还是一种毅力，等待更是一种人生境界。总而言之，等待是蕴积能量的过程（挥拳头）等等。

第三，文章形式创新的诗意智慧启迪。文章的立意是灵魂，材料是血肉，结构与形式就是文章的骨架。有了严谨而美巧的骨架，文章的血肉才有依附，灵魂才有归属；假若没有这个骨架，文章的材料就无法安排，立意也就无处寄托了。形式感很强，内容比较弱，内容空洞，显得包装过度，华而不实。要使形式与内容相得益彰，让严谨而美巧的形式闪得亮，不妨让诗意智慧思维踏上快车道：其一，确定好情感之基调：说真话，诉真情。让学生在文章中自然流露自己的德性声音和体现自己的生命感动。其二，创新标题之形式：期待读者的聚焦。从词语来看，每个小标题不妨从单个词语转向双词语，物线与情线交融，或每个小标题三词语式；从功能来看，凸显中心的，不妨拿中心词或短句作小标题，凸显线索的，不妨将线条的词语或短句来作小标题；从词语的性质来来，小标题的词句可以为歌名、文章名、名著名、词牌名、古诗名、药名、富有内涵与意味的伟人名、地方名。其三，创意题记之表达：给文章戴上美丽的项链。好的题记能吸引读者，引导读者思考。题记的形式根据内容而定，可以采用“诠释式”、“交代式”、“引用式”、“悬念式”、“点题式”、“映衬式”等诸多形式。其四，娴熟体裁之妙思：体现思维的灵活性。书信、微博、剧本、日记等均可以成为文章体裁的考虑范围。日记体会自由而倾向内心独白，分日而记，一目了然；童话趋向于讲故事，唯美而轻盈；片段组合式记叙文，结构严谨，层次分明；第一人称的物化角度记叙文，亲切独特，便于展示奋斗心路，一波三折，条理清晰；第二人称为主的记叙文，面对面的心谈，便于深度的倾诉；第三人称为主的记叙文，客观而冷静，便于叙议结合；议论性散文，那些学识广博的高手，更能随心所得；书信体，面对面的心语告白，更适合深度感情的交流；叙述为主的小小说，讲究结尾的逆转，体现作者匠心独运。其五，创造结构之新颖：让文章形式摇曳多姿。文章的主题犹"帅也"，如人之"灵魂"，文章的材料犹如人之"血肉"，而文章的结构恰似人之"骨骼"。总分总结段式；并列组合式；逐层递进式；镶嵌标题，跨越组接式；回环反复，跨越圆融式；明暗交互，双线照应式；凡此种种，均可以启迪学生的诗意智慧，让学生学会有创意的表达。

（五）诗意语言的积淀

1. 诗意语言积淀内容

诗意、诗情、诗思最终要通过语言展示出来。如何让母语——汉语的魅力张扬？答曰：唱起汉语的歌，回归汉字生动的图景，让语言典雅而亮丽生辉。作文是把情意（抽象），转化为文字，转化为生动的图景，内蕴着歌的韵律。

诗意语言训练内容与层次如下：其一，规范化语言：规范化，符合现代汉语的表达习惯，表达语法，通顺、连贯，不生造词语，不随意简称，不乱改成语，不任意拆嵌，不滥用文言词语和方言词语，不误用虚词。其二，典雅化语言：指的是我们的作文语言具有优美而不粗俗的特点，"典"是古典，"雅"是文雅，典雅的语言要求我们的文字要具有古典语言的韵味与雅致，让人读起来能够感受到传统文化与现代思想的高度融合，能够体会到作者较为深厚的文学素养。其三，个性化语言：即形成了自己的独特风格的语言。刘勰在《文心雕龙》中将语言风格划分为：典雅、远奥、精约、显附、繁缛、壮丽、新奇、轻靡八种。

2. 诗意语文积淀策略

第一，锤炼词语，培养学生语言的敏感。每一节课先让学生圈出自己有特别感受的词语，然后学习运用这些词语，久而久之，学生会发现：大凡优秀的作品，语言之所以鲜活，典雅，他们善于从日常学习与生活入手，把有机物和科学结合到诗中，把技术词汇结合到自然和艺术中，把甲学科的词语融合到乙作品中，让作品在瞬间激发出巨大的能量来。例如，"鸟又可以开始丈量天空了。有的负责丈量天的蓝度，有的负责丈量天的透明度，有的负责用那双翼丈量天的高度和深度。而所有的鸟全不是好的数学家，他们叽叽喳喳地算了又算，核了又核，终于还是不敢宣布统计数字”。这段话里“丈量”、“蓝度”、“透明度”、“高度”、“深度”、“算了又算，核了又核”等数学词语的运用，生动而形象地刻画了鸟儿的生机勃勃。

第二，创写句子，活化学生的语言表达。为了培养学生的创造性运用语言文字符号的智慧，教师可以结合第五章的典雅语言训练原理，鼓励学生养成“每日一语”的写作习惯：其一，向课文学习，化课文的经典语句为个性化的自我表达。教师可以根据诗意语文教学的原理从诗情、诗理、诗思、诗语的某个角度挖掘课本的“一处传神、意境皆出”的言语实践点，如德性的培育点、思维的疑难点、感情的动情点、主旨的隐含点、内容的空白点、表达的隐喻点、能力的迁移点、矛盾的转折点、语言的美点等，通过对文本的“点穴”进行典雅语言的导写训练，变“语言理解”为“言语实践”。其二，向课外书籍学习，对经典作家的语句进行个性化诠释。例如经典名句、名段、名篇，或是一句好的歌词、精妙的广告语、精彩的电影对白、创意的宣传标语等就是活化的诗语，都可以引导学生领悟其表达意蕴及形式，让学生活学活用。其三，向生活学习，及时把自己对生活的感悟用一句话或一段话的形式表达出来。这些经过自我内化的语句，集腋成裘，久而久之，都会成为作文立意、构思的素材，甚至彰显操作的智慧。

第三，轮写作文，聚集学生群集的能量。为了调动学生群集的力量，尤其吸纳集体的智慧，诗意作文教学强调发挥“自主+互助”学习效应的轮写作文。所谓的“轮写作文”，指的是教师有计划、有步骤地开展以小组为单位的“个体+小组”的循环式作文。主要的操作流程是：其一，教师每次作文根据分组情况每组只发一个作文本，当各组拿到作文本时，组长在本子扉页上写上组员的名字，名字的顺序就是轮写的顺序，然后在作文本“姓名”栏写上本次作文的训练内容或主题。其二，教师讲解本次作文训练的要点，组长记录下来并根据题目的难易程度给予本组组员不同的提示，例如：×××组员在本次写作中要求灵活运用到描写手法，或者×××组员在写作过程中应注意文章的具体结构等等。所有的要求都写在作文本的第一页，标题是“组长小提示”。其三，按照组长每次排定的顺序开展组内轮写。第一个同学写完后将作文本传给下一位同学，第二位同学写作的时候做好两件事情，一方面对上一位作文进行基本的评价，尤其修改他的错漏、错误；另一方面模仿或改造自己欣赏的语句，并写上欣赏、改造的理由，然后才开始自己的作文写作。依次类推。其四，老师提供批改标准，小组长召集小组成员针对本次作文批改标准进行优缺点评价并分出等级，尤其提炼同学间欣赏、改写有思想、有个性、有特色的典雅语句，提交班上竞选的“金句”。其五，教师汇总学生的“金句”，让学生个体或小组讲解理由，分享写作经验。比如，王不了老师布置学生写有关景物描写的作文，学生轮写的时候，就有这样的模仿与改写：

原句：风停了，雨息了，静静地倚在书桌上发呆。从屋檐上滴落在积在窗槽中的水中，漾起的水波却激不起我心中的涟漪。

生改：此刻，雨疏风骤。静静地倚着书桌发呆，窗檐上雨珠滴落在我头上，还来不及溅起水花便被黑丝瞬间吞没。

原句：举头仰看那深邃的苍穹，墨绿的矮山上方游荡着几朵团状物，颜色从中间始，向上下两端由浅至深地散开，这是大自然新作的一幅中国山水画，此时我的心绪也随之朝往事散开。

生改1：极目四望，黛色的山峦之上点染着浮云朵朵，时聚时散。这是大自然新作的一卷水墨山川图。我的思绪也随着画卷徐徐展开。

生改2：一朵木棉花萧然落下，与树叶触碰时发出“啦啦”的声响。但它不顾枝叶的挽留，义无反顾地往下落，在空中跳出最后的一段旋舞，最终落入青草的怀抱。

生改3：寂静的课室忽然传来一阵音乐，原来是调试广播的乐曲，柔和悦耳的旋律却久久地牵动着我的心，让我跳动的心跟它一起起伏跌宕……

生改4：天空宛如仕女醉酒后桃红的脸，被染红的云朵缓缓飘向西方。时不时有一只落单的鸟飞过，翅膀划出孤单的弧线。

学生在轮写作文中不知不觉地向同学学习：增添细节，让细节表现生活的真实；变换角度，让不同的角度体现为人的品质；使用修辞，让修辞增添语言的表现力；锤炼词语，把静止的语言化为动态的生命；调配句式，将长句短句、整句散句巧妙配合，营造文章的落差美，匀称美，音韵美，使文章绚丽生辉。总之，把典雅语言形式与诗意情怀熏陶、诗意思想提炼有机地结合起来，达到凸现个性特色，增强语言表现力的目的。

第三节　诗意作文教学设计及实践

当前，中小学生作文之所以出现“假（虚情假意，无病呻吟）、空（空喊口号，言之无物）、旧（俗气老套，缺乏新意）、同（人云亦云，克隆抄袭）”等形象，归因起来，学生受到过多以认知为凭借的作文技术与技法训练以及公共话语的言说方式训练，缺乏“德言同构”的为人训练，也缺乏诱发生命感动的、真挚而微妙的个体生命体验，更缺乏鼓励创新的有个性的典雅语言训练。为了解决这个问题，诗意作文教学本着德言同构的基本原理，尊重学生天生就是诗人的事实，回归语文的言语实践本体，在课堂教学中开展有层次、有序列的熏陶诗情、启迪诗思、导引诗行、积淀诗语训练。

一　诗意作文教学目标设计

正如上文所论述的，诗意作文的核心理念就是“德言同构”，即让学生在自我或群体的言语实践中立言、立德与立人。在进行诗意作文教学目标的三维目标设计，首先就要把握这一核心理念。“人之所以为人者，言也。人而不能言，何以为人？言之所以为言者，信也。言而不信，何以为言。”这说明道德与语言的关系是圆融互摄的：语言是德性的物质外壳，而德性则是语言的自然生成。诗意作文教学根本目的就是：在言语实践中促进语言和德性同构共生，语言训练和学生的人文精神培育，即德性发展同步进行，二者水乳交融，达到圆融互摄的效果。基于这个目的，诗意作文目标设计的三个维度自然有如下几个部分：其一，知识能力目标：指学生作文所包含的文体知识、写作能力等基础性内容，全体学生应该掌握的静止的、是什么的陈述性目标；其二，情感态度目标：指作文教学内容所包含的思想品德、人文素养的解读、识别与培育，是学生为人、为文品质的活性的、为什么的实践性目标；过程方法目标：指学生融会贯通学习语文作文知识、训练作文技能、涵养思想品德后进行语言习得与运用的言语实践活动的效度与水平的程序性、策略性圆融目标。例如笔者及其学生在研讨《我把幸福告诉你》作文教学设计的时候，设计如下诗意作文教学目标：

知识能力目标：通过把幸福抽象概念具象化来加深对幸福的理解，学会典雅而有个性的语言的表达，力避机械模仿。

情感态度价值观目标：每一个学生在认识幸福是什么、名人的幸福观、体验他人的幸福以及感悟幸福的来源的过程中理解幸福，获得幸福，分享幸福。

过程方法目标：学生在体验一种情，说好一句话，到写好一段话以及完成一篇文章的言语实践中认识幸福、理解幸福、获得幸福，做到“天道与人心的自然圆融”。

教学重点：对幸福是什么的理解

教学难点：将幸福含义的抽象性化为人、物、情的直观性

“仁义礼智，非由外铄我也，我固有之也。”（《孟子·告子上》）从这个目标体系看，知识能力、情感态度价值观以及过程方法三维是彼此圆融和互摄的关系，“诗意作文教学”就是诱发、唤醒写作者内心的诗意，借用语言文字表达出来的一个活动。

二 诗意作文教学内容设计

论及作文教学内容设计，把基础教育阶段的课程标准对于中小学作文教学内容要求概括一下，不外乎如下几个方面：其一，小学作文既要培养学生用词造句、连句成段、连段成篇的能力，又要培养学生观察事物、分析事物的能力。小学以学写记叙文为主，也要学写常用的应用文。应要求学生作文有具体内容，有真情实感，有中心，有条理，有重点，能展开想象，注重选词用语，写完以后会修改。其二，初中生能写记叙文、简单的说明文、议论文和一般应用文，做到思想感情真实、健康，内容具体，中心明确，条理清楚，文字通顺，不写错别字，正确使用标点符号，格式正确，书写规范、工整；初步养成修改文章的习惯。其三，高中生应养成观察、积累和思考的习惯；能根据需要展开联想和想象，能理清思路，确定中心和写法；能恰当运用各种表达方式写一般实用文；能用规范、简明、连贯、得体的语言表情达意。[①] 语文课程与教学论研究专家朱绍禹先生提出了三点要求：其一，内容要恰当；其二，内容要充实；其三，教学内容

① 闫萍等主编：《语文比较教育》，广西教育出版社 2006 年版，第 34 页。

要做到重点突出，难点分散，疑点明确。① 所谓的内容恰当，就是作文教学内容设计要切合教学目标的要求，而教学目标是基于学生作文心理以及训练需要对教学行为及其结果的预设，因此，作文教学内容必须贴近学生，有利于诱发学生内心的感动；所谓的内容充实，就是任何作文教学内容都不是显性的、陈述性知识的传授，还应该是缄默的、程序性知识以及活性的、在场的实践性知识的圆融。所谓重点突出，难点分散，疑点明确，诗意作文教学内容设计倡导以一种符合人性基础的以善统真、以美促善的“诗”般的方式去审视根据任何版本教材有关习作或写作教学内容，但任何教学内容都要开掘出本次作文训练的文体知识能力点、学生为人的德性培育点以及语言表达的言语实践点，做到教师在教什么、如何教与学生学什么、如何学和言语实践的过程方法训练点“三路”统一。

（一）教师“教路”的设计

从教师的角度看，在作文教学活动中，教师的责任和信念应该是以生活之真顺自然之性，教师之善养学生之德，以课堂之美怡学生之情，以科学之理明学生之心。教师在作文教学活动充当什么角色？有哪些活动呢？首先，教师是研究者，要研究研读教材，确定习作或写作训练的主题，设计合乎诗意语文教学的目标；然后是导引者，通过“立象造境，入情会意”诱发学生心灵的感动，引导他们和自然、社会、自我相遇、相认、相融，对学生进行为人品质的训练以及言语实践的设计与实施以及教学评价；最主要的角色还是示范者，言语表达的示范者，句子、段落及篇章构思的示范者。

作为研究者，目前在小学作文教学，教师存在的问题是缺乏有效的、先进的作文教学观念的指导，对教材缺乏个性的解读，不能根据学生的需要去提炼训练主题，比如涉及环保问题，教师的作文教学主题就变为“环境保护”；教学目标设计知识能力维度缺乏写作训练点，往往与情感态度目标雷同，过程方法目标缺乏言语实践的过程，往往简化为写作手法的讲解以及“教师命题—要点讲解—范文介绍—学生写作”公式化的流程。作为“导引者”，目前在中小学语文教师尚未意识到自己导写的任务与内容，在教学情境设计方面，情境单调，难以诱发学生心灵的感动；在句子的写作方面，缺乏句子教学的具体指导，不能根据诗性智慧的原

① 朱绍禹主编：《中学语文课程与教学论》，东北师范大学出版社2006年版，第188页。

理导引学生写出有生活图景且融注自己真切感情的、富有个性特征的语句；在段的写作方面，只会提出段落简单的结构要求，缺乏必要的思路与变式指导；在篇的写作方面，缺失或缺乏，往往是直接提要求，缺乏分步言语实践。作为“示范者”，目前中小学语文教师普遍缺乏和学生一同写作文的习惯，因此，语言表达的示范，教师切合年龄段学生的特点不够；内蕴思维的示范：教师局限在抽象的公共规则，缺乏创意的、灵动的思维示范；内蕴品质的示范：教师对作为德性榜样对学生为人的训练缺乏意识。

针对教师角色的错位和功能发挥的不足，笔者把教师诗意作文的“教路”确定为授之以知、动之以情、启之以思、导之以行。如图 9—2 所示：

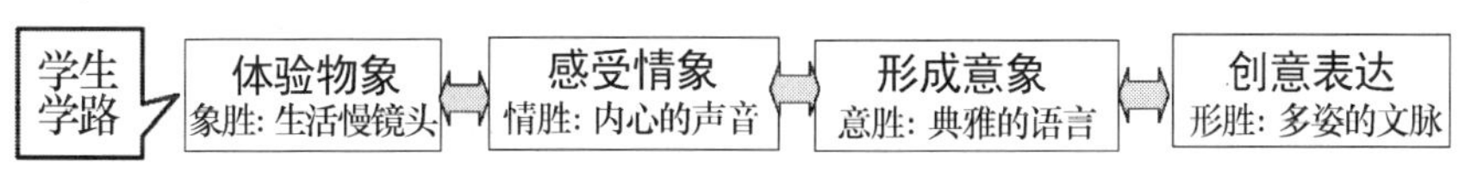

图 9—2

1. 授之以知，展现生活的图景

所谓授之以知，不是机械地讲授作文教学知识，而是通过营造情感场，展现生活的图景，让学生在生态体验中去获得为人与为文的知识。比如，笔者指导学生郑贞晓根据人教版语文三年级下册语文园地六的习作教学去设计“未来之旅”的习作训练，该内容是在学习了《太阳》和《月球之谜》等科学性文章后，鼓励学生发挥想象，畅想未来的世界。我们首先播放有关科幻图片，引导学生进行想象，然后推出神奇的阿童木，以他作为未来之旅的导游，在此基础上设计一个神奇的带翅膀的飞船招引学生上船去探索 2030 年的未来世界。学生在探索未来房子、交通工具、服装以及学校的过程中自主设计、自主获得科技改变人类社会、人类生活的知识和能力。

2. 动之以情，熏陶诗意的情怀

所谓动之以情，指的是在展现生活图景的基础上诱发学生的内心感动并在动情中感受德性之善。比如笔者指导学生陈璐燕同学根据人教版小学语文教科书三年级下册语文园地五训练要求，在口语交际的基础上，用一两件事，写写父母对自己的爱，或是发生在自己和父母之间的感人的事，要求表达学生的真情实感。她针对学生忽视父母关爱的普遍现象，将教学的内容设计为“笋根雉子无人见，沙上凫雏傍母眠：皆自然草木虫鱼飞鸟之爱叩击学生心扉”、“哀哀父母，生我劬劳：感受来自父母的爱”、“谁言寸草心，报得三春晖：生发至美的感恩之意”三个环节。也就是导引学生在语言符号层、意象世界层、意蕴超验层三层诗意流中引发生命感动，对自然归真的父母之爱与人类社会父母求善之爱以及自我至美之感恩之爱，并进行反思式表达。

3. 启之以思，感悟诗意的哲理

所谓启之以思，指的是在展现生活图景、熏陶诗意情怀的基础带引学生去品味善心、理解善意、把握善行隐含的道德品质及为人的意义。比如，小学生，甚至中学生在作文的时候，缺乏诗性智慧，既不会对所写的内容进行图景的拓展，也写不出内心的感动，于是写人物常常出现贴标签的现象：“我奶奶是一个勤劳的奶奶”、“我妈妈是一个乐观的人”。如何让学生感受人物行为、外貌背后的善心、善意、善行，这需要教师启迪诗思呢？诗意作文教学采取的策略是——调动学生的全感官体验，进行反思性言语实践表达。请看如下片段：

当我面对那冰冷的针头，
我感到________________；
当针头扎进我皮肤的一刹那，
我觉得________________；
打完针，看到护士阿姨的微笑，
看到妈妈紧张得冒汗的额头，
我忽然觉得________________，
其实________________________。

在这个言语实践中，不用老师絮絮叨叨地讲解作文的主题、立意，学生会通过自主的嗅觉、味觉、触觉、视觉等感官器官的联觉活动自然领悟为人的品质与意义。

4. 导之以行，促进诗意的践履

所谓导之以行，就是引领学生感悟写作内容所隐含为人品质与生活意义的基础上，根据自己的感悟去规范自己的言行，践履作文教学获得的人生经验。简言之就是让作文教学内容与学生自身生活发生切己的联系。比如笔者指导学生设计“感受父母之爱”的最后环节，让学生去践履爱的诺言。请看教学片段：

师：你出生后，父母耐心地等待着你对他们说出一声“爸爸，妈妈”；过了几个月，父母等待着你能学会走路；过了几年，父母等待着你能开始慢慢懂事，开始慢慢学会独立自主。但是现在，我想他们已经不必再等了，是吗？我相信你们一定想有所作为了！

出示 PPT：

周末的早晨，我可以________________。

当母亲在厨房忙碌时，我可以________________。

当父亲拖着疲惫的身子进门时，我可以________________。

（二）学生“学路”的设计

美国当代文论家 M. H. 艾布拉姆斯在《镜与灯——浪漫主义文论及批评传统》中提出了文学活动世界、作者、作品、读者构成“四要素”说。在这四个要素中，起决定作用的是作家，是作家的主体性。因为如果说社会生活是文学创作的客体，那么“作者”就是文学创作活动的主体。社会生活材料需要创作主体的观察、认识、体验、感悟，才可能进入文学作品中；文学作品需要创作主体进行艺术构思和艺术表现，才可能形成其文本形态；读者作为接受主体或消费主体，也必须要有创作主体为他创造作品或生产作品。从系统论的角度看，中小学作文教学也可视为一个教师与学生面对作文世界—客体、作文载体—语言、作文受体—读者创造性运用语言符号的整体运动。在这个系统尽管老师是作文教学的主体，但作文教学的出发点与终极关怀最终指向的是学生。因此，建构诗意作文的教学内容，也应该认识学生的主体地位并充分发挥学生作为主体存在的主体性。学生在作文教学中充当什么角色？有哪些活动呢？他们首先是相遇者，尽管客观世界外在于学生存在，但学生作为作文的主体，他或她可以凭借与生俱来的诗意的灵性去发现、对接、圆融来自自然、社会、自我等让心灵震动、震撼的信息，进而产生与自己情感需要、与自己生命成长的表达冲动；其次，学生是探索者，作为探索者，除了接受教师教授的写作技法、写作理念等指导外，他们更愿意自己走在为人与为文的探索路上去探索人与自然、社会、自我生态隐含的为人与为文密码；最后，学生还是实践者，作文知识、作文能力以及写作立意、构思这些写作的构架或支架需要学生自主言语实践，才会内化为学生自己创造性运用语言符号的智慧。

作为“相遇者”，中小学作文教学存在如下的问题：其一，教师置学生为写作知识接受者的地位。写作技法是教师预设的，写作要求也是教师根据自己的经验规定的，学生视这些技法与要求为圭臬，其结果只能是机械的运用，达不到个性化创作的高度，写作成为技术化、工业化的生产场。其二，教师规定的写作流程、提纲代替学生的相遇。就如同跑马场，所有的跑道是恒定的，学生只要在固定的作文之路行走，其结果自然是“千人一面，众口一词”。其三，学生的相遇只是验证老师的相遇。中小学老师习惯讲解作文主题、立意，习惯根据成人化认知结果去划定写作提纲，导致学生相遇到的自然、社会与自我无不打上教师的印痕。作为“探索者”，教师奉经典作家或权威作文为圣经，用名家作品代替学生的自我探索，表面上看为学生作文提供了写作的蓝本，实质上剥夺了学生作为探索者获得心灵感动、人生奇异风景发现的权利，学生即使有探索，由于缺乏作家的生活厚度与修养的高度，也演变成肤浅的认知与机械的模仿。作为“实践者”，中小学作文教学存在的问题是：由于学生缺乏自我相遇、探索的机会与能力，最后的言语实践自然只能说公共的话语而不能自然而然表达体现自己个性、体现创造性运用语言符号智慧的话语；其言语表达有时显得与其年龄特点极不相符的成熟与市侩，产生不了德言同构的效果。

笔者主张站在学生的角度，吸纳中华民族“呈于象，感于目，会于心”（《原诗·内篇》）的诗性智慧，尊重学生写作的心理规律和作文本身的规律，把学生的作文之“学路”确定为体验物象、感受情象、圆融意象、创意表达。如图 9—3 所示：

图 9—3

1. 体验物象：看得见生活的慢镜头

诚如上一节所论述的，任何一篇能够感动人心的作文，评价的标准大体离不开内容、思想情感、语言表达和结构形式几个维度。借用中国传统诗学的词汇表达不外乎“象胜、情胜、意胜和形胜”。其中，所谓的象胜，就是作文有生活的质感，文章体现的是立体的生活，体现生活的细节。这就等同于摄影，大凡高明的摄影家，他用镜头说话，说的是立体生活中令人感动的故事，尽管呈现的只有一张照片，但在场的信息往往会牵引读者去还原镜头背后活动的图景。因此，作文教学在内容开掘这一环节，首要的任务就是如何让学生就像摄影一样，看得见生活的慢镜头，捕捉生活故事和细节。主要的教学策略有：其一，图片倒影，即教师有机地选择简单的图片，让学生瞻前顾后想象联想与图片有关的前情与后事，变平面的图片为连续的、有情节的立体生活。其二，图景演绎，即教师引导学生根据一个动作，去演绎连续的动作；或一个人物演绎与该人物有关的生活场景，等等。其三，冥想想象，即教师让学生闭上眼睛回顾自己的生活，把感动心灵深处的一句话、一个动作演绎成有情节的故事。比如，教师引导学生回想每天上学时母亲不厌其烦地叮嘱“路上要小心”的时候发现的系列动作；父亲每次外出挣钱时走出家门流连忘返的连续画面。其四，修改演绎，即化抽象的概述为图景化的描写，目的在于让学生心灵的眼睛所拍摄生活慢镜头细节纤毫毕现。请看钱玲玲设计的习作片段训练：

生（PPT 呈现）：干涸的土地里长出了一棵小草。

生（修改 1）：许久没有下雨，土地上的植物都渐渐枯萎死去，然而一棵小草在这样恶劣的环境中冲破了坚硬的阻碍，绽放出鲜绿的光芒。

生（修改 2）：干涸的土地，妈妈轻轻地抚摸小草的头说：“孩子，我这里不适合你生长，放弃吧。”小鸟盘旋在天空中好心地劝说：“小草，快放弃吧，这里没有水，你会渴死的。”一只路过的鼹鼠嘲笑地说：“居然想在这里生根发芽，真是异想天开。”小草没有理会他们，只是凭着心中的执念，努力往上长，终于穿破了土地。

2. 感受情象：听得见内心感动的声音

我国古代著名的文艺理论家南朝梁代的刘勰（约 465—约 532）认为

“夫缀文者情动而辞发”（《知音》）。从写作者而言，情动是语言表达的原动力，是创作的血液。作者只要打开情感的闸门，其胸中勃发的激情会促使他奋笔直书，妙笔生花。从文本本身而言，“情者文之经，辞者理之纬；经正而后纬成，理定而后辞畅，此立文之本源也”（《情采》）。这说的是任何佳作，情感的表达在全文占住主要的地位，是经；语言以及文辞是纬，占住的是次要地位。情感的表达是否真切、自然不仅决定文章内容之真，还决定了文辞之美。不少学生一到写作文就咬笔杆，搜尽枯肠，仍平淡乏味，推究起来，主要的原因有二：情感没有很好地调动以及情感表达不善。诗意作文探索的策略有：其一，熏陶诗意情怀，搞好情感积累酝酿工作。教师作文教学之始，一方面注意情境的营造，引导学生充分体验情境所隐含或熏染的情感；另一方面要引导学生用自己的双眼和身心去观察和感受生活，从平凡的人、事、物中感受真、善、美的情感。其二，捕捉动情点，搞好学生写作中的情感迸发工作。即教师通过富有生活图景的图片、实物并辅以音乐、美术等元素去调动、激发学生的情感共鸣，并化情感的动情点为写作思维的开阔点、表达点。其三，训练赋比兴方法，学会情感的表达。所谓赋比兴，就是直接表达情感、暗示情感表达以及隐喻情感表达。不论是哪一种情感表达，均应做到写作者自然听得见内心的感动。比如人教版三年级下册习作《感受父母之爱》训练，教师呈现美国以华人父亲为儿子撑伞而自己湿透衣衫的背影图片，自然激发学生的情感共鸣。然后，教师连续播放母亲为孩子系鞋带、为孩子讲故事等画面去触发学生内心的情感感动。在此基础上，教师抓住情感表达的方式训练点，让学生去选择合适的情感表达。学生不仅捕捉、感受生活琐事里隐藏的父母之爱，并能够自然生动地把这种爱表达出来。

3. 圆融意象：让典雅的语言亮丽生辉

学生在体验物象、感受情象的基础上，关键还是要物象与情象水乳交融地结合起来，因为意象就是有形的物象与无形的情象的合金。学生的作文本质而言是借助语言文字符号表达内心感动的活动，离不开由言到意与由意到言多重转换的言语实践活动。由言到意，是学生倾听生活、理解生活的过程，是学生自我的符号世界与外在的生活世界走向视界融合的过程；而从意到言，是感受、认知的倾诉、表达的过程，是内在体验转化为外在的语言表达的过程。这过程倘若缺少“象”，学生内心的情感缺乏依托、载体，成为抽象的表白；倘若缺乏情感，生活的“象”又会变成干瘪的、没有灵魂的图片。作文教学显然不是简单的物象体验与情象的感受，而是物象与情象的“圆融”。而诗意作文教学强调采取典雅语言训练的方式，让学生在言语实践中自动、自觉地将自己模糊的、隐约的情感熔铸到物象上去，最后用意象表达出来，或拓展同质意象，或关联相近意象，或突破相反意象，体现创造性运用语言符号的智慧。比如，仍以人教版三年级下册习作《感受父母之爱》训练为例，学生体验到父母之爱的图景，而技法内心的诸如感恩之情，怎么让学生创造性表达出有关“亲情”的意象呢？教师采取示范引路，学生模拟改造的策略，设计如下言语实践，自然达到意象表达亮丽生辉的效果。

【老师示范】：

亲情，是一坛陈年老酒，甜美醇香；亲情，是一幅传世名画，精美隽永；亲情，是一首经典老歌，轻柔温婉；亲情，是一方名贵丝绸，细腻光滑。

亲情，是________，________；是________，________。

【老师示范】：

亲情，它是风雨中的一把伞，为你遮风挡雨；亲情，它是冰天雪地的一堆篝火，为你祛除冬天的寒冷；亲情，它是荆棘荒途上的一朵玫瑰，为你挫折时送来芬芳。

亲情，它是________，为你________；________。

4. 创意表达：让文章的形式摇曳多姿

体验物象、感受情象以及圆融意象均属于学生写作内容设计的内容。任何文章的构成，无论是整篇文章，还是一句话的表达，除了内容外，还需要切合内容的形式。所谓文章形式指的是写作者把内容诸要素统一起来的结构或表现内容的方式。简而言之，就是写作者对客观物象的主观认识与内心情感的文字表述。如果把文章比成一座准备建造的大楼，那文章内容就是大楼的建筑材料，而文章的形式就是建筑设计的蓝图及建筑材料运用的方式。通俗而言，文章内容指的是写什么；文章形式指的是怎么写。清代李渔在《闲情偶寄》中说：“至于‘结构’二字，则在引商刻羽之先，拈韵抽毫之始，如造物之赋形，当其精血初凝，胞胎未就，先为制定全形，使点血而具五官百骸之势。倘先无成局，而由顶及踵，逐段滋生，则人之一身，当有无数断续之痕，而血气为之中阻矣。”这就是说，文章形式具有很重要的地位与作用，它不仅使“五官百骸”相关，更使文章物象与情象“血肉”相连，文章有了合适的“形式”，文章的物象、情象以及具有“灵魂”、“主题”意蕴的意象才会得以得体的呈现。什么是合适的形式？切合内容表达的形式就是合适的形式。如何达到合适，其实就是要改变学生千人一面的结构表达方式，诗意作文常用的策略就是鼓励学生有创意地表达，即在教师搭建形式的支架基础上，鼓励学生在模仿的基础上去变式改造，乃至创新式表达。

（三）言语实践的“文路”设计

中小学作文教学之所以成为“老大难中的老大难”，从教师的角度看，教师没有摆正自己的位置，把握自己的角色定位，要么缺乏指导，要么指导过度：缺乏指导容易把“作文教学”当作“布置任务”，把“要求”当成“指导”，把“分数”当成“评讲”；指导过度又容易把“教师意旨”当成学生“思想”，把“写作规则、技法”当作“训练内容”。从学生角度看，学生缺乏写作的主体地位，其角色自然成为教师写作知识灌输的接受者和写作规则与技法的机械模仿者，学生的写作自然难以焕发潜藏于心的内在感动，语言表达浮于表面。写作是创造性运用语言文字符号反映客观事物、表达思想感情、传递知识信息的创造性言语实践活动。欧阳修《卖油翁》刻画了一个卖油技艺十分高超的老头形象，其卖油技艺之所以达到出神入化的地步，借用他的话来说“我亦无他，惟手熟尔”。中小学作文教学尽管离不开作文知识、技法以及教师指导、点评等因素，但这些因素之所以能够综合发生作用的根本原因在于言语实践。因此，中小学作文教学要攻克“老大难”的世纪难题，除了设计好教师的“教路”、学生的“学路”，还需要认真思考每次作文训练、能够促使学生“惟手熟尔”的言语实践“文路”，让学生走在言语实践的路上，去相遇自然、相遇社会、相遇未曾遇见的自然而然发自肺腑的感动。

针对中小学作文本体的错位，诗意作文教学回归言语实践本体，倡导作文教学的过程就是教师学生双主体基于特定作文情境进行的主体间性的对话交流、言意多重转换，进而生成诗意的综合性言语实践活动，把诗意作文的“文路”确定为归真、求善、至美、圆融。如图 9—4 所示：

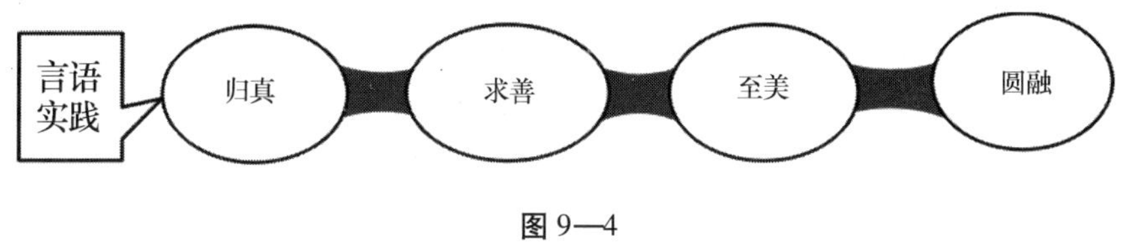

图 9—4

1. 归真：写好一句

所谓“归真”，就是写出自然的诗意。从写作主体看，指的是学生秉持真诚的写作态度、纯真的本性去表现内心的自然感受与感动；从写作内容看，指的是学生反映或表现的内容是真实的生活；从写作思想认识论的角度看，指的是海德格尔所倡导的“无遮蔽的澄明”的存在，是思想与事物、语词与世界的一致。无论从哪个角度看，中小学生能够在写作中保持“真诚”的“本性”，“真实”地表现生活，“真情”地表达自我感动是写作的基础，也是写作的灵魂，缺乏了真实的生活、真情的表达以及真确的认知，再优美、再华丽、再有文采的文章，都如沙子垒起的“高楼大厦”，尽管像模像样，但缺乏坚实的基础，很难经得起时间风雨的考验。诗意作文视“归真”为作文教学的起点，那么，如何引领学生写作“归真”呢？总的策略是“写好一句话”去获得真情的自然感动、去反映生活的真实、去探究现象背后的真相与真理。

首先，诱发自然的感动。宁波大学硕士研究生龚倩慧设计《阳光照进心间》习作课的导入环节，播放自然阳光的图片，引导学生通过观察自然的阳光，获得自然的感动。教师示范表达出“清晨的阳光是田野间一颗颗晶莹闪耀的露珠，在绿草间细细汇聚”，学生自然也可以获得“午后的阳光是一位位舞姿摇曳的精灵，在天空中翩翩起舞”、“傍晚的阳光是一缕缕飘香的炊烟，在天空中召唤归家的人早日回家”诸如此类的自然感动。其次，表现自然的诗意。即让学生在真实的生活情境里进行图景思维的训练，化简单的动作为有情节、有画面的图景。教师可以直接设计“早晨，太阳缓缓地从东方升起来了。听，小鸟唱起了欢快的歌。我拉开了窗帘，阳光就……”这样的言语实践，让学生直接还原阳光视域下的生活真实，在学生初步表达的基础上随机指导学生做语言表达的加法，即在有自然阳光的背景下，加上物体、人物、人物的动作、神态以及情感。学生自然就能够把阳光跳进房间的场景以及人物真实的感情表现出来。再次，获得真切的认识。主要的策略是教师通过引导学生化用名人的诗句，或由表及里、或去伪存真的言语实践获得对表现对象的本质认识。比如教师吟诵“日照香炉生紫烟，遥看瀑布挂前川”等诗句，引导学生思考、探索“什么是阳光”与“阳光是什么”的言语实践，学生结合自己体验的阳光以及诗人诗句的理解，自然可以写出这样的句子：“那刺穿云块的阳光就是根根魔术师的金线，纵横交错，把笼罩庐山浅灰、蓝灰的云雾缝成一幅紫烟袅袅的图案，把飞流直下的瀑布编织成天空悬挂的锦缎。”从这可以看出，自然之阳光是具体之物，人人见之，最易入手。

2. 求善：写好一段

学生在写一句话的时候，不仅触发内心自然的感动，还做好了提炼主题、调动写作经验等工作。而所谓“求善”，就是写出社会的诗意。从写作主体看，指的是写作者带着诗意的眼光去审视周围世界，尤其寄予人与社会以积极的关系，赋予人间以温暖的情怀；从表现内容看，指的是着力表现写作对象的诚实、宽厚、善良、无私、平和、廉洁等优良品德；从写作思想认识论的角度看，指的是人的行为合乎礼义法度、利益他人。中小学的写作不仅仅是写作技能提升、写作手法娴熟的活动，还是德言同构的活动。我国源远流长的诗意文化里历来倡导“文道统一”，反映在作文里，“说”与“在”、“言”与“行”等要素不仅与写作者的德性关联，这些要素还会融入整个言语实践过程，并制约着写作者的语言表达方式，也就是说作文里“说”以及如何“说”实质上就是“立言”与“立德”的统一。这也就意味学生作为社会中的人，写作有助于他们社会对象的道德化。如何促使学生的作文内容乃至主题求善？诗意作文常用的策略就是“写好一段”去体会社会的善心、去表现切合社会积极意义的善行，去探究人与社会关系背后的善意。

首先，展现人间的生活图景。比如《我有一朵七色花》习作教学设计，设计者借助虚拟的珍妮这一人物口吻介绍一幅幅展现发生地震、洪水自然灾害以及西部贫穷的画面，然后，让珍妮给每一个学生一片七色花瓣，让学生开展“当什么时候，我会干什么，然后扔出我的花瓣，并说出自己的心声”这样的言语实践，学生自然会写出诸如此类的一段话：“看到了一位有着明亮的黑眼睛的可爱男孩，可是小男孩的腿脚不便，于是，我小心翼翼地撕下最后一片青色花瓣，说：‘飞吧，飞吧，让这个小男孩健康起来吧！’”“当看到大街上堵得水泄不通的时候，我会撕下一瓣红色花瓣，扔出去，说：‘飞吧，飞吧！快让交通畅通吧！’”其次，捕捉内心的生命感动。即让学生围绕写作主题以及写作内容通过回忆、想象捕捉饱含善良品质的画面与细节。比如宁波大学俞佳辰同学在设计人教版三下《感受父母亲情》的习作指导时，首先引导学生学生回忆自己与父母的温情时刻，以及品味当时的心理活动。然后，鼓励学生把能够感动自己的此情此景化作文字。学生从“我与父母间印象最深刻的事是，父亲在大冬天为我买烤红薯”一件事里，自然而然转化为一段生活慢镜头的演绎：那一年的大冬天，雪花纷纷扬扬地飘落下来，路上的行人都迈着匆匆的脚步，我和亲爱的父亲并肩走在马路旁。天真的好冷，我不停地搓揉小手，小拇指上的一颗冻疮还在隐隐作痛。父亲似乎察觉到了我的不舒服，四处张望着。突然，他加快了脚步，我赶紧追赶上去。原来，父亲发现了一个卖烤红薯的小摊，他掏出钱买了两个烤红薯。一转身，他把其中一个塞到我手里，还用手捂住红薯说：“这样就不冷了吧，等会儿还可以吃，可甜了。”父亲的脸上浮现一丝小小的喜悦和骄傲，我望着他也笑了。我的父亲就是这样，虽然不会过多地表达情感，却常常会带给我暖心的惊喜。最后，隐含或明确表达内心德性的声音。即在表现生活的慢镜头的同时自然而然、或隐或现地表现所写对象的品质以及自己合乎德性的情感。比如，《阳光照进心间》习作设计，教师展示大自然中阳光在森林里、在树林间、在悬崖上、在海平面的情形后，随即展现在学校里师生礼貌地问好、在大山里大学生支教、在公交车上让座给老人以及在医院母亲关切注视儿子等图片，学生一下子就能够感受这些图片饱含的善心、善意与善行，并自然把这些画面扩展成一段完整的话。当然需要指出的是教师在引导学生求善的同时要鼓励学生创造性地表现德性的声音，更要有巧妙渗透段落训练意识。

3. 至美：写好正思与反思

通过“归真：写好一句”，意在触发学生内心的自然感动，调动写作的兴趣，创设写作的情境；而“求善：写好一段”，主要目的在于把学生的思绪引入具有生活化的生活场景，让学生在体验、揣摩具有社会意义生活图景背后的善心、善意、善行，不仅解决了“说”什么的问题，还解决了“如何说”的问题。但这些训练仍停留在客体的层面，这些写作内容、主题、立意尚未与学生自己发生关系。这就需要设计“至美”的言语实践内容。所谓“美”指的是客体的某种属性所具有的满足人的审美需要的特性。客体的某种属性所具有的满足人的审美需要的特性所谓“至美”，正如诗意语文内涵研究所论述的，就是让学生走在追求美、塑造美的路上，即写出切己的自我的诗意。从写作主体看，指的是写作者在认识自然诗意、感受社会诗意的同时，借助语言文字符号在和自然、和社会对话的过程中去塑造理想的自我，这个自我既是对自然归真的认识，也是对社会求善认识后自我感化的结果；从写作内容看，就是着力表现所写自然、社会内容之于写作者的影响与作用；从写作思想认识论的角度看，这是学生塑造个性以及个性化表达切己感受的结果。如何指导学生写出自我的诗意，其实质就是引导学生借助言语实践创造性运用语言符号写好与自己有关的反思与正思，让学生在反思与正思中塑造理想的自我。

首先，调动学生的全觉体验。即让学生的视觉、听觉、触觉等感官器官协同发挥作用，感受所写内容之于自己的影响。比如《伞下的阳光》习作教学设计，最后的环节教师呈现求善的片段：天空飘来一阵蒙蒙细雨，街上的人们陆陆续续撑起了五颜六色的伞。一位母亲抱着自己的孩子急匆匆地走在回家的路上。但可以看到妈妈的脸上洋溢着微笑，她正看着怀抱中的女儿，小女孩欢呼雀跃的神情，还把手伸到了伞外，一双好奇的双手被插上了想象的翅膀，好奇着为什么天会下起雨来哩！接下来，让学生开展“在伞下，我看到，我听到，我感觉到什么”以及“在雨中，我看到，我听到，我想到什么”的言语实践，由于全觉的作用，学生很容易勃发表达自己真切感受的冲动。其次，写出切合自己的感受。如果是积极的内容，就是要求学生写出自己从中获得怎样的经验；如果是不好的、消极的内容，那就变为如何吸取教训。比如，教师指导学生品味“蓝蓝的天上有阳光，小鸟飞得更矫健了”，他们很容易触类旁通，从自然阳光想到了自己的妈妈，感受自己妈妈给予他或她的爱与温情：妈妈的眼睛里有阳光，我生活得更快乐了。最后，表达与众不同的想法及践履自己的行为。目的在于引导学生塑造理想的自我。比如，学生写出父母给予自己的阳光后，教师可以设计体现学生践履自我诗意行为的言语实践，让学生在至美中塑造自己。比如，设计“当我看到父母疲惫的背影，我可以做什么”的言语实践，学生就可以写出这样的句子：“当看到他们疲惫的身影，我可以给他们递上一杯热茶，用茶的温度让他们暂别疲劳，用茶的清香带走他们的烦恼，用我的一份感恩让他们欣然欢笑。”

4. 圆融：写好一篇

从上面的论述可以看出，无论是写好一句、写好一段，还是写好切己的反思与正思，均属于分步的写作言语实践，真正的创作往往是一气呵成的，在经常性地做写话、习段训练后，也应该开展完整的篇的训练。这一方面需要遵循前文启迪诗意训练的原则，设计“见山是山、见山不是山、见山还是山”的言语实践；另一方面也要遵循行为主义程序性知识建构的原则，让学生在教师搭建常式的脚手架的基础上去创造性地圆融异构。美国著名教育心理学家布鲁纳根据维果茨基的理论，提出了“支架式教学”的教学法。所谓“支架式教学”指的是教师为学习者建构对知识的理解提供一种概念框架（conceptual framework）。这种框架中的概念是为发展学习者对问题的进一步理解所需要的，为此，事先要把复杂的学习任务加以分解，以便于把学习者的理解逐步引向深入。反映在诗意作文的范畴，就是教师应该基于篇、为了篇，搭建圆融前面环节“归真：写好一句”、“求善：写好一段”、“至美：写好反思与正思”的小步子为整体一篇的基本范式，然后鼓励学生在此基础上进行有创意的表达，到达“道而弗牵，强而弗抑，开而弗达”的效果。

首先，确定全篇的情感基调。无论写什么文章，如同弹钢琴，应该有情感的基调。因此，教师有责任在圆融一篇的时候，让学生学会说真话，诉真情，在写作时学会自我审视：对自己毫无保留的披露和剖析，对自己当初的错误情感予以反思、自责、忏悔，写出自己的歉意；写出自己如何在情感的激流里洗净灵魂的污垢；写出自己内心的感动。其次，创新全篇标题与段落小标题表达形式。标题之新，既是学生符号智慧的体现，也能激发读者产生期待效应，小标题还可以产生串联全文感情、内容的效果。开拓的途径有如下几个方面：其一，活用词语结构，变单音节词语为双音节词语，或每个小标题三词语式；变名词性词语为物线与情线交融的动词性短语。其二，挖掘标题功能，凸显中心的，不妨拿中心词或短句作小标题；凸显线索的，不妨将线条的词语或短句来作小标题。其三，化用不同范畴的词语。小标题的词句可以为歌名、文章名、名著名、词牌名、古诗名、药名以及富有内涵与意味的伟人名、地方名，等等。再次，给文章戴上美丽的项链，即在作文题目之后，正文之前的一段文字，吸引读者，引导读者思考。再次，确定体现思维灵活性的体裁。即根据归真、求善、至美的诗意善于选择书信、微博、剧本、日记、电影拍摄、寓言等等体裁。最后，关键还在于让文章结构摇曳多姿。文章的主题犹“帅也”，如人之“灵魂”，文章的材料犹如人之“血肉”，而文章的结构恰似人之“骨骼”。

因此，教师给出一篇文章的常用总结段式结构的时候就应该鼓励学生创造性地选择、创造“并列组合式”、“逐层递进式”、“镶嵌标题，跨越组接”、“回环反复，双线交互式”等结构。

三 诗意作文教学过程设计

关于作文教学过程，尽管基于不同的教育学、心理学理念，自然会产生不同的观点、模式，但其基本要素均离不开教师、学生、作文材料等要素。诗意作文教学基本言语实践的本体观，认为诗意作文教学过程指的是教师引领学生在言语实践活动中行旅、寻找、相遇人与自然、人与社会、人与自我的归真、求善、至美的思维体操活动。诗意作文教学环节设计自然也就是在言语实践中促使学生与文本、作者、同学以及生活进行对话。实施诗意语文教学流程设计重点在于：“授之以知、动之以情、启之以思、导之以行”的“教路”；“体验物象、感受情象、形成意象、创意表达”的“学路”以及“归真、求善、至美、圆融”的“文路”的统一。如图 9—5所示：

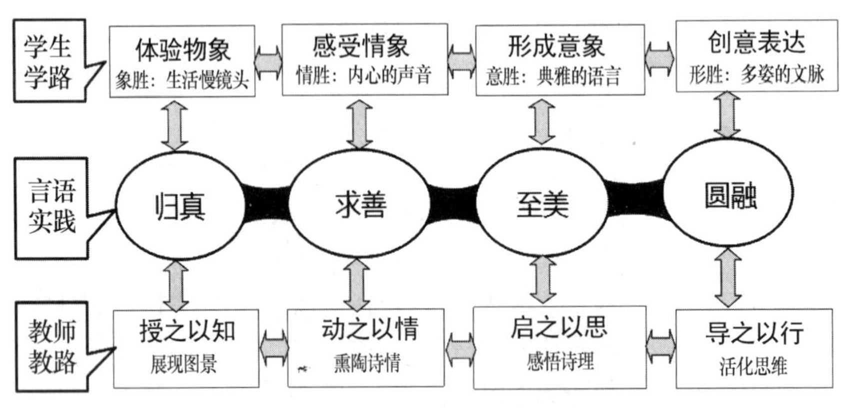

图 9—5

教学主要环节基本构成如下：第一环节，动情体验，构建一个诗意场；第二环节，启思探究，发现或建立诗意的视角，引出写作主题；第三环节，导行表达，围绕主题进行分步言语实践，展现人生的美丽风景与逐步形成诗意智慧；其中重点在于“归真：写好一个句子”—“求善：写好一个段落”—“至美：写好一个正思与反思”；第四环节，思维体操，典型案例展示与赏识，践行诗意化的行为法则，重点在于训练学生搞好作文形式与布局并连段成篇；第五环节，自主实践，在自主合作中写出个性与新意，进行反思性表达与审美观照，变欣赏诗意为立美诗意。针对不同的写作主题与内容，这些基本环节可以进行创造性的变换，比如《旅行——遇见美好》教学环节就可以演变为：其一，创设情境导入：熏陶诗意的情怀；其二，典雅语言训练：认识至美的旅行；其三，触发心灵感动：体会求善的旅行；其四，诗意思维训练：寻找归真的旅行；其五，典雅习作圆融：寻求最炫的表达。

参考文献

一　中文著作

［1］王慧琴：《语文本体教学的实践与思考》，宁波出版社 2010 年版。

［2］［意］维柯：《新科学》，人民文学出版社 1986 年版。

［3］［西班牙］卡米洛·何塞·塞拉：《为亡灵弹奏》，李德明、林一安译，漓江出版社 1992 年版。

［4］叶圣陶：《叶圣陶语文教育论集·语文教育书简》（下册），1964 年。

［5］刘士林：《中国诗学精神》，海南出版社 2006 年版。

［6］桑新民：《呼唤新世纪的教育哲学——人类自身生产探秘》，教育科学出版社 1993 年版。

［7］郝文武：《教育哲学》，人民教育出版社 2006 年版。

［8］［英］哈特曼、斯托克：《语言与语言学词典》，上海辞书出版社 1981 年版。

［9］王希杰：《显性语言与潜性语言》，商务印书馆 2013 年版。

［10］洪镇涛：《打开"学习语言"的大门》，湖北教育出版社 2001 年版。

［11］于源溟：《预成性语文课程基点批判》，社会科学文献出版社 2007 年版。

［12］李海林：《言语教学论》（第 2 版），上海教育出版社 2006 年版。

［13］成尚荣主编：《为语言和精神同构共生而教：小学语文教学案例解读》，江苏教育出版社 2001 年版。

［14］颜朝辉：《社会科学理性的当代建构》，科学出版社 2013 年版。

［15］朱光潜：《与美对话》，世界图书出版公司 2013 年版。

［16］张宗正：《理论修辞学：宏观视野下的大修辞学》，中国社会科学出版社 2004 年版。

［17］黎锦熙：《新著国语教学法》，商务印书馆 1924 年版。
［18］叶圣陶：《语文教育书简》，《叶圣陶语文教育论集》（下册），教育科学出版社 1980 年版。
［19］陆扬主编：《20 世纪西方美学经典文本（第 2 卷）——回归存在之源》，复旦大学出版社 2000 年版。
［20］张思齐：《宋代诗学》，湖南人民出版社 2000 年版。
［21］《马克思恩格斯全集》（第 46 卷）（上），人民出版社 1995 年版。
［22］孟轲著，王立明译注：《孟子》，吉林文史出版社 2004 年版。
［23］冯友兰：《中国哲学史新编》（上卷），人民出版社 2003 年版。
［24］辜鸿铭：《中国人的精神》，海南出版社 1996 年版。
［25］世界卫生组织编：《新的了解，新的希望——2001 年世界卫生报告精神卫生》，王汝宽等译，人民卫生出版社 2002 年版。
［26］张世英：《新哲学讲演录》，广西师范大学出版社 2004 年版。
［27］刘小枫：《诗化哲学》，山东文艺出版社 1986 年版。
［28］康德：《实用人类学》（第一卷），邓晓芒译，上海人民出版社 2002 年版。
［29］赵敦华：《现代西方哲学新编》，北京大学出版社 2006 年版。
［30］海德格尔：《存在与在·诗人回忆》，商务印书馆 1985 年版。
［31］齐豫生、夏于全主编：《四库全书·易经》，延边人民出版社 2000 年版。
［32］冯铁山：《诗意德育论》，中国社会科学出版社 2012 年版。
［33］马克思：《1844 年经济学哲学手稿》，中共中央马恩列斯著作编译局译，人民出版社 2000 年版。
［34］［美］赫伯特·马尔库塞：《审美之维》，李小兵译，广西师范大学出版社 2001 年版。
［35］王弼：《王弼集校释》，中华书局 1980 年版。
［36］李醒尘：《十九世纪西方美学名著选》，复旦大学出版社 1990 年版。
［37］林清玄：《生命的化妆》，张守贵编著：《中国当代名家哲理散文集萃》，内蒙古文化出版社 2011 年版。
［38］［美］斯奈德、洛佩斯：《积极心理学——探索人类优势的科学与实践》，王彦、席居哲、王艳梅译，人民邮电出版社 2013 年版。
［39］蔡笑岳：《心理学》，高等教育出版社 2000 年版。

[40] 朱立元、张德兴等:《二十世纪美学(上)》,北京师范大学出版社 2013 年版。
[41] [德] 埃德蒙德·胡塞尔:《现象学的观念》,倪梁康译,上海译文出版社 1986 年版。
[42] 万业馨:《汉字与汉字教学研究论文集》,北京语言大学出版社 2012 年版。
[43] 马建高、郑建华主编:《通识美学教程》,南京大学出版社 2012 年版。
[44] 邢建昌主编:《美学》,河北人民出版社 2012 年版。
[45] 刘惊铎:《道德体验论》,人民教育出版社 2003 年版。
[46] 黄亮生:《中学语文思维培育导引》,厦门大学出版社 2011 年版。
[47] 张世英:《哲学导论》,北京大学出版社 2006 年版。
[48] 朱俚治编著:《最拓展思维的数学之旅》,南京大学出版社 2013 年版。
[49] 董奇等:《脑与行为——21 世纪的科学前沿》,北京师范大学出版社 2000 年版。
[50] [美] 约翰·D. 布兰思福特等编著:《人是如何学习的——大脑、心理、经验及学校》,程可拉等译,华东师范大学出版社 2002 年版。
[51] 海德格尔:《诗·语言·思维》,黄河文艺出版社 1989 年版。
[52] 王尚文:《语文教育学导论》,湖北教育出版社 1994 年版。
[53] [英] 大卫·冯塔纳:《心悟:宁静、内省和顿悟的艺术》,王晓秦译,吉林摄影出版社 1999 年版。
[54] 朱小蔓:《情感教育论纲》,南京出版社 1993 年版。
[55] [奥] 阿德勒:《自卑与超越》,曹晚红、魏雪萍译,汕头大学出版社 2009 年版。
[56] 简政珍:《台湾现代诗美学》,北京大学出版社 2014 年版。
[57] 郭庆光主编:《传播学教程》,中国人民大学出版社 1999 年版。
[58] 王富仁:《语文教学与文学》,广东教育出版社 2006 年版。
[59] 冯骥才:《珍珠鸟》,《人民日报》1984 年 2 月 14 日,转引自傅德岷、卢晋主编《教你欣赏中国散文名篇》,黑龙江科学技术出版社 2013 年版。
[60] 倪文锦、欧阳芬、余立新主编:《语文教育学概论》,高等教育出版

社 2009 年版。
[61] 许宏:《西方语言哲学与俄罗斯的语用学研究》,中国社会科学出版社 2012 年版。
[62] 周志培、陈运香:《文化学与翻译》,华东理工大学出版社 2013 年版。
[63] 石中英:《教育哲学》,北京师范大学出版社 2007 年版。
[64] 陈晓明:《当代文学与文化批评书系》(陈晓明卷),北京师范大学出版社 2011 年版。
[65] [德] 黑格尔:《美学》(第 1 卷),商务印书馆 1997 年版。
[66] [德] 海德格尔:《荷尔德林诗的阐释》,孙周兴译,商务印书馆 2009 年版。
[67] [德] 卡西尔:《人论》,甘阳译,上海译文出版社 2003 年版。
[68] 裘廷良:《论白话为维新之本》,转引自陈鸣树《中国文学大典(1897—1929)》,上海教育出版社 1994 年版。
[69] 钱玄同:《中国今后之文字问题》,《中国新文学大系·建设理论集》,良友图书出版公司 1935 年版。
[70] 东汉·班固撰,唐·颜师古注:《汉书》,中华书局 1962 年版。
[71] 洪堡特:《论人类语言结构的差异及其对人类精神发展的影响》,商务印书馆 1997 年版。
[72] [英] 休谟:《人性的断裂》,光明日报出版社 1998 年版。
[73] 盛朗西编:《小学课程沿革》,福建教育出版社 2008 年版。
[74] 郝文武:《教育哲学研究》,教育科学出版社 2009 年版。
[75]《现代汉语词典》,商务印书馆 2013 年版。
[76] 爱因斯坦:《爱因斯坦文集》(第 3 卷),许良英等译,商务印书馆 2009 年版。
[77] 王本陆:《教育崇善论》,广东教育出版社 2001 年版。
[78](宋) 司马光:《司马温公集编年笺注》(第 4 卷),巴蜀书社 2009 年版。
[79] 董菊初:《叶圣陶语文教育思想概论》,开明出版社 1998 年版。
[80] 于漪:《呐喊》,广西教育出版社 2008 年版。
[81] 刘征:《刘征文集》(第 1 卷),人民教育出版社 2000 年版。
[82]《马克思恩格斯全集》(第 3 卷),人民出版社 2002 年版。

[83] 朱光潜：《我与文学及其他谈文学》（增订本），中华书局2012年版。
[84] [俄] 维果茨基：《思维与语言》，李维译，浙江教育出版社1997年版。
[85] 曹明海、陈秀春：《语文教育文化学》，山东教育出版社2005年版。
[86] 齐格蒙特·鲍曼：《个体化社会》，上海三联书店2002年版。
[87] 毛卫平：《论改造主观世界》，中共中央党校出版社2008年版。
[88] 张志公：《张志公语文教育论集》，人民教育出版社1994年版。
[89] 张志公：《传统语文教育初探》，上海教育出版社1962年版。
[90] 朱光潜：《我与文学及其他谈文学》（增订本），中华书局2012年版。
[91] 王尚文：《语感论》（第三版），上海教育出版社2006年版。
[92] 王守恒主编：《小学语文教学与研究》，人民教育出版社2006年版。
[93] 陈植锷：《诗歌意象论——微观诗史初探》，中国社会科学出版社1990年版。
[94] 赵炎秋、毛宣国：《文学理论教程》，岳麓书社2000年版。
[95] 李瑞腾：《诗的诊释》，台湾时报出版公司1982年版。
[96] 胡雪冈：《意象范畴的流变》，百花文艺出版社2002年版。
[97] 吴晓：《意象符号与情感空间——诗学新解》，中国社会科学出版社1990年版。
[98] 张岱年、成中英：《中国思维偏向》，中国社会科学出版社1991年版。
[99] 高晨阳：《中国传统思维方式研究》，山东大学出版社2000年版。
[100] 陈良运：《中国诗学体系论·立象篇》，中国社会科学出版社1992年版。

二 中文期刊

[1] 叶才生：《母语，一根大重量的羽毛》，《广东教育》2007年第9期。
[2] 程少堂：《语文味研究回顾》，《语文教学通讯》（高中刊）2003年第10期。
[3] 程顺之：《试谈中学语文教学法教学的“情·趣·味”》，《课程·教

材·教法》1995 年第 1 期。
[4] 刘德才:《情味·趣味·风味——语文教学语言艺术谈》,《中学语文教学参考》1999 年第 11 期。
[5] 程少堂:《语文课要教出“语文味”》,《语文教学通讯》2001 年第 17 期。
[6] 程少堂:《语文味儿的理论构想》,《语文教学与研究》2003 年第 13 期。
[7] 陈丽端:《没有“语文味”的语文课——记一节生本语文课》,《现代教育论丛》2010 年第 3 期。
[8] 邓伟龙:《意象及其空间性——从言、象、意论中国古代诗学的空间性之三》,《河池学院学报》2012 年第 1 期。
[9] 吉春亚:《“语文味”即语文本色的回归》,《中国小学语文教学论坛》2005 年第 2 期。
[10] 熊生贵、朱守群:《言语实践为经,单元主题为纬》,《小学语文教学》2011 年第 7 期。
[11] 陆华山:《言语实践——语文教学的自赎与新生》,《江苏教育研究》2010 年第 10 期。
[12] 冯铁山:《启迪诗思 涵养诗情——叶才生老师〈诗歌的杯子〉课堂实录与评析》,《小学语文教学》2005 年第 1 期。
[13] 曾绍义:《论秦牧的散文诗意》,《四川大学学报》(哲学社会科学版)1980 年第 4 期。
[14] 杨大春:《梅洛-庞蒂哲学中的诗意之思或非哲学倾向》,《文史哲》2005 年第 2 期。
[15] 夏爱元:《恒河岸边的“理想天堂”——试论〈戈丹〉中的诗意农村》,《湘潭大学学报》(哲学社会科学版)2005 年第 S2 期。
[16] 张正江:《真善美教育及其实施构想》,《沈阳师范大学学报》(社会科学版)2004 年第 5 期。
[17] 蔡亚:《〈珍珠鸟〉教学设计》,《教学与管理》2014 年第 12 期。
[18] 徐碧辉:《从实践美学看“生态美学”》,《哲学研究》2005 年第 9 期。
[19] 檀传宝:《德性只能由内而外地生成——试论“新性善论”及其依据,兼答孙喜亭教授》,《清华大学教育研究》2001 年第 3 期。

[20] 冯铁山:《大学生诗意精神的培育》,《江苏高教》2009 年第 3 期。

[21] 王晶:《语文思维学浅论》,《文学教育》2013 年第 2 期。

[22] 桑大鹏:《解读诗性智慧》,《三峡大学学报》(社会科学版) 2001 年第 5 期。

[23] 韩刚:《言语符号的三层意义》,《现代语文》(语言研究)2007 年第 8 期。

[24] 郭初阳:《笼外之笼——我是如何解读〈珍珠鸟〉的》,《人民教育》2005 年第 5 期。

[25] 田守花:《学生主体及其发展探析》,《安徽电力职工大学学报》2001 年第 2 期。

[26] 陈佑清:《从认识主体到实践主体》,《中国教育学刊》2000 年第 1 期。

[27] 蒋寅:《语象·物象·意象·意境》,《文学评论》2002 年第 3 期。

[28] 韩军:《"新语文教育"论纲——兼论五四后中国语文教育的三重误区》,《语文教学通讯》2000 年第 5 期。

[29] 董菊初:《坚持科学理性与人文精神的统一》,《连云港教育学院学报》1995 年第 4 期。

[30] 朱作仁:《关于学科教学研究的两个理论问题》,《教育研究》1984 年第 2 期。

[31] 郝文武:《教育:主体间的指导学习——学习化社会教育本质新概念》,《教育研究》2002 年第 2 期。

[32] 郝文武:《主体间教育实验的理论基础和方案设计》,《当代教师教育》2011 年第 3 期。

[33] 鱼浦江、董承理:《写作学?阅读学?文章学?》,《中学语文教学参考》1999 年第 11 期。

[34] 郭利萍:《谈中国语文课程的现状与改革——访上海师范大学教育科学学院教授吴忠豪》,《中小学教材教学》2006 年第 10 期。

[35] 赵连红:《国外作文教学的策略和启示》,《语文教学通讯》2007 年第 12 期。

[36] 潘涌:《积极语用:21 世纪中国母语教育新观念》,《北京师范大学学报》(社会科学版) 2011 年第 2 期。

[37] 管建刚:《让作文教学的魅力显现》,《小学语文教师》2011 年第

3 期。
[38] 裴娜:《陈述性知识及其掌握策略》,《白城师范学院学报》2007 年第 21 卷第 4 期。
[39] 方汉文:《中国古代文论中的“德言”说》,《广东社会科学》2010 年第 1 期。
[40] 辛衍君:《从“易象”到“审美意象”——中国古典审美意象的历史嬗变》,《辽宁大学学报》(哲学社会科学版)2005 年第 4 期。
[41] 敏泽:《中国古典意象论》,《文艺研究》1983 年第 3 期。
[42] 胡雪冈:《试论意象》,《古代文学理论研究丛刊》1982 年第 7 期。
[43] 季夫萍:《“意象”与“意境”的内涵及审美差异》,《青年文学家》2011 年第 13 期。
[44] 高卫国:《杜甫诗歌中的沙鸥意象》,《邢台学院学报》2008 年第 3 期。
[45] 郑牧民:《中国传统证据文化的哲学基础》,《社会科学家》2010 年第 5 期。
[46] 陈伯海:《古典诗歌意象艺术的若干思考》,《社会科学》2012 年第 7 期。
[47] 邹建军:《“意象思维”的五大特性》,《中南民族学院学报》(哲学社会科学版)1998 年第 3 期。
[48] 袁行霈:《中国古典诗歌的意象》,《中国诗歌艺术研究》1987 年第 3 期。
[49] 潘军:《诗歌教学要注意研究意象艺术》,《语文教学研究》2005 年第 10 期。
[50] 韩晓明:《意象思维与中国古典文论——兼谈“原型”》,《焦作师范高等专科学校学报》2004 年第 2 期。
[51] 周星:《诗歌的意象组合及其辩证关系》,《时代文学》(双月版)2006 年第 2 期。
[52] 潘军:《诗歌教学要注意研究意象艺术》,《语文教学研究》2005 年第 10 期。
[53] 郑牧民:《中国传统证据文化的哲学基础》,《社会科学家》2010 年第 5 期。
[54] 温德峰、于爱玲:《语文教学三维目标的“顾此失彼”》,《当代教育

科学》2006 年第 17 期。

三 学位论文

[1] 辛衍君:《唐宋词意象的符号学阐释》，苏州大学，2005 年。
[2] 邓伟龙:《中国古代诗学的空间问题研究》，华东师范大学，2009 年。
[3] 曹加忠:《诗味说与中学古诗词教学》，华东师范大学，2009 年。
[4] 陶珊珊:《论“语文思维能力”及其培养》，上海师范大学，2010 年。
[5] 郭持华:《中国诗学与中国文化》，杭州师范大学，2002 年。
[6] 易晓明:《寻找失落的艺术精神》，南京师范大学 2004 年博士学位论文。

四 网络资源

[1] 中国青少年网络协会:《中国青少年网瘾报告》（http：//theory. people. com. cn/GB/49157/49166/3882411. html），2005 年 11 月 23 日。
[2] 百度百科:《语文味》（http：//baike. baidu. com/view/1891547. htm）。

五 外文文献

[1] Bynner，Witter. *The Jade Mountain* [M]. New York：Alfred A. Knopf，1929：135 –136.
[2] Giles，Herbert A. *Gems of Chinese Literature* (*Verse*) [M]. Shanghai：Kelly & Walsh，Ltd，1923：201 –202.
[3] Jurgen Habermas. translated by Christian Lenhardt and Shierry Weber Nicholsen. introduction by Thomas McCarthy. Moral consciousness and communicative action. Cambridge Mass. MIT Press. 1990.

后　　记

“冯老师，您的诗意教学思想很好，有没有相关的书籍供我们阅读。”

“冯老师，我按照您的思想去教学，今年中考（高考）语文成绩出乎意料的好，您可以到课堂展示这些数据。瞧，这就是我学生的本事。”

掐指算来，从事诗意教育研究差不多二十年了，在语文教学，尤其是诗意语文教学研究这一块鲜有论著发表。身处高校，对我来说，著书立说应该属于分内之事；而深入实践，相遇诗、相遇诗人、相遇诗意、相遇诗意语文倒显得有点“不识时务”。归因分析起来，一方面语文学科的地位与研究的水平似乎还没有得到高校的考核维度与指标的垂青；另一方面与我个人有关——我不喜欢在众声喧哗的时候去凑热闹，博得什么门派开创者的名声。本着一颗相遇的心，行走在新诗进课堂、新诗教、诗意德育、诗意语文、诗意教师的研究之路上，这让我对诗与诗教、诗意与语文、诗人与教师等复杂的关系有着似乎更厚实的事实认知与更清醒的价值判断。

诗是语言的艺术，也是语文的灵魂。诗人用诗的方式“道说”人与世界的关系以及存在之所以存在的本质，并不断地给相遇的世界进行诗意的“命名”。从这个角度审视，诗就是由世界、诗人、诗作和读者共同构成的交往和对话；读诗就是一种价值与价值碰撞、思想与思想交锋，以及认知与认知不断相遇又不断解构的言语实践活动；诗教就是教师作为教学的主体与学生作为学习的主体之间借助诗的文本，采取诗般的言语方式，从世界在场的物象中寻找其“不在场”或“缺失部分”的情象，从表层语言符号中寻找其深层的生命意蕴、精神意象的活动。这样看来，诗与诗教、诗意与语文、诗人与教师就天然地结合、圆融起来。日本著名教育家小原国芳认为，国语教学不只是简单的文字或字母用法和段落句读的问题，除此之外，更重要的是内容问题。语文不是训诂之学，而是活思维之学，活创造性运用语言文字符号智慧之学。

当我们的学生拥有了这样的智慧，他就会在“绿肥红瘦”的闲适中学会珍惜手指缝溜走的时光，学会在“举杯邀月”的逍遥中珍藏淡漠的爱与感恩；还会打开囚禁心灵的窗户，以诗人之眼观世，以诗人之心察心：赋予存身世界的一滴水、一枝花、一片叶、一朵流云以无限美好的意境；将自己的生命融入窗外万千世界，坚实脚下的大地，锻造高飞的翅膀。当我们的老师拥有了这样的智慧，他就会对诗意语文教学有一种质朴的使命感：让青少年学生在诗样的年华能够接受诗意文化的润泽，其心灵自然充满着生命的张力，对自然、对社会、对自我保持一种近乎童真的想象与诗意的情怀。“粗鄙的语言只能培养粗鄙的人，诗意的汉语可以拯救粗鄙的灵魂。”他还会返璞归真，加大典雅语言训练的力度，让每一个孩子爱上祖国的语言文字，进而爱上祖国的文化。

眼下这部文稿，仅仅是我行走诗意之路、相遇未曾遇见自己的点滴感悟，诗意语文的意象、文脉、文化远没有梳理清楚。这需要时间的洗涤、沉淀，更需要更多同人携手、合作、深化，还需要进一步的实际践履，权当塞责吧。本书得到了宁波大学学术文库出版基金资助，也是浙江省语言文字“十二五”科研规划重点规划课题“基础教育阶段典雅语言训练机制与实践研究”（批准文号：ZY2011A03）的重要成果。谨以此书，献给我的学生、徒弟以及那些与我同样拥有相遇情怀的读者。我要特别感谢中山纪念中学三鑫双语学校的田云伏校长。是他的慧眼让新诗教，尤其是诗意德育、诗意语文在三鑫这片神奇的教育园地里发芽、生根、壮大，让我有机会与三鑫的朋友们，与三鑫的教育事业同在。感谢湖南师范大学的程大琥教授，多年前，引领我进入语文课程与教学论研究的大门。特别怀想：那时候端坐在老师家的沙发里，有时圈围在校园的石桌旁，斟满一杯又一杯清谈的香茶；老师春风化雨，将学问浸润成生活；开题就是生活的问题，立论就是生活的观点；实在不明白，就将我们引进，学问与生活圆融的创业佳园。感谢我的人生与学术的导师栗洪武教授，无论在何时何地，只要想起他的温文尔雅，就让我对祖国的汉字、祖国的语言心生无穷的敬意，获取无穷的力量。感谢所有人生之路、研究之路、实践之路与我相遇的恩师、朋友、学生、广大的一线中小学语文老师。当然，中国社会科学出版社的田文老师更值得我感激，正因为她的赏识拔擢与辛勤工作，使得诗意教育系列之《诗意德育论》、《诗意语文论》陆续得以面世。感谢我的家人给予的支持——素朴的生活中永远有一张宁静的书桌和一杯温馨四溢的清茶。

冯铁山

2015 年 12 月 18 日于宁波大学花园